Wolfgang Bartholomäus · Unterwegs zum Lieben

WOLFGANG
BARTHOLOMÄUS

UNTERWEGS ZUM LIEBEN

ERFAHRUNGSFELDER DER SEXUALITÄT

KÖSEL

CIP-Titelaufnahme der Deutschen Bibliothek

Bartholomäus, Wolfgang:
Unterwegs zum Lieben : Erfahrungsfelder d. Sexualität /
Wolfgang Bartholomäus. – München : Kösel, 1988
ISBN 3-466-36291-1

Gesamtherstellung: Kösel, Kempten.
Umschlag: Günther Oberhauser, München, unter Verwendung des Gemäldes »Braut und Bräutigam – Hohes Lied (Wein)« (1977) von Ernst Alt, Saarbrücken. Aus: 24 Bilder von Ernst Alt. Diaserie, Kösel-Verlag, München 1978, Bild 4.
ISBN 3-466-36291-1

Inhalt

Einführung

Worum es geht

Man sollte nicht so unvorsichtig sein, ein Buch öffentlich anzukündigen. Das weckt bei Interessierten Erwartungen, bei Skeptikern Befürchtungen und setzt einen selbst unter Druck. Ich habe das in meinem Buch »Glut der Begierde – Sprache der Liebe. Unterwegs zur ganzen Sexualität« getan (Kösel-Verlag, München 1987). Jetzt wird von mir gefordert: Erweise am Detail, ob deine Grundlagen taugen; ob sie im Blick auf konkrete sexualpädagogische Fragestellungen etwas hergeben; ob du den Mut hast, deine sexualpositiven Ansätze so weit voranzutreiben, daß Handhabbares – oder doch wenigstens Denkbares und Begründetes – für einzelne sexuelle Erfahrungsfelder herauskommt.

Es ist allerdings nicht allein, nicht einmal in erster Linie, diese Erwartung, die zu diesem neuen Versuch führte. Die Reaktionen auf das erwähnte Buch haben mir deutlich gemacht, daß offensichtlich viele Menschen die Sexualität, die Sprache ihrer Liebe, nur stottern, wenn sie sie zu sprechen versuchen, oder eben brüllen, um Gehör zu finden. Immer noch gilt, was Rilke in seinem »Brief des jungen Arbeiters« über die »Entstellung und Verdrängung« der Sexualität unter den Menschen geschrieben hat, »obwohl wir doch aus diesem tiefsten Ereignis hervorgehen und selbst wieder in ihm die Mitte unserer Entzückungen besitzen«. »Warum«, so fragt Rilke, »läßt man uns im Stich, dort an den Wurzeln allen Erlebens? Wer uns dort beistände, der könnte getrost sein, daß wir nichts weiter von ihm verlangten. Denn der Beistand, den er uns dort einflößte, wüchse von selbst mit unserem Leben und würde größer und stärker mit ihm zugleich. Und ginge nie aus.«

Das nun ist die Absicht dieses neuen Buches: denen beizustehen, die unterwegs sind zum Lieben, zu einer Liebe, deren Sprache die Sexualität ist. Ich bin davon überzeugt, daß auf diesem Wege Menschen *immer* (nur) *unterwegs* sind, und daß es *alle* Menschen sind, so daß nicht allein heranwachsende Jugendliche oder junge Erwachsene an diesem »Beistand« interessiert sein könnten. Das Buch jedenfalls ist so angelegt, daß es auch Erwachsenen, Eltern,

Lehrern und Seelsorgern, Jugendleitern und Erwachsenenbildnern beistehen könnte, wenn sie selbst lieben wollen und wenn sie für ihren Umgang mit anderen Menschen Perspektiven und Gesichtspunkte, geschichtliche Gedankenlinien und wissenschaftlich vertretbare Argumente, Anregung und Ermutigung für eine menschenfreundliche und menschenwürdige Sexualität suchen.

Menschenfreundliche und menschenwürdige Sexualität

Ich bin orientiert an der Idee einer menschenfreundlichen und menschenwürdigen Sexualität. Sie gehört zum Menschenleben und zum Glück der Menschen. Die Idee der *Menschenfreundlichkeit* sagt Ja zu einer sinnvielfältigen Sexualität, welche die Sexualität als Sprache der Liebe; als lustvolles, lebenschaffendes und identitätsstiftendes Medium von Nähe und Begegnung nimmt. Sie steht zu sexuellen Wünschen und Erfahrungen und stellt sich gegen alle sexualpessimistischen Warnungen und Ratschläge, die aus der Vergangenheit zu uns dringen, und gegen alle Ängstlichkeit und Schuldgefühle, die damit erzeugt wurden. Die Idee der *Menschenwürde* läßt sich, bezogen auf die Sexualität, mit der Frage verbinden: Trägt die Sexualität und die sexuelle Erfahrung zum Wachsen einer Beziehung und zu einer größeren gegenseitigen Wertschätzung der Partner bei, oder zerstört sie die Menschen und ihr Lieben? Sexualität kann ja auch zum Instrument zwischenmenschlicher Unterdrückung und egoistischer Ausnutzung werden.

Menschenfreundlichkeit und Menschenwürde ergänzen sich. Eine menschenfreundliche Sexualität, die die Menschenwürde verletzte, und eine auf Menschenwürde achtende Sexualität, die sich menschenunfreundlich auswirkte, wären, könnte es sie wirklich geben, gleichermaßen fragwürdig. Denn Menschenfreundlichkeit auf Kosten der Menschenwürde müßte den Menschen verachten und Menschenwürde auf Kosten von Menschenfreundlichkeit ebenso. Darum müssen beide aufeinander bezo-

gen bleiben. Die sexualaffirmative Sexualpädagogik, die sogenannte Sexualemanzipation seit Mitte der sechziger Jahre, hat das ebenso vernachlässigt wie die sexualdefensive Erziehung, nicht nur der kirchlichen Tradition, seit Jahrhunderten.
In der Idee einer menschenfreundlichen und menschenwürdigen Sexualität sehe ich die, gewiß formelhafte, Zusammenfassung dessen, was als – recht verstandene – sexualpositive Perspektive der biblischen Tradition gelten kann und im »Lieben in der Neuen Welt Gottes« seinen Ausdruck findet; obwohl deren reale – weil mißdeutete oder einseitig gedeutete – Wirkungsgeschichte eher Verdächtigungen und Verwerfungen menschlicher Sexualität brachte. Es ist darum wichtig, die biblische Tradition aus den Fesseln ihrer Wirkungsgeschichte zu befreien, damit sie unverstellt sichtbar werden und ihre das Lieben belebenden Kräfte entfalten kann. Ich bitte um Nachsicht, wenn das manchmal eher auf dem Weg der Kritik geschieht. Ich meine jedoch, auch Konstruktives zu einem positiven Entwurf menschlicher Sexualität unter der Inspiration biblischer Tradition beizutragen.

Neue Fragen durch Aids

Mit Aids ist allerdings eine neue Situation entstanden: Können wir angesichts von Aids weiter so menschenfreundlich von der Sexualität reden, wie wir es vor Aids konnten? Muß uns nicht die »Seuche« Aids jedes Recht und jeden Mut nehmen, sexualpositiv eingestellt zu sein? Ist nicht in Zukunft das einzig Menschenfreundliche die Warnung? Ist doch Aids eine sexuell übertragbare Infektion, und – wo voll ausgebildet – eine in der Regel tödliche Krankheit, so daß die sexuelle Erfahrung selbst der Möglichkeit nach zur Todesquelle wird? Aids stellt eine neue Bedrohung der Sexualität dar. Kann man da unbefangen bleiben und weitermachen wie bisher? Muß nicht zudem die erzieherische Anstiftung zu geglückter Sexualität empfindlich gestört, ja in Frage gestellt werden, wenn Aids den sexuellen Menschen tödlich bedroht?

Werden wir in Zukunft auf diese Anstiftung verzichten müssen? Dürfen wir auf sie verzichten?
In der Welt und der Tradition des Christentums ist die Ermöglichung geglückter Sexualität eine wichtige Aufgabe. Denn dort und durch sie wurden allzu viele Menschen in ihren sexuellen Möglichkeiten unnötig gehindert und verletzt, geängstigt und verschreckt. Und das – wie wir heute sehen – gegen die Menschenfreundlichkeit Gottes, die das Evangelium verkündet, und gegen die sexualpositiven Elemente, die die Bibel trotz aller Anzeichen einer möglichen Entfremdung menschlicher Sexualität durchhält.
Bringt uns nun Aids eine einschränkende, nur warnende, abschreckende, ängstigende, verbietende Sexualerziehung zurück, weil Aids die Sexualität neu als Gefährliches und Gefährdendes erscheinen läßt? Kommen damit die lebensgeschichtlichen Verletzungen und Leiden wieder, die wir überwinden wollten?
Dies ist der Zusammenhang, in dem sich – für die nächste Zukunft – alle sexualpädagogischen Überlegungen bewegen müssen. Ich bleibe aber der Auffassung, daß man sexuell lieben kann – trotz Aids – und daß man im Zeitalter von Aids die Idee einer menschenfreundlichen und menschenwürdigen Sexualität aufrecht erhalten kann. Man darf darum weiterhin das sexuelle Lieben zu ermöglichen suchen, obwohl bestimmte Formen sexueller Erfahrung in bestimmten Situationen zu einer todbringenden Bedrohung werden können. Wer das sexuelle Lieben nicht für etwas Marginales hält, das wir tun oder lassen können, und wer es den Menschen nicht nur zugesteht, sondern es ihnen wünscht, wird die Menschen nicht erneut von sich selbst entfremden und von ihren Mitmenschen trennen. Er muß verhindern, daß ihr sexuelles Lieben statt zu einem Ort lebendiger Erfahrung zu einem Feld der Angst wird. Auch die Entwicklung junger Menschen, zu der die Entdeckung und Entfaltung der Sexualität gehört, muß nicht neu behindert und geschädigt werden, wenn – im Zeitalter von Aids – genau gesagt wird, welche sexuelle Erfahrung eher als bedrohlich und welche weiterhin als ungefährlich gelten kann.
Vielleicht sind wir allerdings, was den Zusammenhang von Aids und Sexualerziehung betrifft, gegenwärtig noch nicht wirklich in

der Lage, die richtigen Fragen zu stellen, weil wir das Ganze noch nicht überblicken. Und wenn wir nicht die richtigen Fragen stellen, können wir auch nicht wahrhaft angemessene Antworten finden. Vielleicht sollten wir Zurückhaltung üben. Gleichwohl: Die Sache darf nicht ausgesessen werden; zumal andere, die zur Sexualität vermutlich nie ein gelassenes Verhältnis gefunden haben, sich bereits jetzt einmischen. Und darum rede ich – mit den Einschränkungen, die mir auferlegt sind.

Selbstbestimmung

Im Blick auf Aids, wenn auch letztlich nicht allein deswegen, halte ich die Fähigkeit und Bereitschaft zur Selbstbestimmung für das anzustrebende Ziel aller Sexualerziehung, wie aller Erziehung überhaupt. Im Blick auf Aids deswegen, weil im Augenblick der infektiösen Bedrohung, in der intimsten sexuellen Erfahrung, die Betroffenen selbst gefragt sind und entscheiden müssen, wie sie einander schützen wollen. Die Kraft zu tun, was – um der Sicherung vor Ansteckung willen – nötig ist, geht hervor aus eingeübter Selbstbestimmung. Darum ist überall und immer auf Mündigkeit zu setzen, wobei sich Mündigkeit im Gespräch und am begründeten Widerspruch bildet.

Selbstbestimmung gilt jedoch auch grundsätzlich. Bei sexuellen Erfahrungen und Problemen, in Ethos und Praxis der Sexualität wollen und müssen Menschen selbstbestimmt denken, urteilen und handeln. Nur so bleibt sexuelles Lieben menschenfreundlich und menschenwürdig. Darum braucht es keine Gebote und Verbote, sondern Gründe und Gegengründe. Zur Auseinandersetzung mit ihnen werden wir Kinder, Jugendliche und junge Erwachsene – sie allein sind Partner im pädagogischen Verhältnis – anregen, anstoßen, herausfordern. Darum wird der Leser dieses Buches zum Mitdenken eingeladen. Er soll nicht Behauptungen glauben und Positionen übernehmen. Er soll Gesichtspunkte abwägen und Gründe prüfen.

Und noch grundsätzlicher: Die Selbstbestimmung des Subjekts, das darin seine Existenz annimmt und zu seiner Identität als soziales Individuum findet, ist ein Wert der Moderne, der nicht verloren gehen darf. Die Sexualität war in der Vergangenheit ein zentraler Lebensbereich, in dem es immer über sie hinaus um den Menschen schlechthin ging. In den verschiedenen sexuellen Erfahrungsfeldern standen die Integrität und die Identität des Menschen zur Debatte, wurden sie behindert oder befördert, je nachdem, welches Bild man vom Menschen hatte. Deswegen hatte Sexualität immer zentrale Bedeutung; deswegen waren Autoritäten so ausgiebig an ihr interessiert. Die Befreiung des Menschen zu selbstbestimmter, menschenfreundlicher und menschenwürdiger Sexualität ist darum ein Akt, der dem Menschen sein individuelles menschliches Gesicht und sein wahres Wesen zurückgibt. Und weil darin zugleich eine Emanzipation von einer verletzenden und beleidigenden Geschichte liegt – auch der Geschichte sexualdefensiver christlicher Tradition –, kann dies niemand unberührt lassen. Ich halte diese Emanzipation für notwendig – für eine notwendige Voraussetzung dafür, daß die Menschen, nun als selbstbestimmte Subjekte, in eine neue Beziehung zu ihr treten können.

Neues Denken

Ich möchte vor übertriebenen Erwartungen warnen: Wer Selbstbestimmung will, muß sich in den Diskurs (eine Gesprächsform, die Erfahrung und Gleichberechtigung bei allen Beteiligten unterstellt) verstricken. Er muß dafür sorgen, daß der Diskurs mit Vernunft geführt werden kann. Er wird nicht Rezepte geben, sondern Aspekte entfalten, geschichtliche Perspektiven ausziehen und Gründe erörtern. Versuchsweise Orientierungen ergeben sich dann von selbst. Veränderungen im Bereich menschlicher Sexualität – in Erleben und Erziehen – beginnen mit neuen Erfahrungen und einem neuen Denken.

Vielleicht findet mancher – für seine sexualpädagogische Aufgabe – zu wenige konkrete Regeln. Ich bin sicher, Erziehung wäre mit Regeln allein nicht in Gang zu setzen. Pädagogisch wirken ja nicht in erster Linie die Worte oder Taten von Eltern, Lehrern, Meistern, Pfarrern – ganz sicher dann nicht, wenn sie von sogenannten Experten nur schnell übernommen wurden. Die ganze Person des Erziehers ist erzieherisch anregend – oder eben nicht: die Art und Weise, wie er Mensch ist und zu anderen Menschen Beziehungen unterhält, wie er lebt und mit anderen lebt. Dies spiegelt sich in seinen Worten und Taten. In ihnen drückt sich der Erzieher aus. Doch nur, wenn er selbst darin zum Vorschein kommt und Anteil gibt an dem, was ihn zutiefst bewegt, findet erzieherische Inspiration statt. Darum ist der erste Schritt zu neuer Erziehung ein neues Denken, das Erzieher selbst in Anspruch nimmt und ändert. In diesem Sinne wirksam zu werden, ist die Absicht dieses Buches.

Natürlich geht das nicht von heute auf morgen oder durch ein lässiges Durchblättern. Der Leser ist eingeladen, sich auf die Gedankenführung einzulassen, sie in ihrem Gang – in ihrem Denk- und Argumentationsgang – zu verfolgen, mit mir also unterwegs zu sein, sich am Ende aber ein eigenes Urteil zu bilden.

Der Spiegel der Geschichte

Ich hätte gern ein Buch geschrieben, das mit dem Erfahrungshintergrund rechnet, der allen potentiellen Lesern in unserer Gesellschaft gemeinsam ist. Doch das war nicht möglich. Ich bin katholisch und aus katholischer Tradition hervorgegangen und bleibe, wie ich mich auch immer zu ihr einstelle, in sie verwoben. Das Katholische unterscheidet sich jedoch – im Blick auf die Sexualität – nicht in allem vom Christlichen, und in der Welt des Christentums auch nicht vom Bürgerlichen, so daß es eine grundlegende Gemeinsamkeit in Erfahrungen und Gefühlen und Überzeugungen gibt. Doch hat die katholische sexualpädagogische Tradition spezifische Akzente, die *so* nicht überall zum

Vorschein kommen oder sich im Unbewußten verbergen. Darum ist es nötig, wenn Veränderung angezielt ist, diese auch ausdrücklich anzusprechen.

Darum auch manches Zitat aus der Tradition katholischer Sexualpädagogik. Mir geht es ähnlich wie Elie Wiesel: »Ich habe versucht, die zu bekämpfen, die vergessen wollen. Denn wenn wir vergessen, sind wir schuldig. Dann sind wir Komplizen.« In einer Zeit – im Zeitalter von Aids –, in der manche die Gelegenheit nutzen, um die Vergangenheit ohne Erinnerung wiederherzustellen, ist Widerspruch angezeigt. Es muß darum auch das belastende Material bereitstehen, damit wir nicht Komplizen derer werden, die Menschen jahrhundertelang verletzt haben. Auch mit ihnen ist freilich behutsam umzugehen, denn sie waren selbst Verletzte.

So könnte dieses Buch wie ein Spiegel wirken, der Selbstveränderung ermöglicht und erleichtert. Wer sich im Spiegel nicht entdeckt, schaut entweder nicht offen genug hinein, weil er vieles in sich verdrängt; oder er sieht tatsächlich anders aus, als der Spiegel ihn zurückwirft. Er mag dann dankbar sein, daß seine lebensgeschichtlichen Erfahrungen ihn zu einem hinreichend liebesfähigen Menschen haben werden lassen. Er möge aber der Leiden anderer eingedenk bleiben, um an ihrer Bewältigung Anteil zu haben.

Männer – Frauen

Von der mannzentrierten
zur menschlichen Sexualität

Unterwegs zum Lieben hat zur Voraussetzung, Mann oder Frau werden zu können. Was aber ist ein »Mann« oder eine »Frau«? Vor wenigen Jahrzehnten noch hätte man auf diese Frage eine genaue Antwort gewußt. Heute sind wir uns nicht mehr so sicher. Welchen Körper wir männlich oder weiblich nennen, weil er die entsprechenden Geschlechtsmerkmale trägt *(biologisches Geschlecht),* das wissen wir. Doch wessen sich ein Mann oder eine Frau gewiß sind, wenn sie sich als Mann oder Frau fühlen *(sexuelle Identität),* weil sie sich mit ihrem Körper und dem auseinandergesetzt haben, was die Gesellschaft ihnen als »männlich« oder »weiblich» ansinnt *(Geschlechtsrolle),* das wissen wir nicht mit gleicher Bestimmtheit. Besser: Das wissen die Betroffenen nicht. Darin aber sollten sie mehr und mehr sicher werden, wenn sie zu lieben beginnen und die Sexualität zur Sprache ihrer Liebe machen. Wie wir zum Lieben allerdings immer nur *unterwegs* sind, werden wir auch sexuelle Identität nur annäherungsweise erwerben.
Über das, was »männlich« oder »weiblich« ist oder als solches gilt, existieren in unseren Köpfen vielfältige und manchmal wunderliche Bilder. Sie entstammen zumeist nicht unserer Erfahrung, sondern sind Ergebnisse unserer Teilhabe an dem, was uns die Gesellschaft unter der Hand übermittelt. Einige dieser Bilder müssen wir zerstören, wenn wir zu neuen Gewißheiten über sexuelle Identität und Geschlechtsrolle kommen wollen. Denn sie reden von Mann und Frau fast durchgängig in mannzentrierter Sicht. Die Verzerrungen und Verletzungen, die das mit sich gebracht hat, sind um einer menschlichen Sexualität willen zu überwinden.

1. Männerbilder und Frauenbilder

Sexualerziehung folgt sinnvollerweise einem Verständnis von Sexualität, das Männern und Frauen gleichermaßen sexuelle Wünsche, sexuelle Interessen, sexuelle Erfahrungen zutraut und sie darin – wie überhaupt – als gleichwertig ansieht. Wir erstreben die Fähigkeit und Bereitschaft zu lieben und die Möglichkeit, die Sexualität als Sprache solchen Liebens in einer ausdrucksstarken Weise zu gebrauchen, für beide Geschlechter. Das war nicht immer der Fall. In der Vergangenheit katholischer Sexualpädagogik wurde Sexuelles allein den Männern angesonnen. Die Frauen galten als asexuell. Sie fanden sich dadurch in eine Rolle gedrängt, die sie schließlich selbst glauben ließ, daß Männer nur »das Eine« wollen, während sie selbst sich diesem »unappetitlichen Geschäft« allenfalls aus Pflichtgefühl und interesselos überließen.

Die naturtriebschwache Frau

Hardy Schilgen malte in groben Strichen dieses Bild von der Frau. Er unterschied im Sexualtrieb des Menschen drei Teiltriebe: den (im Körper wohnenden) *Naturtrieb,* das ist der Wunsch nach sinnlich-sexueller Lust; den *Seelentrieb,* das Bedürfnis, geliebt zu werden und zu lieben; und den *Fortpflanzungstrieb,* den Wunsch nach eigenen Kindern. Deren »quantitative Verteilung« in Mann und Frau dachte sich Schilgen so: »Es ist eine Folge der Aufgabe, die dem Manne in der Ehe zufällt, daß bei ihm der Naturtrieb stark entwickelt ist, während er im normalen unverdorbenen Mädchen völlig schweigt. Es fehlt ihm meistens jedes Verständnis für das, was den jungen Mann oft leidenschaftlich erregt, und es steht dem gewaltigen inneren Drange desselben ahnungslos gegenüber. Wohl kann der Naturtrieb in ihm geweckt werden und dann zu einer furchtbaren Gewalt anwachsen. Wie aber hervorragende Autoritäten auf diesem Gebiet nachdrücklich versichern, ist dies stets auf äußere Einflüsse, wie Lektüre, Gespräche, Kino, Verführung usw. zurückzuführen, falls nicht anormale Veranlagung vorliegt.
Der Seelentrieb hingegen ist im Weibe viel stärker als im Manne. Normalerweise sehnt sich das Mädchen, das sich der Schwäche der weiblichen Eigenart wohl bewußt ist, nach einem mutigen,

kräftigen, unternehmenden, geistig ihm überlegenen Manne, an den es sich anschmiegen, zu dem es hinaufschauen, in dessen Schutz es sich sicher fühlen kann. Es ist ihm vor allem darum zu tun, vom Manne als ebenbürtige Gefährtin geliebt und behandelt zu werden.«

Schilgen sprach zwar dem Manne nicht jeden Seelentrieb ab. Er mache sich in ihm um so kräftiger bemerkbar, je mehr er es verstanden habe, den Naturtrieb zu beherrschen. »Der Mann sehnt sich dann nach der Lebensgefährtin, die mit ihrem sanften, gütigen, sonnigen, erheiternden Wesen ihm das Leben verschönert, die ihn versteht, die mit inniger Anteilnahme seine Interessen verfolgt, die ihn aufrichtet und tröstet in der harten Arbeit und in den Wechselfällen des Lebens, die ihm das Heim anziehend und gemütlich macht.« Man sollte, was hier als Wunsch zu lieben und geliebt zu werden, als Äußerung des männlichen Seelentriebs also, ausgegeben wird, richtiger den männlichen Bequemlichkeitswunsch nennen. Was Schilgen nämlich als Ausdruck des Liebens und Geliebtwerdens ausgibt, ist die einseitige Inanspruchnahme der Frau für den Mann: Sie soll *ihm* das Leben verschönern, sie soll *ihn* verstehen, sie soll an *seinen* Interessen Anteil nehmen, sie soll *ihn* aufrichten und trösten, *ihm* das Heim anziehend und gemütlich machen, das ist sein Wunsch. Ausdruck seiner Liebe? Man kann verstehen, daß dies Frauen verletzt hat und weiterhin verletzen muß; und daß ihre Trauerarbeit an derartigen Verletzungen durch die Männer bisweilen den Weg der Rebellion gegen die Männer nimmt.

Schilgen fährt, die dritte Komponente des Sexualtriebs betreffend, fort: »Auch der Fortpflanzungstrieb ist im Weibe ihrer Mütterlichkeit entsprechend bedeutend größer als beim Manne. Ein echtes Weib gibt sich nur dann zufrieden, wenn es in irgendeiner Weise seine Mütterlichkeit in selbstlosem Aufgehen in der Sorge für das Wohl anderer betätigen kann; ja, mit etwas Übertreibung darf man wohl sagen: ›Jede Faser in ihm schreit gleichsam nach dem Kinde.‹ Aber auch im Manne wohnt dieses Verlangen nach Kindern, in denen er fortleben will, die gleichsam sein zweites, besseres Ich werden wollen.« Fällt Männern noch auf, was solch eine Vorschrift Frauen antut? Nicht daß Frauen auf Mütterlichkeit festgelegt werden, ist das Anstößige. Anstößig ist der Gedanke, daß Frauen in Kindern selbstlos aufgehen, sich gleichsam auslöschen sollen, während Männer sich in Kindern neu, als ein zweites, besseres Ich erschaffen. Hier erweist sich die Tradition mannzentrierter Sexualpädagogik als ausgesprochen frauenfeindlich.

Zurück zur naturtriebstarken männlichen und seelentriebhaften weiblichen Sexualität, zur These, der Mann dränge auf sinnlichen Genuß, die Frau auf liebevolle Geborgenheit. Wenn vor diesem Hintergrund die Sexualität als verführerisch und rebellisch, als genußsüchtig und überwältigend ausgegeben wird, war nicht von Sexualität überhaupt, sondern von mannzentrierter Sexualität die Rede. So nur erscheint es angemessen, wenn F. W. Foerster die Sexualität als »Gassenjungen« bezeichnet; und verständlich, wenn wir von Schilgen hören: »Es gibt keinen herzloseren, selbstsüchtigeren, grausameren und rücksichtsloseren Tyrannen als den Naturtrieb, wenn er im Menschen die Herrschaft an sich gerissen hat.« Dies ist Generalisierung männlicher Erfahrung, Erfahrung allerdings unter der Bedingung der Abspaltung der Sexualität. Ihr Sinn ist, den Mann zu entlasten, weil er – zwangsläufig – dem Drängen des Naturtriebs erliegt, und der Frau die Verantwortung für sittliches Sexualverhalten aufzubürden. Sie sei, so Schilgen, vom Seelentrieb geleitet und darum »sittigend«.

Die Folge solcher Überzeugungen ist weder frauen- noch männerfreundlich. So nur konnte sich nämlich die Vorstellung durchsetzen, ein sexuell aktiver Mann sei ein Held (Frauenheld), eine sexuell interessierte Frau aber eine Hure. Männer, die dieser Norm nicht entsprachen oder nicht entsprechen wollten, mußten sich als zurückgeblieben erleben. Frauen hinderte die diffamierende Verurteilung am Mut zu sexueller Aktivität. Woher stammt die Überzeugung von der angeblichen Triebschwäche der Frau? Einige Forscher vermuten, sie komme daher, daß eine sexuelle Reaktion der Frau für die Fortpflanzung nicht erforderlich sei. Träfe das zu, dann hinge das Bild der naturtriebschwachen Frau mit einem Begriff von Sexualität zusammen, der sie nur als Instrument der Fortpflanzung sieht. Nach E. J. Haeberle liegen die Ursachen einer realen sexuellen Uninteressiertheit allerdings »eindeutig in der Art und Weise, in der Frauen in unserer Gesellschaft erzogen werden«. Die Erziehung zwinge Mädchen dazu, sich sexuelle Wünsche nicht einmal einzugestehen, weil sie zu einem anständigen Mädchen nicht paßten. Nur romantische Fantasien und vage Sehnsüchte seien ihm gestattet. Die so entstehenden Hemmungen machten sexuelle Reaktionen unmöglich.

Die These von der naturtriebstarken männlichen und der seelentriebhaften weiblichen Sexualität ist empirisch falsifiziert. Die jüngste Sexualforschung hat das große sexuelle Vermögen der Frauen deutlich gemacht. »Unwiderlegbare Fakten haben bewiesen, daß das sexuelle Vermögen der Frauen dem des Mannes zumindest gleichkommt, ihm in mancher Hinsicht sogar überlegen ist« (U. Clement). Ihre Orgasmusfähigkeit ist weit stärker als die des Mannes. Auch zeigen fast alle Ergebnisse dieser Forschung, daß Mädchen früher als Jungen den Geschlechtsverkehr aufnehmen und ihn häufiger praktizieren. Frauen sind also wie Männer, und Männer und Frauen sind in gleicher Weise sexuelle Menschen.

Die abhängige Frau

Ausdruck mannzentierter Sexualität ist es auch, die Geschlechtsrollen so zu definieren und auszubilden, daß die Frau in die Abhängigkeit des Mannes kommt. Man wird darin das Interesse des Mannes vermuten dürfen, die Frau in seine Abhängigkeit zu bringen. Auch hier lohnt ein Blick auf Schilgen: »Die verschiedenartigen Anlagen von Mann und Frau entsprechen den Aufgaben, die der weise Schöpfer ihnen zugedacht hat. Die Frau ist durch ihren Mutterberuf an das Haus gebunden. Ihr fallen damit auch die Beschäftigungen zu, die das Hauswesen mit sich bringt. Für ihren Beruf hat Gott sie mit wunderbaren Fähigkeiten ausgestattet, die in dem Worte ›Mütterlichkeit‹ enthalten sind. – Die Aufgabe des Mannes ist es, zu schaffen, zu erfinden, all die Angelegenheiten des öffentlichen Lebens zu besorgen. Dementsprechend sind bei ihm die Verstandesfähigkeiten mehr entwikkelt.« Darum drängt es den Knaben, »sich zu betätigen, etwas zu leisten. Überall erprobt er seine Kraft, sein Können. Immer forscht er und plant und überlegt, was er einmal vollbringen will. Es treibt ihn hinaus ins Leben, seinen Mut zu zeigen, Gefahren zu trotzen, Schwierigkeiten zu meistern. Und doch kann er bei aller Wildheit und Härte voll rührender Anhänglichkeit an seine Mutter, voller Ritterlichkeit gegenüber seiner Schwester sein und sich willig von ihnen raten und leiten lassen. Das Mädchen hingegen ist nie zufriedener, als wenn es Hausmutter spielen kann. Seine Vorliebe geht auf häusliche Beschäftigungen, im Spielen mit der Puppe zeigen sich schon all die Eigenschaften, die es als treusorgende Mutter auszeichnen sollen. Es lehnt sich gerne an den Vater an, zu dem es mit Verehrung emporblickt, und sucht ihm auf jede Weise Freude zu machen.« Schilgen spiegelt das gesellschaftliche Bewußtsein seiner Zeit. Er merkt jedoch nicht, daß er als gottgewollte Natur ausgibt, was in Wahrheit nur fraglos geltende Sitte ist. Die aus der Verschiedenheit folgende Trennung von Jungen und Mädchen wurde damit begründet, daß beide nur getrennt zu einem echten Manne und einer echten Frau heranreifen können. Von der Vermischung der Geschlechter befürchtete man, was wir erhoffen: eine Veränderung der Geschlechtsrollen und eine Auflösung der patriarchalischen Männerherrschaft. Aus der biblischen Sündenfallerzählung (Genesis 3) bezog man die Überzeugung: Wo Eva das Sagen hat, ist Adam verloren.

Der zeugende oder gebärende Mann

Im Bild vom zeugenden oder vom gebärenden Mann suchte man zusätzlich den Vorrang des Mannes vor der Frau bzw. die Herrschaft des Mannes über sie zu festigen. Vielen Jahrhunderten galt

der Mann als derjenige, der einzig neues Leben hervorbringen könne – entsprechend der biologischen Theorie vom Samen als dem alleinigen Zeugungselement, die schon die Griechen hatten und die in der bekannten Bewertung der Selbstbefriedigung als Mord (Samenvergeudung) noch belegt ist. Die Frau, deren offensichtliche Mitwirkung auf der Hand lag und nicht verdrängt werden konnte, war demgemäß nur für das Gebären da. Erst 1826 wurde das weibliche Ei und damit der nicht nur passiv-periphere Beitrag der Frau bei der Forpflanzung entdeckt.
Doch noch mehr: Es gab – schon im Mittelalter – Bilder, die den Mann selbst als den Gebärenden zeigen, mit dem offenkundigen Ziel, seine Herrschaft über die Frau zu befestigen. Man scheute sich dazu nicht, die biblische Geschichte von der Erschaffung der Eva aus der Seite des Mannes (Genesis 2) umzudeuten. Nach deren Wortlaut hat Gott, als er Eva erschuf, dem schlafenden Adam eine Rippe entnommen und daraus die Frau geformt. Die Geschichte ist also eine Geschichte der *Erschaffung* der Eva. Die mittelalterliche Ikonografie machte daraus eine Geschichte der *Geburt* Evas. Sie stellt dar, wie Eva als ganze Person aus der Seite Adams hervorgeht. Noch in der ersten Hälfte des 11. Jahrhunderts wurde die Erschaffung Evas – wie etwa an den Hildesheimer Domtüren zu sehen – in zwei Szenen dargestellt: Entnahme der Rippe, Formung Evas. Seit der zweiten Hälfte des 11. Jahrhunderts – erstmals auf den Türen des Augsburger Doms – finden sich Darstellungen, in denen Eva mit voll ausgebildetem Körper aus der Seite Adams kommt. Der schwangere Adam gebiert die Eva. Die Geburt der Eva aus Adam wurde zum Symbol der Unterordnung der Frau unter den Mann. Denn, was einer gebiert, das beherrscht er. Bei R. Zapperi ist zu lesen: »Die Geburt durch den Mann war also ein Mittel der symbolischen Darstellung, in welcher die natürliche Zeugungsordnung auf den Kopf gestellt wurde, um sie mit den tatsächlichen Herrschaftsverhältnissen in Einklang bringen zu können«.
Daß Eva, von Adam geboren – wie es dieses Bild will –, nun Adams eigene Tochter ist und diese ihm zugleich als seine Frau zugeführt wird; daß Adam folglich, bleibt man der ikonografi-

schen Vorstellung treu, seine eigene Tochter zur Frau nimmt und damit in den Inzest gerät, war ein Thema, mit dem sich sogar Theologen wie Thomas von Aquin beschäftigt haben. Das belegt noch einmal, wie ernst das Bild vom gebärenden Mann genommen wurde. Wie man, angesichts der Überzeugung, der Gebärende sei der Herr, mit der Tatsache fertig wurde, daß in der Erfahrungswelt – anders als in der Bildwelt – die Frauen geboren haben, die Männer aber die Herrschaft innehielten, bleibt schleierhaft. Menschlich wäre es, beiden, Männern wie Frauen, gemeinsam die Kraft, Leben zu schenken, zuzugestehen. Das Bild des gebärenden Mannes feiert übrigens in dem die klinische Gebärapparatur beherrschenden männlichen Geburtsarzt fröhliche Urständ, der alle Verantwortung an sich zieht und die Geburt zu seiner Leistung macht; das des zeugenden Mannes in dem – in der Regel noch männlichen – Wissenschaftler, der Leben aus der Retorte schafft. In beiden liegt eine Enteignung der Frau und die Fortschreibung der Dominanz des Mannes.

Die asexuelle Mutter

Die Verleugnung aller sexuellen Wünsche der Frau hat in der katholischen Sexualpädagogik ein Mutterbild hervorgebracht, das – orientiert an der Jungfrau und Mutter Maria – die jungfräuliche Mutter zum Ideal machte. Vermutlich steckt darin die ängstliche Abwehr der Vorstellung, die eigene Mutter könnte einen nicht in weihevoller Pflichterfüllung, sondern in einer Stunde erotischer Leidenschaft empfangen haben. Die Belehrung über die Mutterschaft, die H. Schilgen für Kinder vorsieht, ist folglich ganz nach dem Modell jungfräulicher Empfängnis gestaltet. Ähnlich wie bei den Pflanzen, so schreibt Schilgen, »ist es auch beim Menschen. Auch er entsteht aus einem Keim, der noch kleiner ist als das Getreidekorn. Dieser Keim aber wird nicht in die Erde gelegt. Der liebe Gott hat das viel schöner angeordnet. Er bildet sich nämlich unter dem Herzen der Mutter. Und wenn nun Gott will, daß die Eltern ein Kindchen bekommen, dann schafft er eine unsterbliche Seele und haucht sie diesem Lebenskeim ein. Der fängt dann an, sich zu entwickeln . . . Verstehst du nun, weshalb ich dich so lieb habe? Sieh, du bist mein Kind. Aus mir hat der liebe Gott dich gebildet.« Natürlich ließ sich die Vaterschaft auf Dauer nicht verheimlichen. Doch auch da, nun bei der Belehrung Jugendlicher, nichts von leidenschaftlicher Liebe.

Die leidenschaftslose Zeugung wurde zum Ideal. Nur sie entspreche dem Großen und Heiligen, was da geschieht. »Jedes Kind ist mehr, wie es scheint. Hat es nicht eine Seele, die, nach Gottes Ebenbild geschaffen, ewig fortleben soll? Für die der Gottessohn am Kreuze starb? Gleicht es nach der Taufe nicht eher einem Gotte als einem Menschen? Wacht nicht ein Himmelsfürst an seiner Seite? Ja, jedes Kind ist etwas Großes, Heiliges. Dabei ist es aber auch etwas Großes und Heiliges, wenn ein neues Menschenleben beginnt! Muß denn da der gewaltige Gott nicht mitwirken, indem er die Seele des Kindes schafft? Hat Christus die Ehe nicht zur Würde eines Sakramentes erhoben?« Also müssen sich auch die Eltern im Augenblick der Zeugung bewußt sein, daß sie etwas Großes und Heiliges tun. In solchen Vorstellungen sind aus der Frau (auch der Ehefrau) die Züge der Geliebten gänzlich getilgt. Übrig bleibt die Frau als Mutter. Folgerichtig liebt der Mann in seiner Frau nicht seine Partnerin, sondern die Mutter seiner Kinder. Ein Mann, so Schilgen, könne in seinem Leben nur zwei Frauen lieben: seine Mutter und die Mutter seiner Kinder.

Das Vorbild, an dem sich solche Vorstellungen veranschaulichen und motivierend nahebringen ließen, war die Jungfrau und Mutter Maria. »Ohne jeden Makel der Sünde ward sie empfangen. Während sonst jeder Mensch mit der Erbsünde befleckt ins Dasein tritt, ging Marias Seele ganz rein, unbefleckt von der Erbsünde aus Gottes Schöpferhand hervor. – Das war ihm aber nicht genug. Maria sollte nicht nur eine ganz reine, makellose Jungfrau sein, *als* sie seine Mutter wurde, sie sollte so rein, makellos jungfräulich bleiben, *obgleich* sie Mutter wurde. Deshalb bewirkte er dieses unerhörte Wunder. Maria ward Mutter und blieb unverletzte Jungfrau.« Maria ist also Vorbild wahrer Reinheit, die aber mit der Abwertung erlaubter Sexualität verknüpft erscheint: »Gott bewahrte durch ein einziges Wunder Maria, als sie Mutter wurde, vor erlaubten Sinnenfreuden. Sie waren nicht gut genug für sie.«

Man soll die Wirkungsgeschichte solcher Ideen nicht unterschätzen. Die Blockierungen, die eine falsche marianische Erziehung im sexuellen Bereich angerichtet habe, so Marianne Dirks, seien in sehr tiefen Schichten wirksam und brauchten manchmal sogar den Psychotherapeuten zur Überwindung. »Die Ursache liegt vielfach darin, daß die jungfräulich gebliebene Mutter Maria uns Frauen lange Zeit als das Leitbild für jegliche Art von Existenz vorgestellt wurde. Das brachte Konflikte und Belastungen, unter denen viele Frauen der älteren Generation heute noch leiden. Es ist legitim, daß die unberührte Jungfrau oder die Mutter für *zwei getrennte Weisen* oder *zwei aufeinander folgende Phasen* weiblicher Existenz Modell wurde. Wenn jedoch die einmalige heilsgeschichtliche Koppelung zum Mythos wird, kann er sich verhängnisvoll auswirken und nachhaltig prägen, vor allem, wenn er in der Erziehung mißbraucht wird. Es ist erstaunlich, für wieviele Frauen meiner und vielleicht auch noch der nächsten Generation, besonders auf dem konservativen Land, der Geschlechtsverkehr auch in der Ehe mit der vagen Vorstellung von etwas Unreinem behaftet war und zum Teil noch ist. So mußte das eheliche Leben im geschlechtlichen Bereich bei vielen Frauen etwas Verkrampftes bekommen.« Es konnte gar nicht ausbleiben, daß das Widerspruch hervorrief.

Die Verordnung der Asexualität für die Mutter hatte aber noch weiterreichende sexualpädagogische Folgen. Sie verhinderte nämlich die Kultur des Gesprächs der Mutter – und damit auch der Eltern – mit ihren Kindern über ihre eigenen sexuellen Wünsche, Erfahrungen und Konflikte. Das verbreitete Schweigen in den Familien, das zwangsläufig zu einer Banalisierung und Brutalisierung der menschlichen Sexualität führt, hat hier – unbeschadet der Erschwernis durch die Inzestschranke – einen seiner Gründe. Dadurch wurde zudem die Möglichkeit von

Söhnen und Jungen eingeschränkt, sich bereits in der Beziehung zur Mutter offen mit der Frau als Sexualwesen auseinanderzusetzen und sich schon in der Familie in den Umgang mit der Sexualität der Frau einzuüben. Den Töchtern und Mädchen, die ihre sexuelle Identität zunächst auf dem Wege der Identifikation mit ihrer Mutter suchen, mußte die für die Mutter verordnete Asexualität alle erotischen Gefühle austreiben. Jene Verordnung selbst ist zu deuten als Sicherung der Männer vor der Sexualität der Frau, die speziell für solche notwendig ist, die, weil sie die weibliche Sexualität verdrängen, erhöhte Angst vor ihr haben. Kleidervorschriften von Kirchenmännern für Frauen, die in der Regel darauf zielten, die attraktive Weiblichkeit dieser Frauen möglichst nicht zum Vorschein kommen zu lassen, verraten ähnliche männliche Ängste und deren unentfaltete Sexualität.

2. Unterwegs zur Identität als Frau und als Mann

Daß die Männer- und Frauenbilder zerstört werden müssen, habe ich schon angedeutet. Wie neue Bilder entstehen können, ist sehr viel schwieriger zu sagen. Vermutlich erfolgen Zerstörung und Neuformulierung nur im Alltag des Lebens und durch die kreative Kraft der Betroffenen. Sicher kann man sie nicht aus Büchern beziehen. Sie erfolgen aber im Zuge der Identitätsfindung als Mann und Frau, die eine lebensgeschichtliche Aufgabe ist und eine sexualpädagogische dazu. Männer- und Frauenbilder, in denen sich inspirative gesellschaftliche Erwartungen an die männliche und weibliche Identität verdichten, können dabei förderlich sein.

Die sexuelle Identität von Frau und Mann

Das biologische Geschlecht eines Menschen wird vor der Geburt bestimmt und liegt bei der Geburt fest. Jeder hat darum – von den Ausnahmen kann hier nicht gesprochen werden – von Geburt an einen männlichen oder weiblichen Körper. Ob wir uns aber – von uns überzeugt – männlich oder weiblich fühlen und uns entsprechend verhalten, das stellt sich nicht von selbst ein. Das wird in der Lebensgeschichte gelernt. Es ist ein schwieriger Prozeß, der gelingen oder mißlingen kann. Dramatisch wird es, wenn es jemand nicht fertigbringt, die sexuelle Identität anzunehmen, die ihm sein Körper vorzeichnet, sondern eine Identität erwirbt, die dem Geschlecht seines Körpers zuwiderläuft. Er erlebt sich dann in den falschen Körper gesperrt.
Sexuelle Identität gewinnt man nicht dadurch, daß die Erwartungen der Gesellschaft akzeptiert und übernommen werden, die sich bei einem männlichen Körper auf sein Mannsein oder bei einem weiblichen Körper auf ihr Frausein richten. Wir haben die Möglichkeit, die gesellschaft angesonnenen Erwartungen anzunehmen oder abzulehnen. Diese Möglichkeit ist sicher nicht unbegrenzt, je nachdem, wie stark die Gesellschaft – zu Anfang in den Eltern – auf uns einwirkt und wie oft dies immer wieder bekräftigt wird. Und doch zeigt die Erfahrung, daß Menschen mit diesem Ansinnen selbstbestimmt umgehen. In einem lebendigen Vorgang, in dem das vorgegebene biologische Geschlecht, die sozialen Einflüsse und die eigene Aktivität zusammenwirken, formen Menschen ihre sexuelle Identität.

Geschlechtsgeschichte und Sexualität

Maskulines oder feminines Fühlen wie Verhalten vermitteln Eltern ihren Kindern von Anfang an – manchmal ohne Bewußtsein und auf fragwürdige Weise. Sie richten sie entsprechend her (in Kleidung oder Haarschnitt), behandeln sie streng oder weich, statten sie mit (für Jungen oder Mädchen gedachtem) verschiedenartigem Spielzeug aus und sprechen sie unterschiedlich an (sei »ein Mann«, benimm dich »wie eine Frau«). Zwar bringen Kleinkinder das ihnen angesonnene Maskuline oder Feminine zunächst noch nicht unbedingt mit ihrem biologischen Geschlecht zusammen. Doch ändert sich das spätestens in der ödipalen Situation, mit ihrem aufgebrochenen und ausgesprochenen Interesse an den Genitalien.

Die wichtigsten Bedingungen für den Erwerb einer sicheren Identität als Mann oder Frau sind, so sieht es G. Schmidt, »ein gleichgeschlechtlicher Elternteil (oder eine gleichgeschlechtliche Bezugsperson), zu dem das Kind eine enge emotionale Beziehung hat und mit dem es sich identifizieren kann; *und* ein gegengeschlechtlicher Elternteil (oder eine gegengeschlechtliche Bezugsperson), der das Kind als Junge oder Mädchen (also in seiner Geschlechtszugehörigkeit) akzeptiert und ihm ermöglicht, seine Geschlechtsidentität in der Auseinandersetzung mit dem anderen Geschlecht bestätigend zu erfahren«. Auch hier gilt: Vieles, was Menschen lernen, lernen sie nicht *von* anderen, sondern *an* anderen, in der lebendigen alltäglichen Begegnung mit ihnen. Darum macht der Erwerb von sexueller Identität besondere Schwierigkeiten in unvollständigen Familien, in denen Kinder mit einem Elternteil aufwachsen müssen; oder auch in vollständigen Familien, in denen ein Elternteil emotional abwesend ist; aber auch dann, wenn Mutter und Vater in ihrem Frau- und Mannsein unsicher sind.

Die Tragik einer unsicher verlaufenden Geschlechtsgeschichte läßt sich, G. Schmidt zufolge, so charakterisieren: »Männer und Frauen mit einer unsicheren Geschlechtsidentität sind auch in ihrer Sexualität verunsichert. Sie haben eine tiefgreifende Angst, kein richtiger Mann, keine richtige Frau zu sein, fühlen sich wenig liebens- und begehrenswehrt, sexuell inkompetent und befürchten, sexuell zu versagen. Solche *Männer* vermeiden oft Zärtlichkeit und Hingabe, weil sie beides als schwach, passiv, weibisch erleben; oder sie überkompensieren ihre verunsicherte Geschlechtsidentität durch eine rücksichtslose, chauvihafte, genitalbetonte Sexualität oder auch durch das Zurschaustellen nie versiegender Potenz durch ständige Eroberungen oder durch pausenloses sexuelles Bedrängen der Partnerin. *Frauen* mit einer verunsicherten Geschlechtsidentität haben oft Schwierigkeiten mit der Selbstannahme des Körpers, gerade auch der Genitalregion. Sie können die Vagina phantasieren als eine Wunde, etwas Verletztes, Häßliches und Abstoßendes; und da die Sexualität mit den Genitalien gemacht wird oder *auch* mit den Genitalien, kann eine solche Abscheu ihre Sexualität einschränken, da sie dadurch mit dem vermeintlichen Manko konfrontiert werden.«

Von entsprechenden Problemen sind schon *Jugendliche* betroffen. Ist mein Körper in Ordnung? Verwandelt er sich – während der pubertären Reife – richtig in den Körper eines Mannes oder einer Frau? Und tut er es vor allem rechtzeitig – obwohl dafür kein Zeitmaß anzugeben ist? Da stehen sie vor dem Spiegel, nackt, wenn ihnen dazu Mut und Sicherheit nicht ausgetrieben wurden, taxieren sich und nehmen Maß – an ihren Eltern, an Fotos, an dem, was sie aus Geschichten und Filmen in Erinnerung haben. Hoffentlich finden sie Gesprächspartner, die ihnen die geschönten veröffentlichten Bilder vom richtig entwickelten Mann und von der richtig gebauten Frau relativieren und ihnen helfen, die Begriffe für richtig und falsch aus Eigenem zu bilden. Bin ich attraktiv? Werde ich ausreichend genug als sexuelles Wesen wahr- und ernstgenommen? Das kann im Zuge des Erwerbs sexueller Identität natürlich nur eine Rolle spielen, wenn Sexuelles zum Leben gerechnet und – in der Familie, in der Schule, in der Jugendarbeit und wo auch immer – nicht ausgesperrt wird. Wie gehe ich – so fragen sich besonders Mädchen – mit meiner neuen (sexuellen) Anziehungskraft um? Wie werden sie damit fertig, daß Männer ihnen ständig nachschauen oder ihnen ihre Aufmerksamkeit deutlich zeigen? Ähnliches können allerdings auch Jungen erleben. Was ist zudem, wenn sich im Spiel der Geschlechter nichts tut? Wir sollten nicht unterschätzen, daß daraus starke Selbstzweifel hervorgehen können. Wenn junge Leute hier Begleiter haben, Eltern zumal, die ihnen Sicherheit darin vermitteln, daß sie sich als Frau und Mann annehmen dürfen, daß sie als sexuelle Wesen »richtig« sind – sofern es nicht auffallende Abweichungen gibt, die starken Leidensdruck hervorrufen –, sind sie unterwegs zur sexuellen Identität.

Möglichkeiten auffälliger Identität

Ein *Transsexueller* ist ein Mensch, der von Geburt an Mann oder Frau ist – einen männlichen oder weiblichen Körper hat –, aber davon überzeugt ist, er wäre besser in einem anderen Körper auf die Welt gekommen. Er hat eine sexuelle Identität ausgebildet, die mit seinem Körper nicht übereinstimmt. Die Überzeugung, in einen falschen Körper gesperrt zu sein, kann so stark sein, daß Transsexuelle sich operieren lassen, um ihren Körper mit ihrem Gefühl und ihrer Überzeugung zusammenzubringen. Da ein männlicher Transsexueller sich für eine Frau hält, sucht er – wenn er Mut genug hat – eine Beziehung zu einem heterosexuellen Mann. Er fühlt erotische, romantische und emotionale Reaktionen auf Männer und hat entsprechende Fantasien über sie. Die weibliche Transsexuelle weiß sich als Mann und sucht – mutig genug – eine Beziehung zu einer heterosexuellen Frau. Dem Augenschein nach sind das homosexuelle Wünsche, Fantasien, Beziehungen. Doch es ist etwas ganz anderes: Es ist ein Elend, das aus psychischer Irritation, Demütigung vor Behörden und Spott bei den Mitmenschen besteht, das manchmal in Selbstmord endet und manchmal im Mut, sich offen zu bekennen. Dann ist vielleicht die operative Angleichung des Körpers an das gefühlte Geschlecht – die die Krankenkassen zahlen, weil Transsexualität nunmehr als Krankheit gilt – nur eine Etappe auf einem langen Weg, der über viele personenstandsrechtliche, berufliche und private Probleme geht. Wir müssen uns wahrnehmungsfähig halten für solches Leiden. Mildere Formen können die Geschlechtsgeschichte eines jeden begleiten.

In der großen Mehrzahl beginnen Jungen, sich zu Mädchen hingezogen zu fühlen, und Mädchen zu Jungen. Sie bilden eine heterosexuelle Orientierung aus. Es kann jedoch auch anders laufen. Die *homosexuelle Orientierung* ist eine zwar seltene

Möglichkeit sexueller Identität (2–3% der Menschen), aber sie ist eine Möglichkeit, mit der man rechnen muß, obwohl sie in einer heterosexuell geprägten Kultur immer wieder – speziell Eltern – Schrecken einjagen kann. Für die Betroffenen bringt sie unterschiedlich intensiv erlebtes Leid.

Bisexuelle tendieren zu beiden Geschlechtern. Freud hatte vertreten, alle Menschen seien zunächst bisexuell und fänden ihre sexuelle Identität durch Verdrängung einer der beiden möglichen sexuellen Orientierungen. Hier existiert in der Wissenschaft große Unsicherheit und Ratlosigkeit. Neueste Forschungen, die sich allerdings auf kleine Stichproben beziehen, scheinen im Gegensatz zu anderen Erkenntnissen darauf hinzuweisen, daß Bisexuelle stärker zur Heterosexualität als zur Homosexualität neigen. Dann wäre die Selbsteinschätzung als »bisexuell« eine sexualisierte Form der Verweigerung, eine heterosexuelle Identität anzunehmen.

Ich will mich nicht festlegen: Die Hypothesen bzw. Einsichten belegen aber, daß der Erwerb von sexueller Identität nicht immer seinen gewohnten Gang nimmt; daß sich in Auffälligkeiten menschliche Probleme verbergen, die *dem* fast unzugänglich sind, der sie nicht hat, die aber die Betroffenen stark belasten können, besonders dann, wenn sie ihre Situation verstecken müssen oder kein Verständnis für sie finden.

Männer und Frauen spielen neue Rollen

Der Druck der Gesellschaft, sich den angesonnenen Geschlechtsrollen anzupassen, kann zu Konflikten und Ärger bei Menschen führen, die ihre Identität nicht im Einklang mit dem von der Gesellschaft Erwarteten suchen. Bei vielen erzeugt der soziale Druck trotz innerer Unruhe Konformität. Andere aber leisten Widerstand, weil sie ihre Identität selbstbestimmt formulieren wollen.

Eine Ausdrucksform des Widerstands gegen gesellschaftliche Rollenzwänge ist das Interesse an der *Androgynie*. M. Carrera erklärt: »Das Wort ist eine Kombination der griechischen Worte für Mann (aner) und Frau (gyne). Dahinter steht die Überzeugung, man könne auch Charakteristiken des anderen Geschlechts in seine Persönlichkeit integrieren. Androgynie ist für manche Menschen der ideale soziale und psychologische Zustand, da er von Mann und Frau verlange, daß sie, indem sie über die kulturellen Stereotypien hinweggehen, den Spalt zwischen den Geschlechtern kleiner werden lassen. In der einfachsten und doch tiefgründigsten Form stellt Androgynie die Grundlagen der traditionellen Geschlechtsrollen in Frage, die entscheiden, wer kocht, sauber macht, sich um die Kinder kümmert, einkauft, repariert, Sport treibt, Gefühle zeigt, zärtlich, abhängig oder unabhängig ist und so weiter und so fort. Wenn man frei ist und seine Interessen zeigen kann, Bedürfnisse, Talente und Wünsche nicht von künstlichen Schranken behindert werden, dann ist man als androgyner Mensch in einer viel besseren Lage, um sein Potential zu verwirklichen, als Menschen, die den traditionellen Geschlechterrollen anhängen.«

Ich bin nicht davon überzeugt, daß Androgyne die Rollenspieler der Zukunft sind – wenn die Idee beinhalten sollte, daß die Unterschiede zwischen Frauen und Männern, genauer zwischen »weiblich« und »männlich«, möglichst verwischt oder gar aufgehoben werden. Diese Einheitsmenschen fürchte ich; wie überhaupt alle Einerleiheit das Lebendige tötet. Sollen doch Frauen weiblich sein und Männer männlich. Nur sollen sie sich darauf nicht festgelegt fühlen und festgelegt werden. Sie sollen die Möglichkeit haben, flexibel mit den verschiedenen Attributen umzugehen; was Männern die Freiheit gäbe, sich (auch) weiblich, und Frauen die Freiheit, sich (auch) männlich zu verhalten. Dann könnte zwischen ihnen das eintreten, was P. Schellenbaum eine »Leitbildspiegelung« nennt, daß nämlich beide am andersgearteten anderen eigene, noch unentfaltete Möglichkeiten des Erlebens und Verhaltens entdecken und erlernen. Die weibliche Frau und der männliche Mann – was immer man mit »weiblich« oder »männlich« verbindet: sie sollten also nicht ein Schreckgespenst sein, sondern als Chance akzeptiert werden. Dann sind auch die männliche Frau und der weibliche Mann zugelassen und erwünscht. Und was einer gerade lebt und aktualisiert, richtet sich nicht nach gesellschaftlichen Vorschriften, sondern nach seinen jeweiligen individuellen Bedürfnissen und Notwendigkeiten.

Das erst gibt die Möglichkeit und das Recht, daß Männer und Frauen bejahen können, was sie in sich – an Interessen und Bedürfnissen – vorfinden. Frauen dürfen, sofern sie in ihrer Lebensgeschichte entsprechend beeinflußt wurden und es wünschen, fraulich, weiblich, zärtlich, hübsch sein – sie müssen es aber nicht. Und Männer dürfen, wenn sie entsprechend erzogen wurden und das Bedürfnis haben, entschlossen, bestimmend, rauh und herzlich sein – sie müssen es aber nicht. Flexibilität nach allen Sciten wäre wünschenswert. Das Neue stünde dann nicht gegen das Alte, sondern es träte zu ihm hinzu. Vielleicht geht daraus eine Gesellschaft hervor, die Männer und Frauen als gleichwertig anerkennt; sie aber nicht androgyn einebnet, sondern aus der spannungsgeladenen Verschiedenheit der Individuen ihre Lebendigkeit findet.

Ein Irrweg ist sicher, wenn Frauen und Männer – gegenwärtig sind es eher Frauen als Männer – ihr neues Rollenprofil dadurch gewinnen wollen, daß sie sich voneinander isolieren, manchmal sogar gegeneinander stellen. Das geht von Veranstaltungen »nur für Frauen« bis hin zu radikalen Lesbierinnen, die die Trennung bis zum Äußersten treiben. Gewiß: »Die Ressentiments der Frauen gegen die Männer haben eine solide Basis in der Diskriminierung und sexuellen Gefährdung, der Frauen ständig ausgesetzt sind« (M. Carrera). Und wer die Geschichte der Unterdrükkung der Frauen durch die Männer nicht verdrängt, sie vielleicht gegenwärtig noch wirksam sieht, wird die Distanzierungen der Frauen verstehen können. Doch insgesamt scheinen sie eher eine Kapitulation zu sein. Sie hoffe noch immer auf die emanzipatorische Kraft der Paarbeziehungen, meinte M. Gambarow, womit sie sagen wollte, es hänge vom Manne ab, ob die Frau sich zur Frau entwickeln könne und nicht nur zu einer (übertriebenen) Kopie des Mannes; und es hänge an der Frau, ob der Mann aus

seinem Imponiergehabe und einem desorientierten Leistungsdenken herausfinde. Ich teile diese Hoffnung.
Vielleicht kommen wir ja dazu, in den Frauen und Männern, die wir treffen und mit denen wir zusammenleben, nicht mehr nur die Rollenspielerin oder den Rollenspieler zu sehen, die sie gar nicht sein wollen, sondern mit sensibler Wahrnehmungsfähigkeit den eigengeprägten Individuen zu begegnen, mit ihren individuell und kreativ entwickelten Möglichkeiten. So sehr Menschen – in der Regel – Männer oder Frauen sind, so sehr gilt doch auch, daß Frauen und Männer *Menschen* sind und als solche genommen werden wollen.

Frau und Mutter

Frauen entkommen ihrer – sicher unterschiedlich erlebten – Zurücksetzung oder Unterdrückung nicht dadurch, daß sie ihr Frausein verleugnen. Die Ablehnung einer bestimmten Form von Weiblichkeit muß nicht die Ablehnung jeder Weiblichkeit zur Folge haben. Und da die Frauen nun einmal die einzigen sind, die Kinder gebären und Mütter werden können, wäre zu wünschen, daß Frauen diese in ihrer Weiblichkeit liegende lebenschaffende Möglichkeit einschränkungslos bejahen könnten. Die Formulierung »Frau und Mutter« klingt zwar formelhaft und erweckt den Anschein des Gestrigen. Doch Frauen, die die Bereitschaft haben, Frau und Mutter zu sein, und sich an vielen Kindern freuen, werden wir nicht diffamieren. Im Gegenteil.
Man kann freilich das Muttersein auch übertrieben idealisieren. H. Schilgen will wissen: »Was es eigentlich heißt, Mutter werden, wird ihr erst in der Ewigkeit klar, wenn sie am Throne Gottes kniet, die unaussprechlichen Wonnen des Himmels genießt und sich dann sagt, die Kinder, denen ich das Dasein geschenkt, und deren Kinder und fernste Nachkommen, vielleicht Hunderte, Tausende von Menschen, sollen auch in diesen herrlichen Himmel. Ohne mich wären sie alle nicht da! Ich habe ihnen das Leben, die ewige Seligkeit erschlossen. Dann erst

erkennt sie es, welch große, gewaltige Aufgabe es ist, Mutter werden, eine Aufgabe, die das ewige Glück einer ganze Reihe unsterblicher Seelen umspannt.« Wir dürfen nämlich nicht verschweigen, daß Kinder ihre Eltern (finanziell, zeitlich, sozial) sehr einschränken können und daß sie als Belastung erfahren werden, die sie (auch) sind. Freundschaft mit Kindern stiftet weder, wer die Beziehung von Eltern und Kindern unrealistisch hochjubelt, noch wer sie diffamiert, sondern wer sie realistisch sieht, als mögliche Bereicherung für Eltern und Kinder, auch durch das Leid hindurch, das deren Beziehung ständig begleitet.

Allerdings sind Frausein und Muttersein nicht zwangsläufig verknüpft. Die allzu enge Verbindung von Frau und Mutter in der Vergangenheit, die beides sogar wie selbstverständlich ineins setzte, hat viele Frauen genötigt, in ihrer Mutterschaft aufzuhören, *Frauen* zu sein: Partnerinnen des Mannes, Lebensgefährtinnen, Geliebte – *und* Individuen mit Freude an Dingen, Künsten und Menschen. Sie haben ihre eigene Individualität mehr und mehr aufgegeben und das Bewußtsein verloren, (auch) um eigener Interessen willen zu leben, was sich auf ihre Partnerschaft und Mutterschaft nachteilig auswirken mußte. Aber weder die Partnerschaft – auch nicht die in der Ehe – noch die Mutterschaft sind aus sich emanzipationsfeindlich. Es bleibt *in* ihnen, sofern Mann und Kinder – und die Öffentlichkeit – zur Mitwirkung gewonnen werden, genügend Raum für die Selbstverwirklichung der Frau. Die Frau erfüllt ihr Wesen nicht im Muttersein. Sie verwirklicht sich im lebensschöpferischen Menschsein, das auf vielfältige Weise fruchtbar sein kann – auch in Kindern.

Was die aushäusige Erwerbstätigkeit der Mutter betrifft, so brauchen wir gesellschaftliche, finanzielle und soziale, familiale und psychische Bedingungen, die den Betroffenen die Freiheit der Entscheidung ermöglichen. Die Freundschaft mit Kindern kennt viele Ausdrucksformen. Die vorübergehende Aufgabe der Erwerbstätigkeit durch die Mutter ist eine davon. Sie ist eine kreative und respektable, die Ermunterung verdient. Doch gibt es auch Gründe gegen eine solche Ermunterung. Eine Mutter, die ihr Kind *braucht,* um ihre psychischen Konflikte – ihre leidvoll erfahrene Einsamkeit, ihren Wunsch danach, für jemand im Mittelpunkt zu stehen, ihre zwanghafte Suche nach einem Objekt ihrer Fürsorge – zu bewältigen, gewährt ihren Kindern, selbst wenn sie bei ihnen bleibt, nicht Freundschaft. Sie begehrt ihrerseits Problemlösung auf Kosten ihrer Kinder. Es kann darum auch – die Fälle sind so verschieden – das Verbleiben in der Erwerbstätigkeit eine Form der Freundschaft mit Kindern sein, speziell dann, wenn eine Mutter sich so in ihrem Selbstbewußtsein gestärkt erlebt, daß sie erst wirklich Freundschaft halten kann. Kinder sind eine wunderbare Aufgabe. Sie können aber auf Dauer das Leben nicht einzig bestimmen oder ausfüllen. Wir brauchen Verhältnisse, die es Frauen erlauben, in Freiheit sich zu entscheiden, wie sie ihre Freundschaft mit Kindern realisieren wollen. Eine Berufsausbildung für alle Mädchen ist dafür Voraussetzung.

Durchsetzungskraft

Es scheint, als würden sich Frauen durch die besondere Konstellation ihrer Lebensgeschichte speziell die Fähigkeit und Bereitschaft zur identifizierenden Einordnung, vielleicht gar zur Unterordnung erwerben. Das wäre verständlich. Mädchen bewegen sich – unter den gegenwärtig herrschenden gesellschaftlichen Bedingungen – auf ihre weibliche Identität zunächst dadurch zu, daß sie sich mit ihrer Mutter, ihrer ersten Bezugsperson, identifizieren; während Jungen ihre Identität durch Identifizierung mit dem Vater zu erwerben beginnen, und damit zunächst durch eine Abgrenzung von ihrer ersten Bezugsperson. Während also Männer, wollen sie ihre Identität gewinnen, mit einer elementaren *Absetzungsbewegung* von dem Menschen beginnen, dem sie in ihrem Leben zuerst eindrucksvoll begegnet sind, müssen Frauen dafür eine elementare *Identifikation* vollziehen – obwohl auch ihre voll ausgebildete Selbst-Identität erst möglich ist, wenn sich der Vater in ihre Beziehung zur Mutter eingemischt und so eine

Distanz zur Mutter ermöglicht hat. Doch die erste Bewegung zur weiblichen Identität ist die der psychischen Gleichsetzung mit der Mutter. Auf der Suche nach ihrer Weiblichkeit bleiben Mädchen also bei ihrer Mutter und damit der Versuchung ausgeliefert, die ursprüngliche symbiotische Verschmelzung mit ihr aufrechtzuerhalten. Diese elementare Erfahrung scheint mir das Weibliche im Gegensatz zum Männlichen bleibend zu prägen: hier eher die Bereitschaft, sich abzugrenzen, dort eher die, sich aufzulösen.

Gerade darum aber ist es notwendig, alle Ansätze einer Abgrenzung, die Jungen gleichsam in den Schoß fällt – obwohl das natürlich auch mißlingen kann –, bei Mädchen zu fördern. Die Automatik der Identifikation, zu der Mädchen sich verführt erleben, und – davon abgeleitet – ihrer Versuchung, sich einzuordnen und unterzuordnen, die eigenen Interessen zurückzunehmen zugunsten der Bedürfnisse anderer Menschen, sich selbstlos hinzugeben und aufopferungsvoll zu dienen, müssen unterbrochen werden. Nicht um diese Möglichkeiten auszumerzen, sondern um der Fähigkeit willen, frei mit ihnen umzugehen.

Dann könnte sich auch bei Mädchen die Fähigkeit und Bereitschaft einstellen zu agieren, sich gegen andere durchzusetzen, was traditionell als männlich gilt. Das ist keine leichte, sondern eine konfliktreiche und schmerzliche Angelegenheit. Wenn ich nämlich etwas anderes will als mein Gegenüber und ich mich sogar gegen dessen ursprüngliche Interessen durchsetzen muß, kann ich ihn enttäuschen und ihn vielleicht (vorübergehend) zu meinem Gegner machen. Dann bin ich nicht mehr der liebenswürdige Partner, sondern der unerbittliche Egoist – oder werde so beschimpft. Und das will ausgehalten werden. Darum ist es einzuüben. Eltern sollten ihre Töchter schützen, wenn diese in einer Situation der Interessengegensätze mit Dritten allzu schnell bereit sind nachzugeben.

Seinen Beitrag »Männer ohne Scham – ein maskuliner Zugang zum Feminismus« beginnt P. Paulich mit der Beobachtung, daß »Männlichkeit« in bestimmten Kreisen »etwas Desavouierendes bekommen« habe. Große Teile der Männer – speziell im pädagogischen und psychosozialen Milieu – hätten sich der eigenen Männlichkeit zu schämen begonnen. Die Karikatur dieses Typs: der strickende »Softi« mit eingesunkenen Schultern und Mokassins. Unter jüngeren Arbeitern dagegen, so Paulich, würden die alten Geschlechterrollenattribute – harter Männlichkeit – wieder auftauchen: »Junge Männer in Lederkluft, sichtbare Moped- und Motorradbegeisterung, kräftige Schulterschläge zur Begrüßung, knallende Absätze und forscher Gang, rauher Ton und harte Gebärden.« Die Generation der schamlosen Knallis.
Was ist, so fragt Paulich, wenn der Schamhafte (in Form eines Sozialarbeiters etwa) dem Schamlosen begegnet? Es stelle sich Erinnerung ein: Erinnerung an – extrem männlich – gelebte Seiten der eigenen Biografie oder Erinnerung an nur imaginierte Entwürfe männlicher Stärke. Dann folge die Selbstprüfung, »ob die alten Ängste, ein vollwertiger Mann zu sein, überwunden sind und/oder ob die alten Angebote ihre Attraktivität verloren haben«. Die Überprüfung der ersten Frage müsse eine Atmosphäre latenter Minderwertigkeit befürchten lassen; die der zweiten eine Infragestellung der eigenen Aufrichtigkeit bringen. Mit der Bewältigung beider Probleme habe der Schamhafte zu tun. Das erste könne er dadurch »bewältigen«, daß er den Symbolen präsentierter Männlichkeit jeden Wert abspreche; das zweite dadurch, daß er ständig bereitwillig und offen von seinen eigenen Problemen spreche. So seien die Probleme der Männer, die sich ihres Mannseins schämen, groß. Hinzu komme noch die Erfahrung, daß Frauen häufig das Verhalten der »schamlosen« Männer honorieren.
Paulichs Vorschlag: Männer habt keine Scham, Männer zu sein. »Es gibt Männer ohne Scham, und diese Männer ohne Scham sind keinesfalls alle schamlos, sie sind keinesfalls alle ohne Feinge-

fühl und Sensibilität, sie sind keinesfalls alle respektlos gegenüber dem eigenen Willen und der eigenen Entwicklung von Frauen.« Die Symbole von Feingefühl, wie sie Softis zur Schau stellen, müßten – so sein Verdacht – nicht unbedingt Respekt verraten: sie könnten auch Zeichen subtiler Manipulationsinteressen sein oder Instrumente der Abwehr von destruktiver Aggressivität. »Gelingt es nicht, daß sich Männlichkeit präsentieren darf und kann, gelingt es nicht, daß sich Männer ohne Scham zu den Symbolen und Attributen ihrer Männlichkeit zu verhalten lernen, wird es noch sehr viel länger Männer geben, die sich hinter Fassadenhaftigkeit verstecken, denen es schwer fällt, . . . zu ahnen, was Ergriffenheit bedeutet.« Aber genau das würden wir brauchen: maskenlose und zur Ergriffenheit fähige Männer. In Männern ohne Scham sieht Paulich »die bessere Voraussetzung für eine weitergehende Veränderung der partriarchalischen Verhaltensweisen und Beziehungsstrukturen als in subdepressiv eingeschränkten ›Softi-Männern‹.«

In der Familie jedenfalls hat der – ohne Scham männliche – Vater die unersetzbare Aufgabe, die Dyade von Mutter und Kind durch seine energische psychische Einmischung in eine Triade zu verändern, damit die ursprüngliche, symbiotische Mutter-Kind-Beziehung nach und nach sich zu einer partnerschaftlichen Eltern-Kind-Beziehung entwickeln kann. Das schließt ein, daß der Vater da ist, daß er zu seinen Kindern eine Beziehung aufnimmt und sich darin als männlich-väterlich mit eigenem Profil erweist. Dazu braucht er Freude an Kindern und Freundschaft mit Kindern.

Verletzlichkeit

Niemals sind wir so verletzlich, als wenn wir lieben, meinte Freud. Man darf das wohl auch umkehren. Niemals können wir intensiver lieben, als wenn wir verletzlich sind. Und da wir alle verletzlich sind, muß es heißen: Wir können intensiver lieben, wenn wir unsere Verletzlichkeit zulassen und zugeben. Ich beziehe das vor allem auf die Männer. Denn Frauen haben in dieser Hinsicht offensichtlich weniger Probleme. In der Verletzlichkeit des Menschen kommt seine endliche Ohnmacht zum Vorschein. In einer Tradition, in der Männer eher ihre Macht als ihre Ohnmacht hervorgekehrt haben, ja unter den gesellschaftlichen Zwang gestellt wurden oder sich gestellt erlebten, immer ein »harter Mann« zu sein, fällt es Männern schwer, sich klein, ohnmächtig, ängstlich und verletzlich zu zeigen. Sie schämen sich, es ist ihnen peinlich, und sie haben Angst »untergebuttert« zu werden, wenn sie nicht oben sind. Darum weinen sie auch nicht, selbst wenn ihnen danach zu Mute wäre. Vielleicht kann man gar nicht ermessen, was das an psychischer Anstrengung bedeutet, an Bindung und Vergeudung von Kräften, die auf anderen Feldern sinnvoller eingesetzt werden könnten.

Mit der zugelassenen Verletzlichkeit hängt auch die Bereitschaft zusammen, offen von sich zu reden – unter Freunden oder Freundinnen, in der Partnerschaft oder Ehe. Auch da haben ja Männer eine spezielle Scheu – anders als Frauen. Denn Anteilgeben an den eigenen Erfahrungen legt immer auch offen, was an schmerzlichen und enttäuschenden Ereignissen und Erlebnissen vorkam. Männer verheimlichen das gern, weil es ihre Männlichkeit stört. Doch wir erscheinen als Menschen, wenn wir alles Menschliche annehmen, was uns begegnet. Dann werden auch unsere Beziehungen intensiv, wenn wir unsere Erbärmlichkeit ungeschützt zum Vorschein bringen. Ich rede damit nicht dem seelischen Striptease das Wort. Es gibt Situationen und Gelegenheiten, die Zurückhaltung gebieten. Dagegen wird heute oft schamlos verstoßen. Zu solcher Schamlosigkeit wird auch zu häufig gezwungen. Das ist allerdings kein Argument gegen die Idee, Männer sollten ihre Verletzlichkeit zulassen und zugeben. Bedingung für die Möglichkeit dazu ist ein stabiles Selbstwertgefühl.

Nach seinem Bild schuf Gott sie als Mann und Frau

Von der Sexualität von Männern und Frauen, Frauen wie Männern als Einfall und Geschenk des Gottes der Bibel – speziell des Alten Testaments – und von der alttestamentlichen Perspektive von Mann und Frau war schon an anderer Stelle die Rede (vgl. Glut der Begierde – Sprache der Liebe, S. 179ff.). Ich will das hier nicht wiederholen. Immer war eigentlich die Idee der Realität voraus. Darum ist es auch nicht verwunderlich, wenn im Alten Testament die Unterordnung der Frau unter den Mann und die Verfügungsgewalt der Männer über die Frauen in fast allen Bereichen des Lebens sichtbar wird. Im Dekalog wird die Frau mit dem Knecht und der Magd, mit dem Rind und dem Esel in einem Atemzug genannt (Deuteronomium 5,21). »Herr werden« steht in der Sprache der Bibel für heiraten (Deuteronomium 22,22), »Herr« und »Gebieter« für den Ehemann (Exodus 21,4; Genesis 18,12; Richter 19,26) und »Beherrschte des Herrn« für die Ehefrau (Deuteronomium 22,22). Die biblischen Belege für irritierende Frauenbilder ließen sich vermehren.

Gleichwohl heißt es im Großen Lied von der Schöpfung (Genesis 1): »Gott schuf also den Menschen als sein Abbild; als Abbild Gottes schuf er ihn. Als Mann und Frau schuf er sie« (1,27). H. Haag führt dazu aus: »Hier werden Mann und Frau als Abbild Gottes auf die gleiche Stufe gestellt. Jeder, Mann und Frau, ist auf seine Weise Bild Gottes, und gemeinsam sind sie das ganze Bild Gottes. Hier geht es ... um eine Aussage über das Wesen von Mann und Frau. Beiden wird gleichermaßen die Herrschaft über die Welt zugesprochen. Beide stehen in der gleichen Bezogenheit zu Gott... Zugleich aber schuf Gott den Menschen differenziert als männlich und weiblich. Der Mensch besteht in zwei Formen. Keine stellt allein das Ganze des Menschen dar. Jedem fehlt genau das, was der andere hat... Nur zusammen sind sie das Ganze.« Dieser Text enthält unverkennbar die göttliche Idee der Sexualität von Mann und Frau, ihrer Differenziertheit und Gleichwertigkeit. Die Kraft dieser Idee sollte, wo sie in unserer Gesellschaft zur Wirksamkeit kommt, alle unmenschlichen Männer- und Frauenbilder zerstören. Gegen allen Widerstand der Realität ist hier schon biblischer Widerspruch eingelegt.

Jesus von Nazaret

Die Idee von Mann und Frau, die das Große Lied von der Schöpfung entwirft, war zur Zeit Jesu keineswegs realisiert. Doch in Jesu Praxis und Botschaft kommt sie wieder zum Vorschein. In seiner Praxis, wenn er, was seinerzeit unerhört war, mit Frauen spricht, in ihrer Nähe weilt, sie heilt, sie unterrichtet, sie unter seine Jünger nimmt, sie zu seinen Freundinnen macht. »Seine Weite und Unabhängigkeit zeigen sich in der Ablehnung von Geboten und Gesetzen« (H. Haag – K. Elliger), sofern sie den offenen Umgang der Menschen miteinander und die Menschlichkeit verhindern. Sie erscheint auch in seiner Botschaft. Wichtige, wenn nicht gar die wichtigsten Inhalte seiner Verkündigung teilt er gerade Frauen mit (vgl. Johannes 4,25–26; 11,25). Jesu Worte über die Ehe (Matthäus 5,31f.; Matthäus 19,3–12; Markus 10,2–12; Lukas 16,18) zielen nicht auf eine spezielle Ethik der geschlechtlichen Beziehungen. Sie zielen auf eine fundamentale Ethik der Beziehungen der Geschlechter. Und diese radikalisieren sie zur wechselseitigen Subjekt-Subjekt-Beziehung Gleichwertiger, in der jeder seine Identität findet. Es geht Jesus um die radikale Zuwendung des Menschen zum Menschen, auch und gerade von Mann und Frau. Er will das Mann-Frau-Verhältnis nicht als Verhältnis gesetzlicher Regelung, gar in einer Form, in der der Mann seine Dominanz festschreibt. Er will es als Verhältnis einer personalen Beziehung, welche sich mit den Mitteln des Gesetzes nicht regeln läßt. So macht Jesus die radikale Zuwendung Gottes zu allen weiblichen und männlichen Menschen deutlich und in deren Beziehung zueinander real wirksam.

Paulus

Paulus äußert sich durchaus vieldeutig. Er war vermutlich kein Frauenfeind. In den paulinischen Gemeinden konnten Frauen als »Mitarbeiter in Jesus Christus« (Römer 16,3) bezeichnet werden. Die Wirkung der Taufe bezieht Paulus auf Männer und Frauen: »Ihr seid alle durch den Glauben Söhne Gottes in Christus Jesus. Denn ihr alle, die ihr auf Christus getauft seid, habt Christus als Gewand angelegt« (Galater 3,26–27). Ausdrücklich hebt Paulus den Rangunterschied von Männern und Frauen auf. Nicht mehr auf das Mannsein oder das Frausein komme es an, sondern auf die Einheit in Christus (Galater 3,28). Doch Paulus beschreibt nicht konkrete Wirklichkeit. Man könnte solche Sätze höchstens als Utopie gelten lassen, als eschatologisches Bild, wie es von den alttestamentlichen Propheten her bekannt ist. In Wirklichkeit konnte Paulus – Sohn und Schüler eines Pharisäers und römischer Bürger – sich den kulturellen Zwängen, in denen er lebte und das Christentum verbreitete, nicht entziehen. Denn er kann auch verordnen: »Aber ich möchte euch daran erinnern, daß Christus das Haupt des Mannes ist, der Mann das Haupt der Frau und Gott das Haupt Christi. Wenn ein Mann betet oder prophetisch redet und sein Haupt bedeckt hat, entehrt er sein Haupt. Eine Frau aber entehrt ihr Haupt, wenn sie betet oder prophetisch redet und ihr Haupt nicht verhüllt ... Der Mann darf sein Haupt nicht verhüllen, weil er Abbild und Abglanz Gottes ist; die Frau aber ist der Abglanz des Mannes. Denn der Mann stammt nicht von der Frau, sondern die Frau vom Mann. Der Mann wurde auch nicht für die Frau geschaffen, sondern die Frau für den Mann« (1 Korinther 11,3–9). Diese Sätze haben in der Welt des Christentums vor allem ihre Wirkungsgeschichte gehabt.

Ist Gott ein Mann?

Es war ein folgenschwerer Irrtum, aus Gott alle Züge des Weiblichen zu tilgen. Der Mensch könnte kaum als Mann und als Frau Abbild Gottes sein, gäbe es in Gott nichts, das sich als Mann und als Frau abbilden ließe. Die deutschen Bischöfe vermögen denn auch festzustellen: »Die Frau ist ... nicht nur in ihrem *Personsein,* sondern auch in ihrem *Frausein* Abbild Gottes.« Von Gott, der selbst asexuell ist, das Urbild aber des geschlechtsdifferenten Menschen darstellt, sind darum auch jene Vollkommenheiten auszusagen, die wir als männlich und weiblich begreifen.

Das Alte Testament hat – vor allem unter den Propheten – wenig Angst, Gott weibliche Züge zu geben. Es bildet den Begriff »Erbarmen Gottes« aus einem Wort-Stamm, der »Mutterleib« bedeutet (Jesaja 63,15; Genesis 43,14; Sprüche 12,10; Nehemia 9,27). Es redet sogar ausdrücklich von Gott als Träger mütterlicher Funktionen. Der Allerhöchste »wird sich deiner mehr erbarmen als eine Mutter« (Sirach 4,10). »Wie einen seine Mutter tröstet so will ich euch trösten« (Jesaja 66,10 ff. 13). »Wird wohl ein Weib ihres Kindleins vergessen, so daß sie sich nicht mehr erbarmt über das Kind ihres Mutterleibes? Und sollte eine Mutter seiner vergessen, so will ich doch deiner nicht vergessen« (Jesaja 49,15).

Szenen des Säuglings mit der Mutter werden in den Psalmen und anderswo zu Bildern, in denen sich Beter an Gott wenden: »Höre, Gott, mein Schreien« (27,7). »Der Herr wird nicht müde noch matt« (Jesaja 40,28). »Der dich behütet, schläft nicht« (121,3). »Wasche mich und ich werde weißer als Schnee« (51,9). »Du hältst mich an deiner Hand« (73,23). »Von allen Seiten umgibst du mich und hältst deine Hand über mich« (139,5). Und Gott spricht: »Tu deinen Mund weit auf, und ich will ihn füllen« (81,11).

Der Glaube der Christen ist: Gott ist – in Jesus Christus – *Mensch* geworden. Das ist jedenfalls die Überzeugung und die Formulierung: Mensch und nicht Mann. Und wenn Gott, weil es die

zeitgenössischen gesellschaftlichen Verhältnisse nahelegten, in einem Manne Mensch geworden ist, dann in einem Manne, der sich in seiner Beziehung zu Frauen gegen die damals geltenden Regeln einstellte und seinerseits auch die weiblichen Züge Gottes – wie man bei H. Wolff, A. Mayer oder C. Mulack nachlesen kann – in sich ankommen ließ, sie also weder als negativ verdrängte noch auf die Frauen, sie negativ machend, projizierte.
Solche Überlegungen könnten die Blockaden beseitigen helfen, die in unseren Hirnen gegen die gleichwertige Menschlichkeit und Sexualität von Frauen und Männern aufgerichtet sind, speziell wenn sie mit Elementen biblischer und christlicher Tradition verquickt sein sollten. Änderungen im Leben werden davon allerdings nur angestoßen; realisieren müssen wir sie durch ein neues Verhalten im Alltag.

Lust – Zärtlichkeit – Scham

Von der genitalen
zur polyzentrischen Sexualität

Die sexuellen Möglichkeiten des Menschen beschränken sich nicht auf seinen Unterleib. Sexuelle Lust erlebt er nicht nur in den Genitalien und seine Zärtlichkeiten kreisen nicht nur um sie. Hände und Haut, Mund und Nase, Augen und Hirn – sie sind an sexuellen Erfahrungen beteiligt. Die sexuelle Erfahrungsfähigkeit ist auf den ganzen Körper des Menschen verstreut. Seine Sexualität nenne ich darum polyzentrisch. Wir sprechen von »Geschlechtsorganen« und meinen – in aller Regel – den Unterleib. Doch ist potentiell der ganze Körper Organ und Medium sexuellen Liebens. Das ist im folgenden Text erregend zum Ausdruck gebracht: »Fingerspiel. Du hör auf da, ja. Die gestrickten fäustlinge an ihrer hand jetzt: und doch als ließe sie ihn das innere ihrer erregung spüren, seine empfindsamkeit und seine innerste lust vibriert in seinen fingerkuppen, nimmt auf, zittert, gibt weiter, spielt, wird gespielt« (S. Deutsch). Vielleicht konnte ein solcher Text nur von einer Frau geschrieben werden, weil ihr die unbegrenzten Möglichkeiten sexuell erotischer Zeichengebung erfahrbar vertraut sind, weil sie sie in sich nicht abgetötet hat, wozu Männer vielfach gezwungen wurden, wenn sie mit harter Männlichkeit allein glaubten bestehen zu können.
Aus der polyzentrischen Sicht der Sexualität ergeben sich Perspektiven für das Verstehen und Erlernen der Sexualität im allgemeinen. Sie vermag aber auch hilfreich zu sein für Überlegungen zum sexuellen Lieben in der Situation der Bedrohung durch Aids.

1. Sexuelle Lust in der Welt des Christentums

Sexualerziehung will die Menschen lustfähig halten oder machen. Sie will die unnötige Angst vor Lust nehmen und eine sinnliche Erfahrungsfähigkeit für sie vermitteln. Sie tut dies nicht um einer hedonistischen Sexualität willen, sondern weil die

Erfahrung von lustvoller Erfüllung zum Menschsein des Menschen gehört. Lusterfahrung und Lustgenuß sind, in der Perspektive christlichen Glaubens, Vor-Schein des ewigen Glücks, unter den Bedingungen der Zeitlichkeit.

Die fatale Gleichsetzung von sexueller Lust und Orgasmus

Die Lust, die ich meine, ist nicht einfachhin mit orgastischer Lust gleichzusetzen. Sie schließt orgastische Lust nicht aus. Aber sie schließt ein die Freude am anderen Menschen, an der Schönheit seines Gesichts, an der Attraktivität seines Leibes, an seiner reizvollen Nähe, an der Geborgenheit in seinen Armen, an seiner Zärtlichkeit und seinen Zärtlichkeiten. Sie schließt ein das Erleben der Beziehung zu ihm, das Staunen über seinen Erfahrungs- und Gedankenreichtum. Sie schließt ein die Freude am eigenen Körper, an seiner Geschmeidigkeit und Kraft. Sie meint den Genuß seiner Nacktheit und den Reiz seiner fantasievollen Bekleidung, das Vergnügen an Bewegung und Tanz, an der Sensibilität der Sinne, der Augen und Ohren, der Haut und Hände.
Unsere genitale – und darin eben auch mannzentrierte – Kultur erklärt alle vorgenitale Lust als noch regressive Lust. Erwachsene Sexualität, das scheint ihr selbstverständlich, ist genitale, orgastische Sexualität. Das Bedürfnis, das Kinder oft haben und auch Erwachsenen nicht fremd ist, nämlich in den Arm genommen zu werden, gilt als kindisch. Wenn Männer es äußern, werden sie für zurückgeblieben gehalten. Bei Frauen ist man weniger rigoros. Ihr Bedürfnis nach Umarmung ist stark. Untersuchungen haben ergeben, daß Frauen sogar »bereit sind, sich von einem Mann gebrauchen zu lassen, *wenn* dies ein Mittel ist, um in den Arm genommen zu werden« (J. van Ussel). Vielleicht müssen auch die Männer umlernen.
Lust ist auch die – im Medium des Körpers erlebbare – erregende Befriedigung oder zufriedene Erregung *in der Nähe* eines anderen Menschen. Das ist der Genuß emotionalen Dahinschmelzens

und Gehaltenseins. Man hat das auch den »Orgasmus des Herzens« genannt. Hite beschrieb ihn als »das Gefühl von Liebe und Vereinigung mit einem anderen Menschen, das einen Höhepunkt erreicht, ein starkes Aufwallen heftiger Gefühle, das man auch körperlich empfindet, sei es in der Brust, sei es als Kloß im Hals oder als eine allgemeine Empfindung des Sich-Öffnens, eine Sehnsucht nach immer tieferer Penetration, einer Sehnsucht nach Vereinigung zu einem einzigen Wesen«.

Genitale Sexualität ist mehr als koitale Sexualität

Es sind auch genitale Sexualität und koitale Sexualität zu unterscheiden. Die Reduktion der Sexualität auf genitale Sexualität – »Gebrauch der sexuellen Organe« – und dieser auf koitale Sexualität – »Gebrauch im Sinne von körperlicher Vereinigung« – war eine Konsequenz der Einschränkung der Sexualität auf die Fortpflanzung und eine biologistische Fehldeutung der Sexualität, die nicht einmal mit Beobachtungen in der Natur übereinstimmt. Im Blick auf den Menschen stellt sie zudem eine schlimme Behinderung dar. Alle anderen Worte der Liebe werden damit nämlich zu *Vorworten* des Eigentlichen und alle anderen Dialekte der Liebessprache zu *Abweichungen* davon. Ein Eigenwert als alternative Möglichkeit sexueller Erfahrung kann ihnen so nicht zukommen.
Speziell im Zeitalter der Bedrohung durch Aids muß die Einschränkung sexueller Erfahrung auf koitale Sexualität zu falschen Konsequenzen führen. Sie hat nämlich zur Folge, daß mit der Warnung vor koitaler Sexualität – die in Fällen begründeter HIV-Infektionsgefahr geboten ist, wenn nicht andere Schutzmaßnahmen ergriffen werden – unnötig zugleich ein Verzicht auf jedwede sexuelle Erfahrung nahegelegt wird. Ich vermute dahinter Absicht. Wo man zum Schutz vor Aids generell sexuelle Enthaltsamkeit außerhalb fester Beziehungen fordert, um vielleicht mit dem Knüttel Aids die alte sexualdefensive und menschenfeindliche Sexualmoral zu restaurieren, da ist zwischen

genitaler und koitaler Sexualität nicht unterschieden und da sind die vielen Möglichkeiten der Sprache der Liebe verkannt worden. Wenn schon im Zusammenhang mit Aids und zum Schutz vor einer HIV-Infektion sexuelle Enthaltsamkeit angeraten sein kann, dann sollte man auch offen sagen, daß nur koitale Sexualität und koitusähnliche sexuelle Praxis (Analverkehr, Mundverkehr) gefährdet und darum – möglicherweise – zu meiden sind, während andere Formen sexueller Erfahrung ohne Gefahr sind und durchaus möglich bleiben. Das gilt sogar für genitale Sexualität. Sexuelle Lust aus Zärtlichkeiten, Selbstbefriedigung oder Petting dürfen nicht mit der Drohgebärde »Achtung Aids« vergällt werden.

Unser Problem mit der Lust

Das Christentum hat sein besonderes Problem mit der Lust. Natürlich bezieht es sich auf die orgastische Lust, weil eine andere im Zeichen der Fortpflanzungszentrierung der Sexualität gar nicht entdeckt werden konnte. Das Problem hat verschiedene Aspekte.

Lusterfahrung ist *Desintegrationserfahrung*. Unsere sexualdefensive Vergangenheit hat bewirkt, daß Menschen sich als Tier erleben, wenn sie sexuelle Lust genießen. Ihre Leidenschaft zwingt sie auf die Stufe des Tieres zurück, macht sie zum »brünstigen Vieh«. Sie haben internalisiert, was ihnen eingeredet wurde. Sie waren dazu bereit, weil sich die Sexualität – unter bestimmten Bedingungen – auch so zu erfahren gibt. Der Geschlechtstrieb sei, so H. Schilgen, die »furchtbarste und unheimlichste Macht im Menschenleben«. Seine Leidenschaft war ihm die »tierische Seite des Geschlechtstriebes«. Ähnlich F. W. Foerster: »Darum ist in der Bibel so viel von der Erbsünde die Rede – womit eben diese Erbschaft des tierischen Leibes gemeint ist, die den Menschen so oft unter ihre Gebote zwingt, während seine Seele und sein Gewissen ihm ein höheres Leben anweisen.« Sich aber – im sexuellen Lustgenuß – als Tier zu erleben, bedeutet eine narzißtische Verletzung des Menschen. Es beleidigt ihn selbst als »animal rationale«. Im Akt orgastischer Ekstase meint er mit dem (zeitweisen) Verlust seiner rationalen Steuerung eben auch seine »humanitas« zu verlieren und in die tierische »animalitas« zurückzufallen. Noch einmal Schilgen: »Ein edler Mensch muß es peinlich empfinden, daß ... (die) Begierde sich bemerkbar macht und Befriedigung verlangt«, ohne Rücksicht darauf, ob erlaubt ist, was sie will.

Schon Thomas von Aquin war mit der Frage beschäftigt, ob vielleicht das Verschlungenwerden der Vernunft in der orgastischen Ekstase das Sündhafte am Fortpflanzungsakt sei. Seine Gegner hatten vermutet, im Zeugungsakt werde die Vernunft durch das Übermaß der Lust so sehr verschlungen, daß geistiges Erkennen unmöglich sei. Also könne es keinen Zeugungsakt ohne Sünde geben. Doch Thomas widerspricht: »Daß die Vernunft nicht einen Akt der freien Erkenntnis geistiger Dinge *zugleich* mit jener Lust zu setzen vermag, beweist nicht, daß der Zeugungsakt der Tugend widerstreitet. Es ist nämlich nicht wider die Tugend, wenn das Wirken der Vernunft zuweilen unterbrochen wird durch etwas, das der Vernunft gemäß geschieht; sonst wäre es ja wider die Tugend, sich dem Schlafe hinzugeben.« Die theologische Unterscheidung kam allerdings in der sexualpädagogischen Praxis nicht an.

Ist aber überhaupt die Ablösung der Vernunft durch die Leidenschaft eine Schlappe für die Selbstachtung des Menschen? Ist sie eine existentielle Beleidigung, eine Erfahrung elementarer Gebrochenheit? Gibt der Mensch sich auf, wenn er in die Leidenschaft sich verliert? Nein, das tut er nicht. Der Ich-Psychologe H. Hartmann findet – genau das Gegenteil vertretend – eher des Menschen »Angst vor dem Ich-Verlust im Orgasmus« bedenklich: »Das gesunde Ich muß nämlich auch imstande sein, seine wesentlichen Funktionen selbst zeitweilig außer Kraft zu setzen.«

Der gesunde Mensch wird also lustfähig sein. Er müßte allerdings eine mögliche Lusterfahrung wegen anderer Ziele zurückstellen können. Eine humane Sozialkultur ist ohne freigewählten

Verzicht und ohne Frustrationstoleranz nicht möglich. Die Fähigkeit, Lusterfahrung (vorübergehend) aufzuschieben oder (zeitweise) aufzugeben, schützt vor Lüsternheit. Sie macht die Lust zu einer humanen Erfahrung. Solche Lust aber und das Sich-Verlieren in ihr ist menschlich.

Lust als egoistischer Genuß

Daß die Lustfunktion der Sexualität neben dem »Anspruch des individuellen Glücksstrebens« (N. Kluge) auch die Möglichkeit des Gewährens und Schenkens von Lust einschließt, kommt in der Tradition katholischer Sexualpädagogik kaum zum Vorschein. Das zeigt die durchgehende Rede vom »Lust*gewinn*« in sexuellen Erfahrungen. Der Gedanke an die Befriedigung des Partners, daran, durch Zärtlichkeiten seinem Partner Lust zu bereiten und ihm Freude zu schenken, bleibt unentfaltet. Für viele ist die Sexualität ein Holen, ein Grabschen, ein Klauen, ein Erobern, ein Akt des Nehmens. Sie müssen erst lernen, daß sie *geben* können und dafür Partner brauchen, die durch körperliche Reaktionen zum Ausdruck bringen, ob und wann und wie das Geschenk der Lust akzeptiert werden kann.
Zu häufig wird in katholischer Tradition – allerdings nicht nur da – im Zusammenhang mit sexueller Lust von Egoismus gesprochen. Ich behaupte gar nicht, daß das bewußt geschieht. Die Tatsache aber läßt sich kaum bestreiten. Versatzstücke wie die Rede von der »wahl- und hemmungslosen Befriedigung bloßer Trieblust« oder die Frage, »ob nur die eigene Lustbefriedigung gesucht und der Partner dabei als Objekt gebraucht wird«, finden sich allenthalben. Lust sei, so D. Bernt, »im Grunde immer ichbezogen«. Er zitiert C. Meves: »Sexuelle Lust ist also nicht gleich die Fähigkeit zu lieben: sie zielt ab auf ein egozentrisches Ziel.« Der Tenor bleibt sich gleich: 1906 schon sprach Th. Wilhelm vom sexuellen Leben, »dessen Endzweck die Menschwerdung und nicht die egoistische Befriedigung eines sinnlichen Genusses ist«. Und noch 1984 wird kirchlicherseits festgestellt:

»Weder Versklavtsein an den Geschlechtstrieb oder egoistische Suche nach Lust . . . werden dem Wert der Sexualität gerecht.«
Die Neigung, sexuelle Lust automatisch mit egoistischem Mißbrauch zu verknüpfen, hat – für mein Verständnis – vor allem mit der zölibatären Lebensweise und den sexuellen Erfahrungen derer zu tun, die ein solches Lustverständnis jahrhundertelang überliefert haben. Der Zölibat ist ja nicht eine Lebensform ohne jede sexuelle Erfahrung. Er ist eine Lebensform mit ganz speziellen Erfahrungen, z. B. mit der der Selbstbefriedigung, die häufig mit großen Schuldgefühlen erlitten, nicht aber zugelassen wird. Über zölibatäre Lebensformen hinaus kann folgender Zusammenhang behauptet werden: Wer den Orgasmus nur in Einsamkeit und als schließliche Niederlage schuldhaft erlebt, erlebt sexuelle Lust als erniedrigend, unmenschlich, gierig, egoistisch. Weil er weder die Gelassenheit dessen kennt, der sich als sexuelles Wesen bejaht, noch von der humanisierenden Kraft zärtlicher Begegnung weiß, ist er in Gefahr, seine auf sich selbst bezogene Erfahrung zu generalisieren.
Inzwischen wird die sexuelle Lust zwar angenommen. Aber doch nur mit einem Aber. Im Unterschied zu anderen Auffassungen, speziell der sexualaffirmativen Sexualpädagogik, die dem Lustgenuß einen Eigenwert zuerkennen, wird nunmehr behauptet, spezifisch für die katholische Sinndeutung der Sexualität sei, »daß die geschlechtliche Lust keinem Selbstzweck dient, sondern eine Dienstfunktion hat« (A. Janzing). Dabei wird so getan, als ob die Bejahung der Lust als Genuß und die lustvoll gewährte Liebe überhaupt voneinander getrennt werden könnten. Mir kommt das manchmal so vor, als dürfe ein Mann, der einer Frau, weil er sie liebt, Blumen schenkt, diese Blumen selbst und für sich nicht schön finden; als dürfe er sich an ihnen nur insofern freuen, als die Blumen Ausdruck seiner Zuneigung zu ihr sind. Nein: Die sexuelle Erfahrung ist lustvolles Zeichen und Geschenk der Liebe. Hier macht Lieben Spaß, hoffentlich. Und daß sie Spaß macht, nimmt ihr nichts von ihrer Schönheit.

Vom Eigenwert der Lust

Wir werden es lernen müssen, zur sexuellen Lust – gelassen, nicht enthusiastisch – Ja zu sagen. Die Erfahrung ekstatischer Außeralltäglichkeit, vollendeter Glückseligkeit, verschmelzender Hingabe, zeitenthobener Sinnlichkeit, leidenschaftlicher Erregtheit gehört zum Menschsein des Menschen, so selten sich dies alles auch einstellen mag und so sehr es darum immer auch Inbegriff seiner Sehnsucht bleibt. Die Lusterfahrung scheint sogar ein Charakteristikum menschlicher Sexualität zu sein. Die Gegebenheit, daß weiblicher Orgasmus wahrscheinlich nur unter Menchen vorkommt, verweist darauf, daß die Lust die menschliche Sexualität in spezifischer Weise auszeichnet.

Die Lusterfahrung umgreift die Lust, die wir genießen und die wir gewähren. Jedenfalls meint sie nicht allein die Lust, die wir – im Vollzug von Selbstliebe, wenn die Lusterfahrung gelingt, oder egoistisch, wenn sie mißlingt – genießen. Obwohl sexueller Lustgenuß weder die Menschenfreundlichkeit der Sexualität noch deren Menschenwürde antastet und darum als solcher seinen Sinn und sein Recht hat, wird man daran festhalten, daß zur Erfahrung von Lust – in einer Sexualität, die Sprache der Liebe ist – Wechselseitigkeit gehört. Darum ist immer auch die Lust gemeint, die ich dem geliebten Menschen gewähre und schenke. Ob sich diese Wechselseitigkeit in jedem sexuellen Akt realisiert oder im Gesamt eines gemeinsamen Lebens, ist nicht entscheidend. Doch eine Lust, die ich genieße, während der Partner – grundsätzlich und prinzipiell – traurig zurückbleibt, ist auch für mich kein Genuß, wenn mir denn an der lustvollen Begegnung mit einem Menschen und nicht an einem Instrument meiner Lustbefriedigung lag.

Die Verdächtigung sexueller Lust bezieht sich also oft – ohne daß das ins Bewußtsein tritt – nur auf eine Verfallsform sexueller Lust, die egoistisches Ziel asozialer Sexualität ist und häufig als unbefriedigende Niederlage im Kampf mit der eigenen Triebhaftigkeit erlebt wird. Die humanisierende Kraft der sexuellen Interaktion zwischen Liebenden bleibt hier ausgesperrt. Doch es gibt eben eine andere, kommunikative Lust, eine durchaus sexuelle, weil sie aus den sexuellen Möglichkeiten von Mann und Frau stammt, auch eine orgastische, aber eine, die den gesamten Menschen in der leiblichen Begegnung mit einem anderen betrifft. Eingebettet in die Zärtlichkeit und das Liebesspiel einer sexuellen Begegnung von einander vertrauenden und miteinander vertrauten Menschen, ist diese Lust eine humane Lust. Ihre Humanität kommt aus der Gegebenheit, daß hier zwei Menschen zusammenspielen, im Normalfalle – von dem es (leider) viele Ausnahmen geben mag – als zwei gebende und nehmende (also potente und nicht frigide) Liebhaber, die beides tun: lieben und sich lieben lassen. Hier wird die Lust zur Freude aneinander, zum Quell neuer Gemeinsamkeit und Beziehung.

Das Schenken und Empfangen sexueller Lust ist eine konkrete, erfahrungsnahe zwischenmenschliche Realisierung der in Jesus offenkundigen Menschenfreundlichkeit Gottes. Das *biblische Dreifachgebot* der Liebe bindet die Gottes- und die Nächstenliebe an das Maß der Selbstliebe (Matthäus 22,37ff.; Markus 12,30f.; Lukas 10,27). Es heißt nicht: Liebe deinen Nächsten, als wärest du es selbst. Auch nicht: Liebe deinen Nächsten anstatt deiner selbst. Auch nicht: Liebe deinen Nächsten mehr als dich selbst. Es heißt: Liebe deinen Nächsten *wie* dich selbst (W. Trobisch). Insofern muß die Selbstliebe – und als deren Ausdruck die Lusterfahrung – in der Zuwendung zum anderen, auch der sexuellen, anwesend bleiben. Nächstenliebe und Selbstliebe sind zudem keine Konkurrenten. Wenn jeder Mensch geliebt werden kann, weil er als Mensch liebenswert ist, dann bin ich liebenswert, weil auch ich ein Mensch bin. Und: Wenn ich mich nicht liebe, obwohl ich ein Mensch bin, wie kann ich dann andere lieben, die auch nur Menschen sind? Nächstenliebe und Selbstliebe sind – der Lustgewährung und dem Lustgenuß ähnlich – wie kommunizierende Röhren: steigt das Niveau auf der einen Seite, hebt es sich auch auf der anderen.

Die Gefährdungen der Lust

Von der Lusterfahrung in der Sexualität reden schließt ein, auf ihre möglichen Gefährdungen zu sprechen zu kommen. Sexueller Lust wohnt die Neigung inne, zur Süchtigkeit auszuarten und dann rücksichtslos zu werden. Man kann der Lust lüstern verfallen, dann beginnt sie den Menschen zu beherrschen. Dann ist es möglich, daß er – um der Lust willen – andere beherrscht. In die sexuellen Verhältnisse der Menschen schleichen sich die Entfremdungen ein, die die Beziehungen der Menschen überhaupt prägen. Die Sexualität wird zum Spielfeld destruktiver Aggression, was die beteiligten Menschen vernichten kann. Wer sich umschaut, weiß davon viele Geschichten zu erzählen.

Die christliche Tradition hat diese ernüchternde Perspektive sexueller Lust in ihrer Erbsündenlehre wach gehalten, so wie sie im sexualpädagogischen Zusammenhang thematisiert wurde – davon ist in »Glut der Begierde – Sprache der Liebe« (S. 264 ff.) ausführlich die Rede. Sie hat zwar, indem sie jedwede sexuelle »Gefährdung« schon ihrem Verdikt unterwarf, eher Lähmung als Leben hervorgebracht. Wir haben demgegenüber die Aufgabe, mit den Gefährdungen leben zu lernen. Dennoch macht uns die in der Erbsündenlehre und in anderen, häufig schmerzvollen menschlichen Erfahrungen aufbewahrte »Weisheit« der Geschichte skeptisch gegen jeden naiven Hedonismus. Wer sein Glück allein auf dem Wege sexueller Lustsuche finden will, wird am Ende vermutlich leer bleiben. Sexuelle Lust befriedigt nur in befriedigenden menschlichen und gesellschaftlichen Verhältnissen. Sexuelle Erfahrungen glücken, wenn sie in geglückte Beziehungen eingebettet sind. Darum ist es nötig, angesichts der Gefährdungen der Lust, die gefährdenden oder gar zerrütteten Verhältnisse, unter denen wir leben müssen, wahrzunehmen und – möglichst – zu verändern. Den Gefährdungen der Sexualität zu begegnen, erweist sich somit als politische Aufgabe.

Es gibt zudem so etwas wie die subversive Kraft der sexuellen Lust. Nicht nur, daß sie erstarrte Ordnungen – normative wie institutionelle – zerstört; die entfesselte Energie des Sexuellen könnte dann die Kraft haben, Neues zu schaffen. Aber: Lust vermag auch, womöglich schon zur Süchtigkeit entartet, bestehende Beziehungen zu zerrütten und so Menschenleben zu ruinieren. Darum muß hier – von früher Kindheit an – gelernt werden.

Bedürfnisgeschichte

Die Art und Weise, wie Eltern mit den Bedürfnissen ihres Kindes (nach Nahrung und Nähe) umgehen, modelliert dessen Möglichkeiten, mit Bedürfnissen überhaupt (nach Freiheit oder Bindung, nach Anerkanntwerden oder sexuellen Erfahrungen) fertig zu werden. Darauf hat G. Schmidt so hingewiesen: »Ein Kind, ein Säugling, dessen Verlangen nach sofortiger Stillung des Hungers, nach Saugen, Hautkontakt, Wärme, Versorgtwerden stetig und zuverlässig befriedigt wird, entwickelt ein Grundgefühl des Zutrauens, daß es bekommt, was es braucht. Ein anderes Kind, das starke Versagungen in dieser Phase der Entwicklung ... erlebt, unregelmäßig, unzuverlässig, zu spät oder eine zu geringe Befriedigung seiner für ihn zentralen Bedürfnisse erfährt, wird dagegen ein Gefühl des Zu-kurz-gekommen-Seins entwickeln, die Angst, immer wieder unbefriedigt zu bleiben, Versagungen zu erleben, nicht auf seine Kosten zu kommen.« Was kann das, um nur einen Aspekt herauszugreifen, für seine sexuellen Erfahrungen für Folgen haben? Mit aller Einschränkung gilt: Das *erste* Kind wird sich »dem Bedürfnis nach Sexualität zuversichtlich stellen, als Jugendliche(r) oder Erwachsene(r) wissen, daß er/sie bekommt, was er/sie braucht; er/sie könnte aus dieser Haltung auch gut gelegentliche Frustrationen verkraften. Beim *zweiten* Kind lösen später sexuelle Wünsche Angst vor den ›unausweichlichen‹ Enttäuschungen aus, vor dem Unbefriedigtbleiben. Er/sie wird sich vor solchen Enttäuschungen schützen, indem er/sie sich vor seinen/ihren *Wünschen* schützt, vielleicht dadurch, daß er/sie der Sexualität ausweicht, sich Partner(innen) vom Leibe hält oder eine sexuelle Störung entwickelt, die ihm/ihr dazu verhilft, den gefährlichen Bereich der Sexualität zu meiden«. Das sind natürlich nur ausgewählte Aspekte. Man wird sich aber denken können, daß die frustrationsfähige Gelassenheit des einen und die aus Enttäuschungen stammende Ängstlichkeit des anderen sowohl deren Weg zur sexuellen Lusterfahrung wie zum sexuellen Lieben mitbestimmen.

J. Pohier hat einmal einen bemerkenswerten Vergleich gefunden, um die Bedingungen einsichtig zu machen, die Sexualerzieher erfüllen müssen, wenn sie Lustfähigkeit fördern wollen: Wer Anleitung zur Mathematik geben will, muß zwei Vorbedingungen erfüllen: er muß die Mathematik lieben und Lust haben, sich mit ihr zu befassen; und er muß wünschen, daß die Menschen, die er anleiten möchte, ebenfalls die Mathematik lieben und Lust daran finden, sich mit ihr zu befassen. Pohier nimmt an, daß es sich mit der Sexualerziehung ähnlich verhält. Die Voraussetzungen jeder Sexualerziehung sind, die Sexualität zu lieben und Lust an ihr zu finden; und das Streben danach, daß die Menschen, die man erziehen will, die Sexualität lieben und Lust daran finden.

2. Die Wiedergewinnung der Zärtlichkeit

Wenn ich mich umhöre unter meinen Mitmenschen, so stelle ich fest: Wir alle hungern nach Zärtlichkeit. Wir hungern nach einer Zärtlichkeit, die uns gewährt wird und die wir gewähren. Und wir wünschen uns Zärtlichkeiten.

Das Bedürfnis nach Zärtlichkeit in Zärtlichkeiten

Menschen lieben zu streicheln und gestreichelt zu werden. Sie möchten sanft in den Arm genommen und behutsam gehalten werden. Mit diesem Wunsch sind sie auf die Welt gekommen. Jeder hat sich – hoffentlich bekam er die Gelegenheit – als Kind an den Körper seiner Mutter geschmiegt und es genossen, wenn sie ihn an sich zog. Er wollte nicht nur Nahrung von ihr. Er wünschte Zeichen und Erfahrung ihrer Nähe. Und er wollte – soweit er schon konnte – ihr davon zurückgeben, weil auch sie Nähe und Zuneigung ersehnte. Und sie hat es genossen. Jeder hat unmittelbaren Körperkontakt empfangen und gegeben: Mutter und Kind, sie beide haben davon gelebt. Kinder brauchen Zärtlichkeit, wenn sie sich körperlich und seelisch gesund entwickeln sollen – und Eltern auch. Sie brauchen in der Regel mehr, als sie bekommen. So entstehen Wünsche, die unbefriedigt bleiben und neue Wünsche hervorbringen. Die Kräfte reichen dann nicht, um das Bedürfnis nach Zärtlichkeit zu befriedigen. Das geht vielen so. Und darum ist unübersehbar: Viele Menschen hungern nach Zärtlichkeit. Das ist menschlich und normal. Das darf man ohne Angst sich eingestehen und anderen mitteilen. Im Gegenteil: Wer dieses Bedürfnis nicht spürt, sollte aufmerken. Vielleicht hat er es – menschlich verletzt oder gar verkarstet – schon in sich eingemauert.

Zärtlichkeit ist nicht dasselbe wie Zärtlichkeiten. *Zärtlichkeiten* sind Einzelgesten. Sie sind – äußerlich gesehen – vor allem eine Sache der Hände und der Haut. Der Kuß, die Umarmung, die Berührung, das Streicheln: sie sind körperliche Gesten und Signale der Liebe. Sie beschränken sich nicht auf erogene Zonen. Sie sprechen den ganzen Körper an; machen den ganzen Leib zur »erogenen Zone«. Zärtlichkeiten bringen einem vertrauten Menschen lebendig zur Erfahrung, daß sein Wunsch nach Wertschätzung und sinnlich erlebter Nähe erfüllt ist.

Die *Zärtlichkeit* dagegen ist keine Geste, obwohl sie ohne Äußerungsformen nicht auskommt. Zärtlichkeit ist deren Qualität. Zärtlichkeit gibt es auch in Blicken, im Lächeln, in Worten, in der Stimme, in den vielen Weisen der Sympathiebekundung, auch in Tanz und Spiel. Sie vermittelt Gefühl zu Gefühl. Auch hier ist der Körper mit seinen Sinnen beteiligt. So – ein Beispiel – beim Tanz, wenn die aufeinander bezogene Begegnung zweier Menschen zu einem Ganzen wird, das beide erfaßt und verbindet, ohne daß sie sich berühren müssen; wenn sie sich ungehindert zum Ausdruck bringen und sich offen begegnen. Die Bewegung selbst wird dann zur Sprache; die Sinne – und es gibt mehr als fünf – sind ihr Erkenntnisorgan. Zur Zärtlichkeit gehört, daß Körper und Geist zusammenkommen. Daß sie sich wechselseitig in der Schwebe halten, sich gegenseitig durchhellen. Ja, daß sie endlich ineins fallen.

Vom Wert der Zärtlichkeiten

Zärtlichkeiten haben damit zu tun, daß wir Menschen im Körper existieren. Alles was wir tun, tun wir als körperliche Wesen: Wir sehen mit dem Körper, wir hören mit dem Körper, wir schreiben mit dem Körper, wir denken mit dem Körper, wir fühlen mit dem Körper, wir beten mit dem Körper, wir glauben, hoffen und lieben mit dem Körper. Nur mit dem Körper können wir also sehen, hören, schreiben, denken, fühlen, beten, glauben, hoffen und lieben. Unser Körper ist der Ort unserer Anwesenheit und Tätigkeit in der Welt. Auch wenn wir Menschen treffen und Beziehungen zu ihnen unterhalten, ist unser Körper Medium der Begegnung. Ich kann einem Menschen nicht nahekommen, ohne daß unsere Körper einander näherkommen. Der Körper ist ja Ausdruck und Greifbarkeit der Seele. Darum bedarf der Erweis und die Erfahrung von Liebe – Freundschaft, Verliebtheit, Vertrautheit, Nähe, Geborgenheit, Treue – zwischen Menschen leibhaftig ausgedrückter und sinnlich wahrnehmbarer Zärtlichkeiten. »Zärtlichkeit in ihren verschiedenen Formen drückt Bestätigung und Freude aneinander und durcheinander aus... Diese Bestätigung und dieser Austausch bedürfen der Sinnlichkeit. Menschliche Liebe ist ohne Sinnlichkeit nicht möglich, weil der Mensch nicht nur geistiges, sondern auch körperlich-sinnenhaftes Wesen ist« (J. Köhne).

Zärtlichkeiten aber übersteigen die Dimension der Körperlichkeit und der Sinnlichkeit. Gesten der Liebe geben dem Menschen lebendig zu erfahren, daß er eine Leib-Seele-Ganzheit ist. Sie heben den Unterschied von Außen und Innen auf. Zärtlichkeiten wollen nicht nur den Körper, sondern den Menschen erreichen. Denn was z. B. wird geküßt? Die Lippen oder der geliebte

Mensch? Doch der Mensch. »Der zärtliche Kuß küßt nicht eine Oberfläche oder einen Körper, auch nicht etwas, was Ausdruck eines anderswo herrschenden Inneren ist, sondern er küßt die Geliebte selbst« (T. Lemaire). In Zärtlichkeiten geschieht es, daß die Haut des Partners zur Vollendung ihrer Fähigkeit gelangt, nämlich den anderen voll anwesend sein zu lassen in der Welt. Folglich sind Zärtlichkeiten auch ein bevorzugter Weg, den anderen mit sich selbst identisch zu machen. Darum können Zärtlichkeiten die mögliche Desintegration des Menschen aufheben und ihn von seiner existentiellen Verletzlichkeit befreien. So gesehen wird verständlich, was Adorno damit meinte, daß Zärtlichkeiten das »Aroma der Erotik« seien und zur »Humanisierung des Sex« beitragen würden. Zärtlichkeiten überwinden die Brutalität reiner Leiblichkeit, weil sie die Einheit von Leib und Geist hervorbringen. Sie machen den Menschen in der Kommunikation der Liebe und für sie ganz präsent. Daran wird auch deutlich, daß ein über »Zärtlichkeiten« verfolgtes Interesse, das nur den Körper des anderen will, niemals ein zärtliches Interesse sein kann.

Das Wunderbare an Zärtlichkeiten ist: Sie sind immer wechselseitig. Wer einen anderen Menschen zärtlich berührt, fühlt die Berührung selbst. Man kann nicht berühren, ohne berührt zu werden. Darum macht es ebenso Freude, Zärtlichkeiten zu schenken wie zu empfangen. Jedes Geschenk ist zugleich ein Empfang. Zärtlichkeiten sind darum ein Feld der Erfahrung und Einübung von Wechselseitigkeit. An ihnen kann man wieder Mensch werden. Wer sich nicht berühren läßt, weil er ängstlich ist und sich bedrängt fühlt, kann auch von nichts angerührt werden.

Viele Beobachter unseres gesellschaftlichen Zusammenlebens registrieren die Ungeniertheit, mit der junge Leute in der Öffentlichkeit Zärtlichkeiten austauschen. Tatsächlich aber dominieren in unserer Gesellschaft Äußerungsformen der Gewalt. Wer sensibel am Straßenverkehr teilnimmt, wer sich mit den heimlich-unheimlichen Formen der Unterdrückung in vielen Betrieben, Schulen und Familien noch nicht abgefunden hat, wer einmal bei

Sonnenschein am Skilift stand, der wird genügend Erfahrungen dafür beibringen können. Vielleicht fällt ja Zärtlichkeit deshalb auf – anders als die überall praktizierte Gewalt –, weil sie noch nicht so selbstverständlich ist wie diese. Unser Traum: Die Gewaltgesellschaft wäre abzulösen durch eine zärtliche Gesellschaft. Diese beginnt da, wo Menschen wieder zärtlich miteinander umzugehen lernen. »Wo durch Zärtlichkeit Verständigung stattfindet, braucht es keine Gewalt« (H. Ostermeyer).
Es kann darum nicht belanglos sein, ob wir in einer zärtlichen Gesellschaft leben oder nicht, und ob sich die Menschen auf Zärtlichkeiten verstehen oder nicht. G. Brown beklagte, als sie auf die Möglichkeit von »Liebe ohne Sex« aufmerksam machte, unsere »berührungslose« Kultur, die die körperliche Berührung tabuisiere, obwohl sie zugleich ein starkes Bedürfnis nach ihr habe. Gewiß: Zärtlichkeiten kommen vor im Vorspiel zum Geschlechtsverkehr. Und sie werden häufig auch als Bitte oder als Verführung dazu gesucht und aufgenommen. Aber sie haben auch einen Eigenwert im Spiel der Liebe und im Zusammenspiel der Menschen. Zärtlichkeiten sind der spielerische Ausdruck von Sympathie, Medium der Freude aneinander, Zeichen der Wertschätzung; sie sind Gesten der Versöhnung mit sich selbst und Entwurf einer neuen Welt.

Zärtlichkeiten – gefährliche Verführungsmittel

In der Tradition katholischer Sexualpädagogik – darin ist sie sich mit der bürgerlichen Kultur einig – wurden Zärtlichkeiten (eher) abgelehnt. Das geschah aus vielen Gründen, die zugleich Ausdruck von Befürchtungen und Ängste waren. In Andeutungen will ich der Erinnerung aufhelfen.
Zärtlichkeiten wurden verstanden als Mittel zur Verführung und als Gefahr der Sünde. Durch Zärtlichkeiten gerät, so fürchtet H. Schilgen, ein Mädchen in eine Stimmung, in der sie dem Jungmann nichts mehr abschlagen kann: »Fast willenlos wird sie vom Sinnestaumel fortgerissen ... Es kommt ... gar nicht so

selten vor, daß junge Männer, die ein Mädchen zur Sünde verführen wollen, zunächst versuchen, ob es sich derartige (= Kuß) Zärtlichkeiten gefallen läßt.« Da nun aber schon als sündhaft galt, sich in die Gefahr der Sünde zu begeben, waren Zärtlichkeiten jedweder Art eigentlich auch immer schon Sünde. Erlaubt war nur jene Neigung, die zur Ehe führen soll. Doch auch da die Warnung: »Wo mit Rücksicht auf eine beabsichtigte Eheschließung eine derartige Annäherung (= Bekanntschaft) berechtigt ist, wird es Sache des Seelsorgers sein, die übermäßige Aufmerksamkeit auf körperliche Eigenschaften, das nutzlose Reden darüber auszuschalten und zu fördern, daß die körperlichen Zeichen von Zärtlichkeit und Zuneigung innerhalb der Grenzen eines religiösen Anstandes sich halten. Gerade diese körperlichen Zärtlichkeiten bilden für gewöhnlich die Überleitung und den Anfang zu direkt geschlechtlichen Dingen« (P. Hürth).

Konsequent waren die Folgerungen, die gezogen wurden: »Daher ist eine Forderung der weiblichen Würde und Sittlichkeit, daß sich ein Mädchen nicht leichtsinnig von jungen Männern küssen läßt und diese Liebesbeweise für jenen aufspart, dem sie einst fürs Leben in der Ehe angehören will« (H. Schilgen). Mit einer Drohung gar wurde der Einhaltung dieser Forderung Nachdruck verliehen: Vorsicht, so verschiedene Autoren, ein einziger Kuß kann zu Geschlechtskrankheiten (Syphilis) führen.

Eltern wurden aufgefordert, sich mit Zärtlichkeiten vor ihren Kindern zurückzuhalten, um ihnen nicht ein gefährliches Beispiel zu geben. So zitieren M. Gatterer und J. Krus zustimmend, was eine (mir unbekannte) Luise Hensel über ihre Eltern schreibt: »Sie liebten einander sehr. Doch habe ich gottlob nie eine Tändelei oder sonst etwas Kindisches zwischen ihnen erlebt.« Sie empfehlen in diesem Sinne: »Die Eltern sollen sich aus Rücksicht auf die Kinder . . . eine Beschränkung auch in sonst Erlaubtem auferlegen, damit sie ihren Kindern nicht zum verführenden Anstoß werden.« Solche Eltern konnten ihren Kindern nie zum Beispiel zärtlicher zwischenmenschlicher Beziehungen werden.

Das Ideal der Unberührtheit

Die Sprache der Tradition verrät Angst vor Berührung. Da gibt es das Ideal »unberührter Reinheit« und die Forderung, »unberührt in die Ehe« zu gehen. Da ist die Rede vom »Schmelz des Unberührtseins«. Das hat eine lange Geschichte. Ein Satz des Sexualpädagogen N. Haas von 1816: »Schamhaft heißt jeder Mensch, jedes Kind, welches Widerwillen und Scham empfindet vor unnötigen Berührungen des Leibes.« Und noch bei Jone, einem moraltheologischen Kasuisten der zweiten Hälfte des 20. Jahrhunderts: »An anderen sind Berührungen schwere Sünden, wenn ohne Grund unehrbare Teile berührt werden (auch nur über den Kleidern), gleich ob es sich um Personen desselben oder des anderen Geschlechts handelt. Eine läßliche Sünde liegt nur dann vor, wenn diese Berührungen geschehen ohne böse Absicht und nur flüchtig und schnell aus Leichtsinn oder im Scherz.« Konsequent wieder der Appell: »Eine sehr wichtige besondere Vorsichtsmaßregel für Mädchen ist ... das »Noli me tangere« (Rühr mich nicht an): sie sollen unbedingt an einer gewissen Unnahbarkeit festhalten und grundsätzlich von männlichen Personen sich nicht anrühren lassen, außer wo Vernunft es fordert ...« (M. Gatterer – J. Krus). Noch im Blick auf die Gegenwart spricht G. Grown von einer Tabuisierung der »zwischenmenschlichen Tastbarkeit«, wie sie es nennt. Das galt und gilt allerdings tragischerweise nur für Berührungen aus Sympathie oder Liebe. »Berührungen« zum Zwecke der Strafe, körperliche Züchtigungen, waren nicht verboten. Im Gegenteil: Sie wurden als Ausdruck von Liebe (»Wer sein Kind liebt, züchtigt es«) angeraten.

Das bürgerliche Problem mit den Zärtlichkeiten

Die zunehmende Problematisierung der Zärtlichkeiten, die wir in unserer Geschichte erlebt haben, geht einher mit der Entwicklung der bürgerlichen Gesellschaft. Sie stamme sogar – so J. van

Ussel – aus der Bürgerlichkeit, nicht aus der Christlichkeit unserer Vergangenheit. Ich halte solche Aussagen für fragwürdig, wenn damit die sexualdefensiven Wirkungen christlicher Tradition verniedlicht oder entschuldigt werden sollen. Gleichwohl haben Verhaltensänderungen in den Städten unter den Bürgern unsere Erfahrungen und Deutungen von Sexualität mitgeprägt. In den vorbürgerlichen Epochen nämlich fällt – selbst im christlichen Abendland – eine verbreitete prosexuelle Lebensweise auf. Bis weit in das 18. Jahrhundert hinein existierte ein großes Maß an sexueller Freiheit. Das reale Leben war unprüde. Die Körperlichkeit wurde in einer Weise praktiziert, die wir heute verlernt haben. Man berührte sich, streichelte und umarmte sich, küßte sich. Ammen und Eltern masturbierten ihre kleinen Kinder, um sie ruhig zu halten. Der Umgang mit Kindern überhaupt war fast »schamlos«. Ältere Menschen unterhielten Kontakte zu Jugendlichen, die wir heute als sexuell bezeichnen würden. Sie wurden aber toleriert.
Die Verbürgerlichung der Gesellschaft brachte zwischenmenschliche Entfremdung und mit ihr Körper- und Sexualfeindschaft hervor. So jedenfalls ist die These van Ussels. Die Zusammenballung der Bürger in den Städten und der wachsende ökonomische Konkurrenzdruck führten – seit dem 12. Jahrhundert – in Handwerk und Handel zu erhöhtem Leistungszwang, zu Rationalisierungsdruck und Arbeitsteilung. Das brachte zwar Handwerker oder Händler einander näher. Doch es brachte nicht Menschen in Beziehung zu Menschen; es machte ökonomische Funktionsträger voneinander abhängig. Für ihre Zusammenarbeit war nun nicht mehr von Bedeutung, ob man den Partner sympathisch fand, sondern allein, ob man mit ihm zum beiderseitigen wirtschaftlichen Nutzen kooperieren konnte. So schlich sich Fremdheit zwischen die Menschen. Man begegnete sich in Teilkontakten, nicht in gesamtmenschlichen Beziehungen.
Nach und nach mußten die Bürger ihr Affektleben bewirtschaften und ihre spezifischen Tugenden ausbilden: Pflichtbewußtsein, Selbstkontrolle, Emotionslosigkeit – bis zur Veränderung des bürgerlichen Wertsystems heute. Der psychische Habitus des

Bürgers wurde die Selbstbeherrschung. Hinzu kam eine zunehmende negative Körperempfindlichkeit. Man ging auf körperliche Distanz. Der Körper zudem, bisher (auch) als Medium der Lust erlebt, veränderte sich zum Träger von Leistungen. Weil die Sexualität in dieser Hinsicht nichts einbringt, weil sie im Gegenteil konträr zur Leistung steht, wurde sie unterdrückt. Das Bürgertum entwickelte »eine Leistungsmoral, die das lustvolle Erleben von Eros und Sexus unmöglich« machte (J. van Ussel). Als Medium lustvoller Kommunikation zwischen Menschen fiel der Körper aus.

Im gleichen Zuge kam es zu einer Differenzierung zwischen öffentlichem und privatem Leben. Die Menschen zogen sich von der Straße in das Haus zurück. Was bisher auf Gassen und Plätzen geschah, findet jetzt in Häusern und Höfen statt. Jetzt werden auch Zärtlichkeit und Erotik ebenso wie Gefühle und Stimmungen aus der Öffentlichkeit ins Private zurückgenommen. Die Privatisierung veränderte selbst die innere Architektur der Häuser. Man begann, die Zimmer eines Hauses unabhängig voneinander zugänglich zu machen und ihnen je eine bestimmte Funktion zuzuordnen (Eßzimmer, Schlafzimmer, Wohnzimmer). Die bisher hintereinander gelegenen Zimmer – man vergleiche dazu ein barockes Schloß – werden nun um einen Flur gruppiert. Jetzt konnte das Bett in ein eigenes Zimmer verschwinden, das nur denen zugänglich war, die in ihm schliefen. Die Sexualität bekam die Möglichkeit zur intimen Heimlichkeit. Die Aussperrung der Sexualität aus der Öffentlichkeit führte auf Dauer zu psychischen Spannungen, die, weil peinlich empfunden, zu noch stärkerer Unterdrückung und Verdrängung zwangen. So kam es zur Entsexualisierung und Sexualunterdrückung in der Öffentlichkeit, zu heimlicher Sexualität und Sexualverdrängung im häuslichen Bereich und in der Psyche zur sexuellen »Besessenheit«.

Schließlich erlebte die Sexualität selbst einen Funktionswandel. Sie wurde den Interessen des (besitzenden) Bürgers dienstbar gemacht. Sie mußte nunmehr die Erzeugung des Stammhalters und Erben und damit die Erhaltung des Besitzes besorgen.

Geheiratet wurde, wenn feststand, daß die Braut schwanger werden konnte. Die bürgerliche Leistungsmoral nahm also auch die Sexualität in Besitz. Nur wo sie im Rahmen dieser Leistungsmoral funktional war, wurde sie gestattet, soweit sie funktional war, und gefordert, damit sie funktional sei. Das hatte die »Indifferenz gegenüber der gefühlsmäßigen Seite der Sexualität« zur Folge und den Tod der Zärtlichkeit.
Die traditionelle genitale und gattungsfunktionale Sexualität – eine Sexualität ohne Zärtlichkeit – ist also nicht unabhängig von den ökonomischen und gesellschaftlichen Verhältnissen der bürgerlichen Gesellschaft zu begreifen. Sie fand ihre Bestätigung durch ein bürgerliches Christentum. Als die bürgerliche Lebensweise im 19. Jahrhundert mehr und mehr zum Modell für jedwede Lebensart wurde, gingen ihre Vorstellung und Erfahrung von Sexualität auch auf alle über.

Riskierte Zärtlichkeiten

Zärtlichkeiten verlangen, daß man verweilt. Sie versammeln die ungeteilte Aufmerksamkeit in der Gegenwart. Sie sind gegen die Zerstreuung. Unter zärtlichen Menschen gibt es nur das Jetzt. Zärtlichkeiten gedeihen, wenn Menschen im Augenblick ganz gesammelt beieinander sind. Wer an Vergangenes oder Anderes denken muß, weil er vielleicht einen Menschen hat, dem die im Augenblick gewährten Zärtlichkeiten Zärtlichkeit entzieht; wer an Zukünftiges denken muß, weil ihn Angst überfällt vor den möglichen Auswirkungen der jetzt geschenkten Zärtlichkeiten, dem ist die Zärtlichkeit verdorben. Zärtliche Menschen müssen uneingeschränkt beieinander sein können, ohne daß Erinnerungen oder Befürchtungen stören. Zärtliche versenken sich im Augenblick. Deshalb hat Zärtlichkeit etwas von Ruhe, Sichselbst-Verlieren, Zeitlosigkeit, Unbeschwertheit.
Zur Zärtlichkeit gehört die Schwachheit. Wer zärtliche Gefühle äußert, entäußert sich. Er wird verwundbar. Indem er zeigt, was er ist, fühlt und wünscht, gibt er sich einem anderen

Menschen in die Hand. Kennt er ihn nicht gut genug, weiß er nicht, wie er reagieren wird: Nimmt er mich bei der Hand oder falle ich ihm in die Hände? Nicht nur deswegen, aber auch deswegen machen Zärtlichkeiten Angst. Wer jedoch schwach ist und nichts zu verlieren hat, braucht nichts zu fürchten. So erscheinen Zärtlichkeiten als ein Privileg der »Unterprivilegierten«.

Zärtlichkeiten können knechten. Am Sprachgebrauch, der sich auf die Hände bezieht, welche an Zärtlichkeiten oft sich beteiligen, läßt sich das verdeutlichen. Ich kann, wie wir sagen, jemandem *in die Hände fallen* – ich kann mich aber auch *bei der Hand genommen* fühlen. Ich kann jemanden *halten* (D. W. Winnicott bezeichnete die erste Umgangsweise der Mutter mit ihrem Neugeborenen als »Halten«) – ich kann aber auch jemanden *in der Hand haben*. Wir sprechen von »Manipulation« (darin steckt lat. manus = die Hand), wenn wir ausdrücken wollen, daß einer einen anderen oder etwas anderes unerlaubt steuert. Die Hände haben gleichsam einen Doppelcharakter: Sie können Medien der Liebe wie Instrumente der Unterdrückung sein. Zärtlichkeiten haben daran teil.

Gottes Zärtlichkeit

Die Menschwerdung zeigt Gott als zärtlichen Gott. Gott wurde ein kleines Kind. Darin offenbarte er sich als ein Gott, der – wie Kinder – der Zärtlichkeiten bedarf. Gott machte sich schwach, weil er lieben wollte. Gott ist schwach, weil er die Liebe ist. Schon Laotse meinte: Das Weiche wird das Harte überwinden. Und Paulus schrieb: Die Schwäche Gottes ist stärker als die Menschen (1 Korinther 1,25). Gott, der selbst der Zärtlichkeiten bedarf, macht sie darum auch möglich. Wer sollte sich davor fürchten, sich in Zärtlichkeiten klein und schwach zu geben, wenn Gott solche Furcht nicht kannte?

Jesu ungebrochenes Verhältnis zum ganzen Menschen, auch zum Körper, war Zeichen für den zärtlichen Gott. Zärtliche Gesten sind bei Jesus und in seinem Umgang mit seinen Mitmenschen aufzuweisen. Jesus nahm unbefangen Kinder in seine Arme, er berührte die Ohren von Taubstummen, er legte Kranken, auch Frauen die Hände auf. Er hat sich selbst berühren lassen: von der blutflüssigen Frau (Markus 5,25–34) und von der ihn salbenden Sünderin (Lukas 7,36–50). Er hatte keine Berührungsangst und hat sie um sich nicht verbreitet. Seine Nähe wurde Zeichen der Nähe Gottes. Unnahbarkeit hätte das Zeichen ruiniert.

Wege zur Zärtlichkeit

Die Fähigkeit, zärtliche Gefühle zu haben, sie in Zärtlichkeiten zu äußern, wird gelernt. Der Lernprozeß beginnt, wenn der kleine Säugling unmittelbar nach seiner Geburt, bevor die Nabelschnur durchtrennt wurde, auf den nackten Leib seiner Mutter gelegt wird und diese ihn behutsam streichelt. Dieser erste Körperkontakt stiftet jene starke Bindung von Kind und Mutter, die den Ausdruck von inniger Zuwendung durch körperliche Gesten ermöglicht. Durch den zärtlichen Umgang, der die mütterliche Pflege des Säuglings (fast notwendigerweise) begleitet, erfährt das Kind, »daß man es ›wahr‹-nimmt . . . und bejaht, daß man es gern hat, so wie es ist. Hier wird der erste Grund gelegt für die im späteren Leben entscheidende Fähigkeit, Vertrauen zu können, sich anvertrauen zu können« (J. Köhne), auch: sich etwas zutrauen zu können. Diese Fähigkeit ist Bedingung der Möglichkeit zu lieben.
Ein Säugling ist zunächst an seiner Haut verhältnismäßig unempfindlich. Seine Aufmerksamkeit konzentriert sich ganz auf sein Körperinneres. Erst dadurch, daß die Mutter ihn streichelt und zärtlich zu ihm ist, entwickelt er ein Gefühl für seine Körperoberfläche. Er entdeckt, daß seine Haut die äußerste Peripherie seiner Individualität ist; daß sie ihn trennt von anderen Individuen, obwohl sie zugleich den Kontakt mit ihnen vermitteln kann. Dann stellt sich das Bewußtsein ein, ein von der Mutter getrenntes Wesen zu sein. Die zärtliche Stimulation seiner Haut, die

schon in allen Pflegehandlungen der Mutter wenigstens rudimentär mitgegeben wird, macht es dem Säugling möglich, nach und nach ein Körper-Ich aufzubauen. Die Verschiebung seiner Aufmerksamkeit von Innen nach Außen – vermittelt durch Zärtlichkeit – ist ein wichtiger Entwicklungsschritt. Sie ist körperlich-seelische Voraussetzung für die Ausbildung von Identität. Notwendig dazu ist das Erlebnis mütterlicher Zärtlichkeit: Durch es wird Zärtlichkeit gelernt.

Zärtlichkeit wird gelernt, wenn das Kind seine Eltern zärtlich miteinander umgehen sieht – was viele Kinder vermissen müssen, nicht allein deswegen, weil sie keine Eltern haben, sondern nur Vater oder Mutter, auch nicht nur deswegen, weil die Liebe der Eltern brüchig geworden ist und Zärtlichkeiten nicht mehr möglich macht, sondern auch deswegen, weil Eltern sich unnötigerweise scheuen, ihre zärtliche Liebe zueinander vor Kindern zum Ausdruck zu bringen. Warum sollen Kinder an ihren Eltern nicht lernen, wie ein Mann eine Frau streichelt?

Zärtlichkeit stellt sich mit den Zärtlichkeiten ein, die Eltern ihren heranwachsenden Kindern gewähren. Sie sollen es behutsam tun, dabei sensibel Rücksicht nehmen auf deren Bedürfnisse. Das Problem ist hier, daß zärtliche Beziehungen und Zärtlichkeiten zwischen Eltern und Kindern der Gefahr inzestuöser Erotik oder der Sexualität mit Abhängigen ausgesetzt sein können. Das wäre nicht nur strafrechtlich, sondern auch sexualpädagogisch relevant. Wie in jedem pädagogischen Verhältnis kann nämlich auch in sexualpädagogischen Beziehungen ein Kind zum Ausgleich elterlicher Frustrationen genutzt und damit mißbraucht werden. Der sexuelle Mißbrauch von Kindern durch die eigenen Eltern ist ein Problem, auf dem Schweigen liegt.

Zärtlichkeit wird auch gelernt, wenn Kinder und Jugendliche selbst im Umgang miteinander Erfahrungen machen und Eltern und Freunde als Gesprächspartner bereitstehen, um ihnen ihre Erfahrungen aufzuschließen. Man beobachtet häufig, wie unbeholfen und tollpatschig, manchmal fast brutal Jungen und Mädchen miteinander umgehen. Oft haben sie Angst vor ihren zärtlichen Gefühlen und noch größere Angst, diese zu verraten.

In vielen Fällen konnten sie nirgendwo und an niemandem lernen, welche Gesten ihren Gefühlen angemessen sind.

3. Bedeckte Genitalien – schamhafte Menschen?

Ein auf Genitalität eingeengtes Verständnis von Sexualität kommt auch in einem Begriff von Scham zum Vorschein, der Scham ausschließlich auf die Genitalien bezogen sieht. Ob die »Schamteile« bedeckt sind oder nicht, daran soll sich dann entscheiden, ob jemand schamhaft ist oder nicht. Doch dies trifft nicht zu. Z. B. ist mancher in diesem Sinne schamhaft bekleideter Sommerurlauber, wenn er durch die Raffinesse seiner Badekleidung seinen Körper offen prostituiert, schamloser als ein Nackter. In der Tradition katholischer Sexualpädagogik hat, wenigstens seit dem vergangenen Jahrhundert bis in die jüngste Gegenwart, die Tugend der Schamhaftigkeit eine zentrale Rolle gespielt. Selbst heute noch wird in kirchenamtlichen Texten von ihr gesprochen. Schamhaftigkeit stand gegen eine Schamlosigkeit, die in der unnötigen Entblößung des Körpers und der überflüssigen Beschäftigung mit dem nackten Körper gesehen wurde. Die Schamhaftigkeit geriet so zu einem Scheinideal, das die unbefangene Einstellung zum eigenen Körper und das ungebrochene Verhältnis zu sich selbst verhindern mußte.

Ursprüngliche Unbefangenheit

War das immer so? Hatten wir schon immer ein gebrochenes Verhältnis zum Körper und zur Nacktheit? Galt die Entblößung des Körpers schon immer als schamlos und als Verletzung der Schamhaftigkeit? Ich deute kurz an, was in der Vergangenheit möglich war; nicht, was allerorts üblich war. Die mittelalterliche und neuzeitliche Welt ist so vielfältig, daß Einheitliches kaum berichtet werden kann. Da gibt es Unterschiede zwischen der monastischen, adeligen, ritterlichen, bürgerlichen und bäuerlichen Welt, von Norden und Süden; und da wären innerhalb der gesellschaftlich so differenzierten Welten selbst noch geschichtliche Veränderungen anzuzeigen.

Die Täuflinge der alten Kirche jedenfalls waren nackt. Und ich nehme nicht an, daß das die Feier gestört hat oder als schamlos empfunden wurde. Ganz selbstverständlich wurde auch auf mittelalterlichen Bildern Jesus bei seiner Taufe im Jordan nackt dargestellt. Leibesübungen gehörten zur Ritterbildung des Mittelalters. Sie haben auch in Klosterschulen nicht gefehlt. In einem Bericht über einen schulfreien Tag in St. Gallen heißt es: »Da ruhen Grammatik, Rhetorik und Dialektik. Die Schüler des Triviums und Quadriviums gesellen sich zu gemeinsamen Spielen. Auf dem Spielplatze erproben die Größeren unter dem Beifall der Kleineren ihre Kraft und Gewandtheit im Steinwurf. Andere bemühen sich um die Preise für den Wettlauf, wieder andere ringen nackt und mit Öl gesalbt. Bis zum Fackelschein wird gespielt, auch gebadet und der gestiftete Wein getrunken.« Solches Spiel war vermutlich ein Zugeständnis an die von gesunden Bauern und kampffrohen Rittern abstammenden Jungen. In der geistlichen Schule des Klosters war es eigentlich ein Fremdkörper. Daß man es gleichwohl zuließ, belegt eine überraschende Unbefangenheit.

Bekannt ist, daß zu dieser Zeit – sicher nicht durchgehend und überall – die Menschen ein anderes Verhältnis zu ihrem Körper und zur Nacktheit hatten: »In den spätmittelalterlichen Badehäusern ging es recht locker zu. Abgesehen von einigen abgesonderten Badestuben und gelegentlichen speziellen Badezeiten badeten Frauen und Männer gemeinsam, und zwar nackt, wenn man einmal von dem Tragen einer Bademütze absieht. Da es sich bei mittelalterlichen Bädern überwiegend um Dampf- und Schwitzbäder handelte, brauchte man relativ viel Personal, das die erhitzten Steine mit Wasser besprengte, die Badegäste abseifte, mit Wasser übergoß, mit Tüchern rieb, mit Reisern oder Büscheln schlug und massierte. In einem sich daran anschließenden

Sitzbad wollten die Gäste mit Essen und Trinken bedient werden. Auch das Badepersonal ging hierbei nur leicht geschürzt einher. Die Bestimmung einer Badeordnung: »Item sollen ain jedtwederer Bader, es seyen Manns- oder Weybspersonen, ire Heimligkeiten zuedecken« läßt vermuten oder bestätigt die Aussage anderer Zeugnisse, daß die Vorschrift wenigstens leichter Badekleidung für das Badepersonal durchaus nicht immer eingehalten wurde« (K. Schulz). Man hat in den Badehäusern nicht nur gebadet. Man hat sich in ihnen getroffen, vergnügt und gefeiert. Und dazu: »Trotz aller Reglementierung eröffnen die Badehäuser Gelegenheiten zum Stelldichein, sie sind notorische Zentren einer beständigen Prostitution: die eigentlichen Freudenhäuser der Zeit« (J. Rossiaud).
Auch zu Hause kannte man wenig Hemmungen. »Daheim schläft man nackt, die ganze Familie und die Bediensteten gemeinsam in einem Raum ... (häufig sogar in einem Bette). Die jungen Menschen brauchen keine sexuelle Aufklärung, da sie aus der Welt der Erwachsenen sehen, fühlen und lernen können, was sie wissen müssen« (J. van Ussel). Nach E. Shorter hatten die einfachen Leuten bis 1850 nur einen Raum zur Verfügung. Tatsächlich aber lebten viele Familien noch lange Zeit später in nur einem Raum, der zum Wohnen und zum Schlafen genutzt wurde. Um 1880 beispielsweise bewohnten in Frankfurt 23%, in Hamburg 28%, in Berlin 49%, in Dresden 55%, in Breslau 62% und in Chemnitz 70% der Bevölkerung einen Raum. Die Unbefangenheit war hier fast zwangsläufig.

Zunahme der Peinlichkeitsgefühle

Die Peinlichkeitsgefühle gegenüber dem unbekleideten Körper haben seit Ende des Mittelalters, mit Höhepunkt um die Wende des 20. Jahrhunderts, ständig zugenommen. In den pädagogischen Schriften des Erasmus von Rotterdam spiegeln sich noch große Unbefangenheit und zugleich beginnende Befangenheit. Peinlichkeitsgefühle sind darum keineswegs als natürlich zu bezeichnen. In seinen »Colloquia familiaria« spricht Erasmus zu Schulbuben über sexuelle Themen, über die im 19. und 20. Jahrhundert, wenn überhaupt, selbst unter Erwachsenen nur hinter vorgehaltener Hand geredet worden wäre; und er tut es in einer Offenheit, die man im 19. Jahrhundert ausdrücklich als schamlos bezeichnete. Und nicht nur er tut das. Bedeutung und Niveau des Schamgefühls waren zu Beginn der Neuzeit offensichtlich anders als später. Weil die Kinder nicht aus der Welt der Erwachsenen ausgeschlossen waren, und die Erwachsenen ihre Sexualität noch nicht hinter einer Mauer von Heimlichkeiten versteckten, darum gehörte die Sexualität zur Wirklichkeit der Kinderwelt und konnte deswegen offen mit ihnen besprochen werden. Sexuelle Aufklärung wurde erst später zu einem Problem.

Die Geschichte der sich seit Beginn der Neuzeit verändernden Einstellung zum nackten Körper erzählt viele Details. Das öffentliche Bad wurde geschlossen; die Gewohnheit, nackt zu schlafen, ohne Trennung der Geschlechter, aufgegeben; der Brauch, unverschleierte schöne Mädchen in Festzügen mitzuführen, verschwand. Das hatte nicht nur »positive« Folgen. Es entstand nämlich eine künstliche und übertriebene Neugier für das, was mit so viel Mühe verborgen wurde. Der Überfluß an ästhetischer Nacktheit in der Kunst der Renaissance – und später –, der in einem deutlichen Kontrast steht zur Verwerfung der Nacktheit im öffentlichen Leben, fällt auf. »So spielte die Kunst zunehmend die Rolle einer illusorischen Zuflucht für eine moderne Gesellschaft, die weniger und weniger an die körperliche Wirklichkeit gewohnt war« (J. Solé).

Die Zunahme der Peinlichkeitsgefühle geht einher mit der Zunahme der Selbstbeherrschung in der bürgerlichen Kultur. Der Bürger »bedeckt seine Genitalien, so wie er auch in Gesichtsausdruck und Worten seine wahren Absichten und Gefühle verbirgt« (J. van Ussel). Diese Entwicklung lief zwischen dem 16. und 19. Jahrhundert. Mit den Philanthropen, den deutschen Aufklärungspädagogen, die eine hitzige sexualpädagogische Diskussion führten, begann dann – bei den einzelnen mit unterschiedlicher Intensität – die ausdrückliche pädagogische Tabuisierung der Nacktheit und die Konditionierung des Sexuellen, speziell der Genitalien, mit dem Gefühl des Unreinen. Die Philanthropen rückten die Schamhaftigkeit – neben der Selbstbefriedigung – in die Mitte ihrer sexualpädagogischen Aufmerksamkeit.

Schamhaftigkeit als zentrale Tugend

Die katholische Sexualpädagogik erhob die Schamhaftigkeit sogar zu einer zentralen Tugend. »Schamhaftigkeit« taucht mit einer gewissen Betonung zum erstenmal im Katechismus von Bellarmin von 1598 auf, nachdem vorher in den Katechismen des 15./16. Jahrhunderts nur gelegentlich von »schamlos« und »Scham« bzw. bei P. Canisius nur nebenbei von Schamhaftigkeit (im Sinne von Ehrbarkeit und Zucht) die Rede war. Thomas von Aquin hatte noch die Überzeugung vertreten, daß der Schamhaftigkeit der Charakter einer eigentlichen Tugend abgehe. Sein Grund: Jede Tugend sei eine Vollkommenheit; der Schamhaftigkeit jedoch, als Furcht vor dem Häßlichen, fehle diese. Man könne die Schamhaftigkeit höchstens in dem allgemeinsten Sinne eine Tugend nennen, wie man alles Lobenswerte und Gute eine Tugend nenne.
Gleichwohl wird – speziell im 19. Jahrhundert – die Schamhaftigkeit zur Tugend. B. H. Overberg ist einer ihrer ersten Verfechter: »Schamhaftigkeit ist die Wächterin der Unschuld, und sie wird jene Kinder, denen sie frühzeitig eingeschärft ist, weit sicherer vor Ausschweifungen bewahren und von den Verführungen zur Unzucht abschrecken, als es bloße Ermahnungen und gute Lehren zu tun im Stande sind.« Overberg bringt die Sauberkeit des Körpers mit der geschlechtlichen Unberührtheit und der Reinheit der Seele zusammen. Umgekehrt sind ihm sexuelle Verfehlungen etwas, das schmutzig macht. Overberg bezeichnet zum ersten Mal in der Geschichte die Geschlechtsteile als »unehrbare Teile«.
Bald stellt sich zusätzlich der Gedanke ein, die Schamhaftigkeit sei auch eine religiöse Tugend. Sie sei nicht nur zum Glück des

Menschen da, sondern sie komme von Gott. Das führt bei Overberg zu der Aussage, Gott habe den Menschen die Schamhaftigkeit in die Seele gelegt. So werde die Schamhaftigkeit den Kindern nicht anerzogen; sie sei angeboren und brauche nur entfaltet zu werden. Ihren Höhepunkt erreichen solche Gedankenführungen bei A. Stolz.

Seither und bis heute gehört die Erziehung zur Schamhaftigkeit zum unverzichtbaren Grundbestand katholisch-sexualpädagogischer Anliegen. Der grüne Katechismus von 1955 kann noch sagen: »Der Leib des Menschen mit all seinen Gliedern und Kräften ist von Gott geschaffen und gut. So sind auch die Geschlechtsteile von Gott geschaffen und gut. Das Schamgefühl drängt nun, diese Teile des Körpers bedeckt zu halten. Gott will, daß wir uns nicht unnötig vor anderen entblößen und die Geschlechtsteile nicht leichtfertig anschauen oder berühren. Wer sich danach richtet, handelt schamhaft; wer dagegen verstößt, handelt unschamhaft. Alles, was nötig ist, um den Körper rein und gesund zu erhalten, ist gut und von Gott gewollt. Wer zufällig jemand entblößt sieht, schaue weg; dann handelt er schamhaft.« Ähnlich das Glaubensbuch von 1963: »Wir bekleiden unseren Leib. Die Kleider schützen uns gegen Kälte. Auch sollen sie uns schön machen. Jeder fühlt auch, daß es unrecht wäre, wenn er sich ganz unbekleidet vor fremden Menschen zeigte; er müßte sich schämen. Dieses Gefühl heißt Schamgefühl. Gott hat es uns zu unserem Schutz gegeben. Wenn wir uns danach richten, sind wir schamhaftig.« Das ist nun sicher gut gemeint gewesen und schon sehr viel milder als Jahrzehnte vorher. Und doch spiegeln und schaffen solche Aussagen körperbezogene Ängste und Unsicherheiten, die völlig unnötig sind.

Das Dilemma der Schamhaftigkeit

Ich habe sogar die Vermutung, daß Erziehung zu solcher Schamhaftigkeit eine Erziehung nicht zu einer Tugend, sondern zu einer Untugend war: sie war Nötigung zur Abspaltung des Körpers und damit Anstiftung zur Identitätsunsicherheit. Weil die Identität eines Menschen in seinem Körper-Ich gründet und sich aus diesem Kern heraus entwickelt, ist jede Verhinderung der Wahrnehmung und Integration des Körpers eine Störung der Identitätsentwicklung. Genau das ist durch die traditionelle Schamhaftigkeitserziehung geschehen. Es gibt dafür vielfältige Belege aus katholischen Biografien.

Fünf Fragekreise spiegeln das Leiden an dieser Schamhaftigkeit. Ein erster bezieht sich auf das *Verhüllen der Geschlechtsteile*. In der Regel wurde geraten, die Geschlechtsteile vor anderen zu verhüllen. Es finden sich jedoch auch Ratgeber, die die Notwendigkeit sehen, die Geschlechtsteile auch vor sich selbst zu verbergen. »Bei gewissen Handlungen«, so Th. Wilhelm 1906, soll das Kind sich »vor sich selbst schämen«. Wilhelm ist hier ganz extrem: Jedes leichtfertige Entblößen der »zarten Körperteile« schädige die Schamhaftigkeit; die Teile, die zur Ausscheidung dienen, sollten nie mit der bloßen Hand berührt werden; es sei auch Sünde, »mit Neugierde und Freude etwas anzusehen, was schamhaft verhüllt sein soll, denn diese Blicke erzeugen schmutzige Gedanken«. Noch 1961 konnte man lesen, gegen die Schamhaftigkeit sei, wenn ein Mensch »die Geschlechtsteile vor Unberufenen absichtlich zur Schau stellt, sie *bei sich* und bei andern mit ungehöriger Neugierde anstarrt oder spielerisch behandelt« (J. Reuß).

Nicht übrigens nur das Anschauen wurde als Unschamhaftigkeit ausgegeben, sondern schon die gedankliche Beschäftigung mit dem eigenen Körper. »Es gibt manche, die sehr unter häßlichen Vorstellungen leiden, indem ihnen immer wieder der Gedanke an den nackten Körper kommt. Sollten ähnliche Versuchungen dich belästigen, so brauchst du nicht unruhig zu werden. Du kannst ja nichts dafür, wenn diese Vorstellungen sich gegen deinen Wunsch dir aufdrängen. Es ist vielleicht am besten, ruhig zu denken: ›Ja, der Körper sieht so aus, Gott hat ihn so geschaffen. Ich denke aber nicht unnötig daran. Das ist mir zu häßlich. Ich denke lieber an anderes, Höheres‹. Dann versuche, den Geist mit anderen Gedanken zu beschäftigen« (H. Schilgen).

Hier schließt sich der zweite Fragenkreis an – die Frage danach, ob die *Geschlechtsteile selbst als unschamhaft* gelten oder nicht. Die Auffassungen sind uneinheitlich. Immerhin registriert Mönnichs 1925 als verbreitete Auffassung, daß die Geschlechtsteile selbst »das Unschamhafte« seien. B. Overbergs erstmals unter dem Aspekt der Sexualität getroffene Unterscheidung der Körperteile in ehrbare und unehrbare hat hier vermutlich Pate gestanden. Für Overberg waren die Geschlechtsteile unehrbar. Das ist übrigens etwas anderes als das, was Paulus in 1 Korinther 12,23.24 vorbringt. Dort werden zwar auch höhere und niedere Glieder des Körpers unterschieden, doch nicht unter dem Aspekt ihrer Beteiligung am Sexuellen – ja näher desto verwerflicher –, sondern unter dem ihrer rangunterschiedlichen Aufgaben im Ganzen des Leibes. »Der nackte Mensch«, so A. Stolz, »ist ein schmählicher, ungebührlicher Anblick, wie ein rasiertes Tier häßlich anzusehen wäre.« Die Beichtspiegelfrage danach, ob man »Unkeusches angesehen« habe, ist vielen – mit ihren verletzenden Wirkungen – noch deutlich in Erinnerung.
Ein dritter Fragenkreis handelt vom *Sinn der Schamhaftigkeit*. Ihr Sinn ist, vor Unkeuschheit zu schützen. Darum wird die Schamhaftigkeit auch als »Schutzwall vor Unkeuschheit« bezeichnet. Es ist nicht immer ganz klar, ob von Schamgefühl oder von Schamhaftigkeit die Rede ist, und ob man beides überhaupt voneinander unterscheidet. Wo allerdings genauer darauf reflektiert wird, wird im Schamgefühl die angeborene, natürliche Fähigkeit des Sich-Schämens gesehen, die entfaltet werden muß und so zur Tugend der Schamhaftigkeit sich entwickelt. Das Schamgefühl ist – im Sinne der Tradition katholischer Sexualpädagogik – die natürliche Disposition zur Tugend der Schamhaftigkeit.
Ein weiterer Fragenkreis umfaßt die *Motive der Schamhaftigkeit*. Zunächst gilt die Schamhaftigkeit als von außen motiviert: man muß sich vor anderen schämen (Ehrbarkeit). Und das deswegen, weil die Umwelt in einer entsprechenden Situation negativ reagiert. Nach und nach aber wird das Motiv für die Schamhaftigkeit nach innen verlegt: Schamhaftigkeit soll vom Gewissen gefordert

und in ihm verankert werden. Die verbietende Instanz ins Innere zu verlegen, so daß man sie immer bei sich hat und sie immer wirksam werden kann, hat mit der Privatisierung und Intimisierung der bürgerlichen Kultur zu tun. Das Gewissen könnte nun aus Einsichtsgründen oder aus religiösen Gründen tätig werden. Thalhofer wandte sich gegen eine rein natürliche Begründung der Schamhaftigkeit, die etwa mit dem Gedanken komme, daß Schamhaftigkeit für den Menschen nützlich sei. Das findet er bei den Philanthropen, weswegen er sie kritisiert. Für die Jugend von 8 bis 12 Jahren müssen, so Thalhofer, »die religiösen Motive verwendet werden: Gott, der Reinlichkeit strenge befiehlt und lohnt, unter dessen Augen alles ist, dem nichts verborgen bleibt; Jesus, das Bild leuchtendster Reinheit, seine wenigen aber kostbaren Worte über Reinheit; Vorbilder der Keuschheit und Schamhaftigkeit und Gegenbeispiele aus der biblischen Geschichte und der Geschichte des Christentums. Dies und ähnliches sind meiner Meinung nach notwendige Motive zur Erzielung der kindlichen Schamhaftigkeit«. Die verbreitete Drohformel religiöser Erziehung »Gott sieht alles« findet sich seit Jahrhunderten im sexualpädagogischen Zusammenhang.
Ein letzter Fragenkreis zur Schamhaftigkeit: *Gefährdungen der Schamhaftigkeit*. Schon in ihrem Hirtenbrief von 1913 sahen die deutschen Bischöfe die Schamhaftigkeit durch Turnen und Schwimmen gefährdet. 1925 dann, in ihren »Katholischen Leitsätzen und Weisungen zu modernen Sittlichkeitsfragen«, legen sie sich mit einer mehr als zweifelhaften Fantasie auf Details fest, die uns heute ratlos machen. Danach ist das Turnen abzulehnen, das nicht nach Geschlechtern getrennt erfolgt, ebenso wie Schülergruppen beim Turnen nur von Lehrern des gleichen Geschlechts betreut werden dürfen. Damit die weibliche Turnbekleidung das Schamgefühl nicht verletzt, wird der Badeanzug beim Turnen verboten, dazu jede Kleidung, die die weiblichen Formen betont. Mädchen sollen nur abgeschirmt von der Öffentlichkeit turnen; oder wo das nicht möglich und Turnkleidung nicht vorhanden ist, nur solche Übungen zeigen, die im gewöhnlichen Kleid erfolgen können. Das Schauturnen von Mädchen

wird abgelehnt. Das müssen Jahre einer schlimmen Angst gewesen sein. Sogar über die Kleidung von Mädchen und Frauen beim Empfang der Kommunion hat man genaue Vorschriften erlassen. – Es fällt auf, daß sich solche Regelungen fast ausschließlich auf das weibliche Geschlecht beziehen. In der Schamhaftigkeit ging es doch wohl eher um die Abwehr des Sexuellen als um eine Tugend.

Nacktheit, die den Menschen bedroht

Die rigorosen Vorschriften zur Schamhaftigkeit haben ihren Grund auch darin, daß Nacktheit nicht einfachhin harmlos ist. Nacktheit wird von vielen Menschen auch als bedrohlich erfahren. Nicht das Erleben der eigenen Nacktheit, aber doch die ungebetene und aufgenötigte der anderen. Nacktheit kann zudem zum Instrument des Geschäfts und der Verführung werden. Speziell erzwungene Nacktheit macht hilflos und demütigt.

Die Erfahrung vermag das zu bestätigen. Nicht ohne Grund wurden Menschen nackt ausgezogen, wenn man sie bloßstellen wollte. Es überrascht nicht, daß das speziell Männer mit Frauen und – was oft dasselbe war – Herrschende mit Geknechteten gemacht haben. In den Konzentrationslagern der Nationalsozialisten z. B. mußten sich die Todeskandidaten nackt ausziehen, wenn sie ausgelesen oder bevor sie umgebracht wurden. Dasselbe würde wohl jeder genauso erleben, wenn er auf offener Straße – oder auch sonstwo – gezwungen würde, sich seiner Kleidung zu entledigen. Ich zweifle nicht daran, daß es Frauen ähnlich geht, wenn sie sich in Peep-Shows um ihres Unterhalts willen entkleiden oder in Bars »oben ohne« bedienen müssen. Hier wird die Nacktheit mißbraucht zur Entwürdigung von Frauen in wirtschaftlicher Not und – für Männer – zum Instrument der Verführung – allerdings nicht zur sexuellen Erfahrung, sondern zum Verschleudern von Geld.

Der nackte Körper ist aber auch unabhängig von Situationen der Bloßstellung, der Unterdrückung, des Geschäfts und der Verführung bedrohlich. Sein Anblick ist eben auch – nicht immer und überall – sexuell-erotischer Auslösemechanismus. Nacktheit ist auch Sexsymbol.

In der Tradition katholischer Sexualpädagogik wird dieser Gedanke dadurch festgehalten, daß die leidige Erfahrung des Sich-schämen-Müssens mit der Ursünde Adams und Evas zusammengebracht wird. »Infolge der Erbsünde sind die Menschen in ihrer Allgemeinheit für gewöhnlich nicht imstande, sich an der Schönheit des nackten Körpers unbefangen zu erfreuen« (H. Schilgen). Das Schamgefühl gilt somit als Folge der Sünde: »Vor dem Sündenfall kannte der Mensch das Schamgefühl nicht; es ist trotz seiner heilsamen Bedeutung im Grunde doch nur ein Zeugnis der Abkehr von Gottes Gesetz« (M. Gatterer – F. Krus). Es müßte sich darum, wer Gott wieder zugewendet ist, durch Nichtvorhandensein des Schamgefühls auszeichnen. Tatsächlich hat Thomas von Aquin das behauptet. Er bezieht seine Behauptung freilich nur auf das Schamgefühl als das »instinktive, triebhafte Zurückschrecken vor dem Schmählichen«, das der Tugendhafte nicht braucht, weil er zum »Schmählichen« nicht neigt; nicht auf die Schamhaftigkeit als die »Reinheitsliebe«, die nicht nur die Scheu vor der eigentlichen Betätigung des Geschlechtstriebes meint, sondern auch vor allem, was sie vorbereitet und begleitet (Zärtlichkeiten, Blicke).

In der Welt des Christentums, in der eher mit der erbsündlichen Schädigung als mit der erlösenden Befreiung der Menschen gerechnet wurde, wurde das Tragen von Kleidung denn auch zur sittlichen Pflicht. »Die Kleidung wurde . . . nach der Sünde von den Menschen selbst als Notwendigkeit anerkannt, nachdem sich an den Körper das sinnliche Begehren geheftet hatte. Das Gefühl der Scham kam plötzlich über sie. Fast unwillkürlich und instinktiv griffen sie nach dem nächstbesten, was ihnen geeignet schien, die Blößen zu bedecken. Plastischer, natürlicher und überzeugender hätte gar nicht geschildert werden können, wie das Schamgefühl urplötzlich über die Menschen hereinbrach, als mit der Erzählung von dem eiligen Zusammenraffen einiger Feigenblätter. Die sittliche Not der Menschen hätte nicht eindringlicher dargestellt werden können« (F. Walter). Sind solche Zusammenhänge zwingend?

Vom Sinn der Scham

Scham hat mit der Individualität des Menschen überhaupt zu tun. Sie sucht seine Menschenwürde zu bewahren. Sie bezieht sich darum nicht exklusiv auf das Sexuelle, schon gar nicht in erster Linie oder allein auf die Genitalien. Wenn sie den persönlichen Intimbereich vor dem illegitimen Eindringen anderer schützt, ist sie nicht vom Gefühl des Peinlichen motiviert, sondern von der Einsicht und dem Willen, daß die Bewahrung und Verteidigung eines solchen Bereichs um der Einzigartigkeit und der Würde des Menschen willen vernünftig ist und Respekt verdient. Ich halte auf Scham, nicht weil ich mich sonst schämen müßte, sondern weil ich mich vorbehalten und nicht der Öffentlichkeit preisgeben will. Und ich respektiere des anderen Scham, nicht weil es etwas gäbe, das aufzudecken peinlich wäre, sondern weil ich seinen Eigenraum wahren und ihn nicht durch Zudringlichkeit zerstören will.

Die Scham bringt uns – in der Regel – dazu, uns zu bekleiden. Aber nicht, weil wir uns nackt zu schämen hätten oder nackt »unter das Niveau des animalischen Instinktlebens« herabsteigen würden, wie Thalhofer befürchtet. In einer entfremdeten Welt ist es eben vernünftig, sich zu weigern, sich der Öffentlichkeit preiszugeben. Die Scham motiviert uns überhaupt dazu, uns bedeckt zu halten. Sie hat es ja nicht nur mit dem Körper zu tun, sondern mit allen Bereichen unseres Lebens. Die Scham steht darum auch gegen die Prostitution der Gedanken bzw. des Redens; auch deren »Nacktheit« kann schamlos sein. Es stimmt, was A. Janzing betont: »Das Wissen um intime Dinge eines anderen Menschen verleiht . . . Macht über diesen.« Darum muß eine Vertrauensbeziehung zwischen Menschen bestehen, die sich einander öffnen und einander »nackt« begegnen. Nach H. Marcuse ist Scham etwas Positives, Authentisches: »Es gibt Eigentümlichkeiten und Dimensionen des menschlichen Wesens, die ihm ganz allein und ganz persönlich gehören; und ich denke dabei keineswegs an etwas, das mit Ausbeutung und Gewinnstreben zu tun hat. Sie sind rein persönliches Eigentum, und er teilt sie nur mit denen, die er selbst auswählt. Sie gehören nicht der Gemeinschaft und stellen keine die Öffentlichkeit angehende Sache dar.« Für D. Schneider ist das Gefühl der Scham gar »zutiefst in unserem Menschsein und unserer Religiosität verwurzelt«. Scham sei ein Akt der Aufmerksamkeit auf sich selbst: Ich entdecke mich selbst als der, der ich bin, in Beziehung und Abgrenzung zu anderen. Insofern sei Scham Ausdruck meiner Individualität und Identität. Allerdings liege in der Bejahung der Scham zugleich die Bejahung des Menschen als eines sozialen Individuums. Die Lehre vom vereinzelt lebenden und sich genügenden Selbst müßte zu einer Ablehnung der Scham führen. »Eine Wiederentdeckung des spezifischen Sinnes der Scham müßte Hand in Hand gehen mit der Anerkennung der dem Menschen wesentlichen sozialen Anlage ... Weil wir wissen, daß wir unfähig sind, länger als für Augenblicke in einer Gemeinschaft von völligem Vertrauen und völliger Offenheit füreinander zu leben, ist die Scham am Platz und wird es immer sein, als Zeichen unserer Verwundbarkeit – sowohl als Selbst, das für sich lebt, als auch als Selbst, das zu einem größeren Ganzen gehört« (D. Schneider). Die Scham stellt somit den Menschen in die dialektische Situation des Entbergens und Verbergens. Zwischenmenschliche Beziehungen brauchen beides: Offenheit und Zurückhaltung zugleich.

Die Scham hat nun allerdings auch gesellschaftliche, gar politische Dimensionen. Es gibt nämlich auch die Scham – oder eben deren Verletzung – des größeren Ganzen vor den Individuen, vor unberechtigter Aufmerksamkeit für das Private der Subjekte. Dagegen steht der öffentliche Voyeurismus der Institutionen, die alles Private aufdecken wollen, um es zu beherrschen. Im Zeitalter des gläsernen Menschen ein aktuelles Thema.

Und darum halten wir auf Scham und respektieren die Scham der anderen. Das schließt ein, daß es Bedingungen des Ortes und der

Zeit gibt, auch Bedingungen der persönlichen Beziehung, unter denen Nacktheit vernünftig, sinnvoll und schön ist. Nacktheit ist nicht unbedingt schamlos. »Schamhaftigkeit«, so meinte A. Adam schon 1931 »ist nicht Angst vor dem nackten Körper, sondern Ehrfurcht vor ihm«. Und er hat auch darin heute noch recht: Die Scham darf »niemals so weit gehen und alle Erotik verächtlich machen; ein Schamgefühl, welches alles Geschlechtliche als unsauber empfindet, ist ungesunde Prüderie«.

Sexuelle Scham ist nicht eindeutig. Wir brauchen ein Gefühl für falsche und richtige Scham. Die falsche Scham – ich folge H. Glaser – »will den Menschen im Unklaren über sich selbst lassen«. Falsche Scham entzieht das Sexuelle nicht nur den Augen anderer, was zur Bewahrung seiner personalen Qualität unter bestimmten Umständen nötig ist. Nein: Falsche Scham überlagert das Sexuelle mit dem Gefühl der Unreinheit. Dann ist die Scham »nicht mehr der Schlüssel zur Leiblichkeit des Du, zur Abschirmung der Zweisamkeit vor dem Voyeurismus des Kollektivs«. Sie wird »zur Sperrmauer zwischen der Leiblichkeit des Ich und der Leiblichkeit des Du«. Sie verhilft nicht zur Intimität, sie zerstört sie. Sie ermöglicht nicht die individuelle Entfaltung der Sexualität; sie verdrängt sie in den Bereich neurotischer Abnormität. Die echte Scham dagegen haben Wissende. Echte Scham »grenzt im Konsensus mit dem ebenfalls wissenden Anderen einen Bereich der Intimität ab, damit das Allgemeine und Allgemein-Gewußte stets und neu personal erlebt, durchlebt und bewältigt werden kann«. Diese Scham kann man ein Urphänomen nennen, das »seine Prägung in der metaphysischen Matrix des Menschseins empfing«. »Die echte Scham ist ... nicht Unwissenheit, sondern sie ist mit dem Wissen wohl vereinbar.«

Sie erkannten, daß sie nackt waren

Was sagt die Bibel dazu? In der Geschichte vom Sündenfall Adams und Evas (Genesis 3,7) heißt es: »Da – nachdem sie vom verbotenen Baum gegessen hatten – gingen beiden die Augen

auf, und sie erkannten, daß sie nackt waren. Sie hefteten Feigenblätter zusammen und machten sich einen Schurz.« Adam und Eva erkennen, daß sie nackt sind, und bekleiden sich. Bekleiden sie sich, weil sie sich voreinander ihrer Nacktheit schämen? Man könnte zu dieser Auffassung kommen, zumal die Bibel von Adam und Eva – vor ihrer Verfehlung – feststellt, sie seien nackt gewesen, ohne sich voreinander zu schämen (Genesis 2,25). Durch den Sündenfall ist aber eine Veränderung eingetreten. Schämen sie sich nun ihrer Nacktheit voreinander? Der Text sagt das nicht. In ihm ist zwar davon die Rede, daß Adam, weil er nackt ist, vor Gott in Furcht geriet (Genesis 3,10). Von einer Scham der Menschen voreinander, weil sie nackt sind, wird dagegen nicht ausdrücklich gesprochen, nicht einmal davon, daß sie sich deswegen bekleiden.
Die Bibel erzählt aber, das Verhältnis von Adam und Eva zueinander sei durch die Sünde empfindlich gestört worden: Eva wird Adam hörig; Adam wird Eva beherrschen (Genesis 3,16). Waren sie vorher ganz offen voreinander, eben nackt, lebten sie in der Beziehung intimer Vertrautheit und Nähe, nämlich in »einem Fleisch« (Genesis 2,24), so müssen sie sich nun voreinander schützen, weil sie sich in ihrer entfremdeten Beziehung bei ungeschützter Offenheit einander völlig ausliefern und aneinander verlieren könnten. Sie bekleiden sich unter dem Zwang, ihre Individualität und Menschenwürde voreinander zu wahren. Denn sie sind verletzbar geworden. Die Vorstellung, Bekleidung habe mit der Würde des Menschen zu tun, ist der Bibel nicht fremd. Jesus wird dadurch entwürdigt, daß ihm Kleider umgehängt (Markus 15,17; Lukas 23,11) oder genommen werden (Matthäus 27,28; Markus 15,24; Johannes 19,23–24; in Verbindung mit Psalm 22,18–19). Der Verlorene Sohn bekommt seine Würde dadurch zurück, daß der Vater ihn kleidet (Lukas 15,22–24). Ähnlich hier: Adam und Eva erkennen, daß in ihrer nunmehr gebrochenen Beziehung ihre menschenwürdige Individualität gefährdet ist. Dagegen müssen sie sich schützen. Nackt waren sie auch vor der Sünde. Und das war ihnen nicht peinlich, weil ihre Beziehung stimmte. Nachdem sich ihre Beziehung verändert

hatte, wird ihnen in ihrer Nacktheit ihr Menschsein zum Problem. Die Qualität der Beziehung zwischen Menschen also bewirkt, ob Nacktheit das in Gefahr bringt, was wichtiger als Nacktheit ist und darum mehr Behutsamkeit erfordert: die Einmaligkeit und Würde des Menschen.

In der Scham geht es also offensichtlich um die Würde des verletzbaren Individuums in seiner Beziehung zu anderen, nicht eigentlich um Abwehr körperlicher Nacktheit. Nacktheit kann – wie die Bekleidung – menschenwürdig sein; und sie kann ebenso der Menschenwürde widersprechen. Es kommt auf die Beziehung an, in die sie eingebettet ist. Die Bewahrung der menschlichen Würde und Individualität scheint das eigentliche ethische Problem im Zusammenhang mit der Scham zu sein. Die Frage nach der größeren oder geringeren Sichtbarkeit der Haut des bekleideten oder unbekleideten Körpers ist dagegen eher eine ästhetische Frage.

Darum kennt die Bibel auch Szenen, in denen Nacktheit erzählt wird, ohne anstößig zu sein. Von Petrus wird ausdrücklich erwähnt, daß er seine Fischerei auf dem See Gennesaret nackt versah (Johannes 21,7). Die Beziehung zu seinen Mitarbeitern, von der Arbeit des Fischens bestimmt, war so, daß sie Nacktheit zuließ. Erst als Petrus sich Jesus näherte, in der Beziehung zu ihm also (Johannes 21,7), bekleidete er sich. Das entspricht dem alttestamentlichen Bewußtsein, nach dem des Menschen Blöße vor Jahwe nicht enthüllt werden darf (Exodus 20,26) und sich der nackte Mensch vor Gott schämt (Genesis 3,10). Vor Jahwe verhüllte man sogar sein Gesicht.

Trotzdem scheinen die Menschen der Bibel die Nacktheit eher als peinlich empfunden und vermieden zu haben. »Nacktheit galt als abstoßend und wurde für beide Geschlechter als entehrend angesehen. Vor allem die Frau hatte ein großes Bedürfnis, sich zu verhüllen. Es konnte ihr keine größere Schmach widerfahren als ausgezogen zu werden« (H. Haag – K. Elliger). Der Kontext, in dem die Nacktheit erscheint, ist aber in aller Regel der der Drohung bzw. Bestrafung (Jesaja 47,2; Nahum 3,5; Hosea 2,12). Nacktheit erscheint als schmachvolle Entblößung. So

kannten die Menschen der Bibel Nacktheit wohl eher als erzwungene denn als erlebte und in Situationen, in denen ihre menschliche Würde auf dem Spiel stand. Die erzwungene Nacktheit gilt auch heute noch als verletzend und abstoßend, als entwürdigend.
Die Weisung, Nackte zu bekleiden, wie sie in der Bibel mehrmals getroffen wird (Jesaja 58,7; Matthäus 25,36), will darum auch nicht einfach zu einer Kleiderspende auffordern, sondern dazu, dem Menschen in Not seine je einmalige Würde zurückzugeben.

Vertrautwerden mit dem nackten Körper

Die psychische Gesundheit des Menschen hängt daran, daß er seinen Körper annimmt und Freude an ihm hat. Wir brauchen die Freude am Körper und die Annahme unserer eigenen Körperlichkeit. »Der Mensch erlebt und versteht seinen Körper nur insoweit, als er sich mit ihm identifiziert. Diese Identifikation mit sich stellt eine Leistung dar, die erlernt werden muß, sonst ist der Mensch seiner Körperlichkeit unkontrolliert überlassen . . . Der Körper ist ein Etwas, das die Existenz in diesem Leben überhaupt erst möglich macht. Durch den Körper wird die Existenzform maßgeblich bestimmt. Der Mensch ist aber nicht bedingungslos an die Existenzform seines Körpers gebunden, er hat Möglichkeiten, gestalterisch sein Leben zu bewältigen und sich dabei mit zu verändern« (D. Eicke).
Eltern, die wissen, daß sie ihrem Kinde Freude am eigenen Körper zuspielen müssen, werden ihm sagen, daß sie seinen Körper für liebenswürdig halten. Dabei ist zu wünschen, daß sie den Körper des Kindes wirklich lieben und keine Angst vor ihm haben. »Durch diese quasi Bestätigung der eigenen Körperlichkeit kann das Kind seinen Körper positiv wahrnehmen . . . Das ›liebe Füßchen‹ ist dann eben für das Kind wirklich ein liebes Füßchen; oder der schöne Bauch ist dann eben auch so ein geschätzter Teil vom eigenen Selbst. Da viele Mütter bei diesen

Liebesbezeugungen die Genitalien auslassen, muß im späteren Leben das Einbeziehen dieser Region in die eigene Identität – erst mühsam nachgeholt werden« (D. Eicke). Später lernt das Kind sich selbst kennen, indem es seinen Körper betastet und anschaut. »Genau so wie Gegenstände wahrgenommen werden und ihre Existenz bewußt festgestellt werden muß, ehe das Kind sie sich durch Wiederholung einprägt, so vollzieht sich auch die Wahrnehmung des eigenen Körpers« (D. Eicke). Auf solchen Entdeckungsreisen werden natürlicherweise auch die Genitalien erforscht. Eltern werden das nicht verbieten, sondern unterstützen. So wird ihr Kind, auch wenn es älter geworden ist, angstfrei mit seinem Körper leben und angstfrei den Körper eines anderen Menschen erleben können. Das Entdecken des eigenen Körpers, das Anschauen und Betasten, das entdeckerische Durchspielen seiner Möglichkeiten, bis hin zur Masturbation, ist an sich etwas Undramatisches und Normales. Es wird nur dann übermäßig gesucht, wenn das Bedürfnis nach Körpererfahrung in der frühen Kindheit nicht genügend abgesättigt wurde.

»Wer das Nackte da, wo es nötig ist, mit reinen Augen ansehen kann, ist in Wahrheit schamhafter als jener, der daran gewöhnt wurde, krampfhaft davor die Augen niederzuschlagen« (A. Adam). Man wird seine Kinder darum frühzeitig an Nacktheit gewöhnen. In der Familie erleben sie, daß sich die Körper des Mannes und der Frau unterscheiden; und worin sie sich unterscheiden: durch unkomplizierte Nacktheit. Sie lernen das an den Geschwistern, und auch an den Eltern, speziell in Situationen, in denen Nacktheit »normal« ist, beim Waschen oder Baden, An- und Auskleiden, beim Sonnen oder Saunen. Sobald dazu allerdings ausschließlich die erzieherische Intention motiviert und nicht die Selbstverständlichkeit im oder die Freude am Erleben des eigenen nackten Körpers, sobald solche Nacktheit also nicht mehr aus der Spontaneität des Miteinanders hervorgeht, sondern spezielle erzieherische Bemühung wird, ist die Sache schon verdorben.

A. K. Ruf und E. J. Cooper geben die Erfahrung wieder, daß »schon Kleinkinder mit vier Jahren sich nicht gern in der Öffentlichkeit nackt zeigen wollen, und sei es am Badestrand oder im Kindergarten«. Sie fordern, dieses Schamgefühl zu respektieren. In jedem Falle ist scheue Scham zu respektieren und richtige Scham zu entfalten. Die Frage ist nur, ob man Kindern die geschilderte Äußerungsform der Scham anerziehen soll. Denn – abgesehen von Ausnahmefällen – anerzogen ist sie doch wohl. Jedenfalls ist jene Erfahrung durch vielfältige Gegenerfahrung widerlegt.

Hier stellt sich die Frage, wie es Eltern mit dem eigenen Körper halten und mit dessen Nacktheit. Vielleicht muß sich bei ihnen, nachdem sie zu sehr mit der traditionellen Schamhaftigkeitserziehung geängstigt wurden, erst eine neue Unkompliziertheit einstellen. Vielleicht aber erreichen sie sie auch nie. Eltern ist hier anzuraten, nur das zu tun, was sie mit ihren Gefühlen in Übereinstimmung bringen können – sich aber nicht aus pädagogischer Intention zu verkrampfen. Gelassenheit im Umgang mit dem nackten Körper kann sich einstellen. Das geht jedoch nur über einen geduldigen Einübungs- und Lernprozeß, den Eltern vielleicht mit ihren Kindern gemeinsam durchmachen. Vielleicht hilft dabei das FKK-Baden der Familie – im Urlaub oder anderswann. Vielleicht auch die gemeinsame Sauna, gemeinsam von Eltern und (auch jugendlichen) Kindern. Ich habe bisher nichts Abträgliches darüber gehört von Menschen, die es erlebt haben. »Aber ich zeige mich doch nicht vor jedermann«, war die erschrockene Reaktion einer Frau. Sie bewies nur, daß sie falsche Vorstellungen hatte: es geht ja nicht darum, sich anderen nackt zu zeigen – die hätten daran kaum ein länger anhaltendes Interesse – es geht darum, sich selbst zu erleben als ganzer Mensch. Ich will keine Verordnung treffen, sondern nur die Angst nehmen. Der nackte Körper ist längst nicht mehr Einladung zum Geschlechtsverkehr. Er ist Bestandteil unserer alltäglichen Erfahrungswelt. Er ist zwar auch Werbemittel. Und das ist schlimm. Doch je vertrauter Nacktheit wird, desto weniger funktioniert sie als Mittel der – sexuellen wie ökonomischen – Verführung.

R. Affemann spricht sich gegen die Nacktheit aus. Und er vertritt dabei ein Argument, das häufig angeführt wird. Er bedauert nämlich, daß bei Patienten, die er behandelte, durch – beispielsweise – FKK »der sexuelle Reiz der Nacktheit erheblich an Bedeutung eingebüßt hatte«. Daraus folgert er: »Um die sexuell erregende Kraft der Nacktheit zu bewahren, sollten sich geschlechtsreife Menschen einander nur nackt zeigen, wenn sie in einer Liebesbeziehung stehen.« Mir scheint diese Position sehr fragwürdig zu sein. Einmal enthält sie die Hypothese von einer möglichen Gewöhnung an sexuelle Reize (»Sättigung«), die aber – im Zusammenhang der Pornografieforschung – widerlegt ist. Zudem berücksichtigt sie nicht, daß, wovon noch die Rede sein wird, nicht der (nackte) Körper als solcher, sondern die Fantasien über ihn sexuell erregen. Und schließlich schließt sie ein, sexuelle Erfahrungen entstammten aus sexuellem Triebdruck und sie sollten daraus hervorgehen, und würden nicht durch die Liebe motiviert sein. Die kreative sexuelle Spannung zwischen Mann und Frau existiert aber auch und immer wieder neu unter Menschen, die miteinander vertraut sind. Sie ist das sensible und spannungsgeladene Interesse der Liebe.

Das Gefühl des Sich-Schämens bei unbedeckten Genitalien weitete sich als Gefühl der Beschämung auf den nackten Körper überhaupt aus – bis hin zur völligen Tabuisierung des Wortes »nackt« – und erschwerte, ja verhinderte vielfach die Annahme des eigenen Körpers. Wo schon die optische Wahrnehmung des eigenen nackten Körpers als Schamlosigkeit ausgegeben wurde, mußte der eigene Körper etwas Fremdes bleiben. Dabei ist das Ja zum eigenen Körper lebensgeschichtlich und systematisch der Kern der Identität des Menschen (Körper-Ich). Und es ist »ein Hauptfaktor, wenn man intime Beziehungen aufnehmen und die Fähigkeit entwickeln möchte, Liebe und Zärtlichkeit zu geben und zu empfangen« (M. Carrera). Ganz richtig fordert deswegen die Katholische Bundesschulkonferenz 1976: »Die Geschlechtserziehung muß die Erlebnisfähigkeit des jungen Menschen – auch die zur Freude an seiner Leiblichkeit – bilden.«

Schmucke Kleidung

Ich sagte schon, auch Kleidung könne schamlos sein, wenn sie den Körper nicht umhüllt, sondern prostituiert. Kleidung kann sogar Obszönes an sich haben: allerdings weniger dann, wenn sie viel Haut zu sehen gibt, sondern wenn sie als Machtsymbol Herren und Knechte trennt; oder wenn sie als Instrument der Demütigung Wärter und Insassen erzeugt. Uniformen, die – sind sie Amtstrachten – nicht ausschließlich eine Dienstfunktion anzeigen und außerhalb des Dienstes im Schrank hängen, und die – sind sie Lagerkleidung – nicht der Vergangenheit angehören, sind als obszön anzusehen. Kleider machen dann nicht Leute sondern Nummern. Sie ebnen die Individualität ein oder greifen sie gar an – und das ist, wenn dahinter eine Autorität steht, die dies verordnet, in hohem Maße schamlos, weil entwürdigend.

Das ist so von Trachten nicht zu behaupten. Sie sind aus langer geschichtlicher Tradition gekommen, von den Trägern – in aller Regel – selbst geschneidert, und wurden in Details mit Fantasie so variiert und individualisiert, daß sie keine Einerleiheit (weder für die Augen noch im Hirn) produzieren konnten. Sie tragen die Spannung von Gesellschaft und Individuum an sich, ohne das Individuelle ins Allgemeine aufzuheben.

Kleidung ist nicht einfach nur Schutz gegen klimatische, hygienische oder auch sexuelle Gefährdungen. Kleidung bringt das Individuelle und Kreative des Menschen hervor oder um. Darum wäre darauf zu achten, daß die sinnliche Wahrnehmungsfähigkeit für schmucke Kleidung und die schöpferische Fantasie für sie erhalten bleibt. Das ist kein Wort gegen Einfachheit oder für übertriebene Sorgfalt in der Kleidung. Zur Bewahrung von Individualität und Menschenwürde gehört auch die Freiheit, es mit Kleidung zu halten, wie man will. Aber Widerspruch wird gegen Kollektive und ihre Vereinheitlichungsinteressen angemeldet. Aus Tennisschuhen und Jeans allein läßt sich z. B. mit Vernunft keine Dauerweltanschauung basteln. Auch in der Kleidung kann es darum um Scham gehen: um den Schutz von und die Anstiftung zu menschenwürdiger Individualität.

Liebesspiel – Fantasie

Von der pflichtgemäßen
zur spielerischen Sexualität

Pflichtgemäß nenne ich die Sexualität, die, weil sie allein dem Gattungszweck dienen durfte, um dieses Zwecks willen auferlegt und zur Pflicht gemacht wurde. Weil das auf dem Hintergrund eines Ideals einer vollkommenen Ehe geschah, das selbst Eheleuten sexuelle Enthaltsamkeit nahelegte, wenn sie keine Kinder (mehr) zeugen wollten, und das Kinderzeugen dazu noch für viele Tage des Jahres verbot, mußte das sexuelle Lieben Schaden nehmen. Wie man einen Vogel wohl zum Schreien aber nicht zum Singen bringen kann, wenn man ihn drängt, so konnte aus pflichtgemäßer Sexualität keine Kultur des Liebesspiels und kreativer Fantasie hervorgehen, die wir um der Humanisierung der Sexualität willen dringend brauchen.

1. Die schlimme Verpflichtung zur sexuellen Praxis

Was hier gemeint ist, gibt es nicht nur in der Tradition katholischer Sexualpädagogik. Nein: das gab und gibt es auch anderswo. Das mildert freilich nicht, was in der Welt des katholischen Christentums Menschen – vor allem Frauen – angetan wurde. Wir müssen in den Spiegel schauen und die Bilder aushalten.

»Eheliche Pflicht«

Da das Reden von der »ehelichen Pflicht« heute nicht mehr so ohne weiteres glaubwürdig erscheint, zitiere ich, was der Kölner Pfarrer Könn 1920 über die pflichtgemäße Sexualität schrieb: »In der ehelichen Geschlechtsgemeinschaft sahen wir etwas durchaus Ehrbares und Gottgewolltes, weil bei dieser Hingabe für die Beiden und das Kind die erforderlichen Bürgschaften und Bindungen da sind und die Folgen der Hingabe voll und ganz übernommen werden. Das Wesen des Eheabschlusses besteht nun darin, daß die beiden Gatten sich das Recht auf diese

Hingabe gegenseitig übertragen, entsprechend den Worten des Apostels: ›Das Weib hat nicht Gewalt über ihren Leib, sondern der Mann. Ebenso hat auch der Mann nicht Gewalt über seinen Leib, sondern das Weib. Entziehet euch einander nicht, außer nach Übereinkunft für eine Zeitlang, um dem Gebete obzuliegen‹ (1 Korinther 7,4). Darum sprechen wir von einer Ehepflicht, das heißt der eine Teil hat das Recht, diese Hingabe von dem andern zu verlangen und der andere hat die Pflicht, sie zu gewähren, und es würde eine schwere Sünde sein, sich dieser Pflicht ohne Grund zu entziehen.« Pfarrer Köhn beruft sich auf einen Text aus dem 1. Brief des Paulus an die Korinther (7,1–7). In ihm erwähnt Paulus seine Vorstellung von einer Ehe und der Sexualität in ihr. Sie seien für die da, die der »Gefahr der Unzucht« (1 Korinther 7,2) anders nicht begegnen können. Darum kann Paulus auch empfehlen: »Kommt wieder zusammen, damit euch der Satan nicht in Versuchung führt, wenn ihr euch nicht enthalten könnt. Das sage ich als Zugeständnis, nicht als Gebot. Ich wünschte, alle Menschen wären (unverheiratet) wie ich« (1 Korinther 7,5–7). Es ist nur konsequent, daß in einer solchen Ehe die Sexualität zur Pflicht wird, weil sonst der eine den anderen in der »Versuchung« hätte allein lassen können. Diese für die Ehe wie für die Sexualität schlimmen Überzeugungen, die leider ihre Wirkungsgeschichte hatten, erscheinen nur dadurch gemildert, daß Paulus die Wechselseitigkeit der Verpflichtung im Auge behielt. Da diese aber in der Folgezeit (faktisch) als eine einseitige Verpflichtung der Frauen gegenüber den Männern genommen wurde – Frauen sollten sich ihrer »ehelichen Pflicht« nicht entziehen, waren aber ohne Möglichkeit, diese umgekehrt beim Manne einzuklagen, weil ihnen sexuelle Bedürfnislosigkeit angeredet wurde –, bekam sie verheerende Wirkungen für die Sexualität unter Christen, speziell von Christinnen.

Das schreckliche Ergebnis war das Beichtbekenntnis vieler katholischer Ehefrauen, sich ihrer Pflicht entzogen zu haben. Sie haben deswegen Schuldgefühle gehabt und wurden von ihnen gequält. Tatsächlich aber unterwarfen sie sich – unfreiwillig – einem mannzentrierten Begriff von Sexualität, der jedem Mann die Gewalt über den Körper seiner Frau zuerkannte und ihn ehelicher Vergewaltigung nur dadurch entkommen ließ, daß er es der Frau zur Pflicht machte, jedem männlichen Begehren zu Willen zu sein. Solche Sexualität mochte zwar als ethisch legitim gegolten haben, Sprache der Liebe war sie nicht. Ich kenne eine alte Frau, die sich zeit ihres (Ehe-)Lebens schuldig fühlte, weil sie – selbst sexuell gehemmt – mit dieser »ehelichen Pflicht« nie viel anfangen konnte und ihrem Manne – wie sie meinte – sexuell kaum jemals gerecht geworden war, wenn sie ihre »eheliche Pflicht« leistete. Ihr Mann, so war sie überzeugt, sei bei ihr immer zu kurz gekommen. Und sie selbst, so ihre Qual, habe eigentlich immer versagt. Dieses Gefühl hat sie zeitlebens gedemütigt. Sie hatte nun unglücklicherweise zusätzlich erleben müssen, daß ihr Mann wenige Stunden nach einer solchen Situation – er wollte, sie mochte nicht, aber tat notgedrungen ihre Pflicht – einen Herzinfarkt erlitt, an dem er Tage darauf starb. Die Selbstvorwürfe und Schuldgefühle wollen nun kein Ende nehmen.

Ehe möglichst ohne Sex

Zudem gab man lange Jahrhunderte den Rat, sich dessen zu enthalten, was eigentlich – zum Gattungszweck – erlaubt war. Die sexuelle Leidenschaft, selbst in der Ehe, erschien als Fehler und hätte es eigentlich gar nicht geben sollen. Schon Hieronymus mochte sagen: »Ehebruch begeht mit der eigenen Frau, wer sie zu brennend liebt.« Bei H. Schilgen lautet das so: »Bisher sahen wir, was erlaubt, was Sünde ist. Wie zu allen Zeiten, so gibt es auch jetzt Eheleute, die nach christlicher Vollkommenheit streben. Sie suchen nicht nur alles Sündhafte zu meiden, sondern fragen nach dem, was Gott wohlgefällig ist. Aus Liebe zu ihm, aus Liebe zur Tugend verzichten sie deshalb auf Genüsse, die sie, ohne ihm zu mißfallen, sich gestatten könnten. Die Elternwürde ist gewiß groß, unendlich groß. Der Weg zu ihr führt aber nach Gottes Anordnung durch die Niederungen des Lebens, in

denen die Wünsche der niederen Natur Berücksichtigung finden ... Je edler die Seele ist, desto peinlicher empfindet sie es, an einen Leib gefesselt zu sein, der uns mit den Tieren gemeinsam ist. Jedes Zugeständnis, das sie ihm machen muß, erinnert sie an diese verdemütigende Abhängigkeit. Daher sucht sie sich von seinen Wünschen möglichst unabhängig zu machen, indem sie ihm freiwillig Erlaubtes verweigert und ihm nur das gewährt, wozu höhere Rücksichten raten.« Wird den Eheleuten hier die Freude an ihrer Sexualität durch den Hinweis auf eine peinliche Abhängigkeit von den niederen Wünschen des Leibes ausgetrieben, so fast zweihundert Jahre früher, durch Aegidius Jais, mit der Warnung, wollüstige Umarmungen brächten wollüstige Kinder hervor, weswegen in der Ehe Ehrbarkeit und Schamhaftigkeit notwendig seien. Die Sache aber ist dieselbe. Aber es besteht ja »Hoffnung«: »Es ist eine Erfahrungstatsache, daß in der wahren, schönen Ehe der fleischliche Trieb bald an Akutheit verliert, andere, seelische und geistige Fragen mehr in den Vordergrund treten, vor allem die liebevolle Sorge um das Kind, das sich zwischen die beiden stellt und ihnen Distanz und heilsame Ablenkung gibt« (A. Schmitt).
Noch 1980 hinterließ solches Denken seine Spuren in einer Ansprache Johannes Pauls II., in der er die Männer ermahnte, ihre Ehfrau nicht lüstern anzuschauen, sie verkomme dadurch zum Objekt der potentiellen Befriedigung des eigenen sexuellen Triebes. Der Psychotherapeut E. Ringel hielt – anders als der Papst – mehr erotische Leidenschaft zwischen Eheleuten für angemessen: »Die Aufforderung von Papst Johannes Paul II., die Ehemänner sollten ihre Frauen nicht begehrlich ansehen, wird die Situation (einer gewohnheits- und pflichtmäßigen Sexualität in der Ehe) auch nicht verbessern können, denn das ist eben ja die Tragödie, daß Ehemänner dies mit der Zeit, des sicheren ›Besitzes‹ müde und überdrüssig, immer weniger tun.«

Verbote des Erlaubten

Nun gibt es in der Tradition katholischer Sexualpädagogik nicht nur den Rat, die erlaubte sexuelle Lust möglichst nicht zu genießen. Es wurde der Geschlechtsverkehr auch zu bestimmten Tagen und Zeiten ausdrücklich verboten. So lautet ein Beschluß der Synode von Agde aus dem Jahre 506: »Wer die Sakramente empfangen will, hat sich vorher des ehelichen Verkehrs zu enthalten.« Die Sonntagsheiligung beinhaltete vom 7. Jahrhundert an – neben der Arbeitsruhe, der Teilnahme am Sonntagsgottesdienst und materiellen Abgaben – die Enthaltung vom ehelichen Verkehr. In der Rangfolge der Einzelpflichten, die am Sonntag zu beachten waren, kam die Enthaltung vom ehelichen Verkehr nach der Arbeitsruhe an zweiter Stelle. Auch Gratian (12. Jahrhundert) bestimmte: »Die Pflicht der ehelichen Enthaltsamkeit gilt weiter vor dem Empfang der eucharistischen Kommunion.«

Das Gebot der ehelichen Abstinenz galt im Mittelalter nach Burkhardt von Worms (11. Jahrhundert) an 228 Tagen im Jahr: an allen Sonntagen, in der Adventszeit vor Weihnachten, in der Bußzeit vor Ostern und an allen gesetzmäßigen Fasttagen, an den Festtagen der Apostel und an anderen, eigens dazu bestimmten Hauptfesten. Nach Berthold von Regensburg (13. Jahrhundert) kamen dazu die sechs Wochen nach der Geburt eines Kindes. Ihm zufolge waren auch körperliche Mißbildungen und moralische Mängel bei vielen Kindern darauf zurückzuführen, daß diese Kinder während der verbotenen Zeiten gezeugt worden sind.

Der Catechismus Romanus des Konzils von Trient aus dem Jahre 1566 bestimmt: »Die Würde des eucharistischen Sakraments erfordert auch, daß die Verehelichten einige Tage vorher der ehelichen Beiwohnung sich enthalten, gemahnt durch das Beispiel Davids (1 Samuel 21,5.6), der, als er vom Priester die Schaubrote empfangen sollte, bekannte, daß er und seine Diener von dem Umgange der Weiber schon drei Tage lang rein seien.« Wenn dann ein wenig später geraten wird: »Lebe so, daß du

täglich den Leib des Herrn empfangen kannst«, dann wird damit einschlußweise der Wunsch geäußert, Eheleute sollten eigentlich immer enthaltsam sein. Fast überall in der katholischen Sexualpädagogik wurden später die sogenannten Tobiasnächte empfohlen. Alban Stolz hat sie so beschrieben: »Im Walsertal (Vorarlberg) findet sich in manchen Gegenden die Sitte der sogenannten Tobiasnächte, wonach der Ehestand mit Enthaltsamkeit begonnen wird. Wenn nämlich die Hochzeitsfeierlichkeit vorüber ist, so bleibt die junge Frau noch drei Tage lang abgesondert von ihrem Mann in ihrem bisherigen Aufenthalt. Erst wenn diese Zeit abgelaufen ist, findet das Zusammenwohnen statt.«
In einer solchen Denkwelt konnte sich eine spielerische Sexualität, selbst in der Ehe, wohl kaum entfalten. Wo selbst von Erlaubtem abgeraten wird, weil es das Ideal asexuellen Menschseins und reiner Ehe nicht verwirklichte, mußte das Sexuelle, auch wenn es im Dienst der Gattung stand und sich für neues Leben offenhielt, mit innerer Reserve und ohne wirkliche Zustimmung erlebt werden. Durch Verbote wurde das verschärft. Auf Dauer und durch die Jahrhunderte hat das viele Menschen verletzt, ihre Beziehungen belastet und ihre Sexualität zerrüttet.

Tatort: Ehebett

Diese Einstellung selbst zur ehelichen Sexualität und die darin zum Ausdruck kommende Ablehnung aller erotischen Freuden mußte Konsequenzen haben. Die Psyche des Menschen läßt sich eben nicht ungestraft langfristig unterdrücken.
Nach einer Allensbach-Umfrage von 1976 werden 2,5 Millionen Ehefrauen, jede fünfte also, von ihren Ehemännern vergewaltigt. Emnid-Meinungsforscher fanden 1986 heraus, daß 15% der Bundesbürger von Vergewaltigungen in der Ehe wissen. Der Vergewaltigungstatbestand des § 117 des Strafgesetzbuches betrifft zwar nur die gewalttätige und das Leben bedrohende Nötigung zum außerehelichen Beischlaf. In der Ehe gibt es damit Vergewaltigung in strafrechtsrelevantem Sinne bisher nicht.

Doch wird in der BRD zunehmend gefordert, die Vergewaltigung auch in der Ehe unter Strafe zu stellen. Die Ministerin für Jugend, Familie, Frauen und Gesundheit hat 1987 erklärt: »Ich lege meine Hand dafür ins Feuer, daß es dieses Gesetz gibt.« Daß es dieses Gesetz bisher nicht gibt, belegt, was in der Vergangenheit Ehemänner mit ihren Ehefrauen tun durften: sie durften über sie verfügen. Auch die Parteien des Deutschen Bundestags sind nun endlich zur gesetzlichen Verankerung dieses Tatbestandes bereit.

Die Motive zur Vergewaltigung sind oft Wut, Gewalttätigkeit, Aggression. Die Vergewaltigung ist häufig nicht in erster Linie sexuelle Lustsuche, zumal sie bestenfalls zum Orgasmus, aber niemals zu einer beglückenden sexuellen Erfahrung führt. Sie bietet höchstens die zweifelhafte Lust, sich einen Menschen unterworfen und seine Ohnmacht genossen zu haben. Sie hat aber dennoch mit der Verdrängung sexueller Wünsche zu tun, weil destruktive Aggression oftmals aus sexueller Frustration hervorgeht.

Die Folgen dieses brutalen Eingriffs in das Recht auf sexuelle Selbstbestimmung sind bei den Frauen körperliche Verletzungen und psychische Schäden, die dadurch noch schlimmer werden, daß die Öffentlichkeit sie nicht ernst nimmt. Doch die Wirkungen reichen noch weiter. Sie betreffen auch die Kinder und mit ihnen die kommende Generation. Denn die Gewalt in der Familie, die sie erleben, zeugt neue Gewalt. Wenn die Gewalt nicht dort bekämpft wird, wo sie entsteht und wo sie von einer Generation an die nächste weitergegeben wird, verliert die Gesellschaft als ganze. Es ist darum alles zu tun, daß – auch in der Ehe – die Sexualität Sprache der Liebe werden kann. Darum muß sie gefördert werden und aus sexueller Selbstbestimmung und zärtlicher Liebe hervorgehen.

Außereheliche Sexualität

»Der Mann soll sich seiner Frau nicht als Geliebter, sondern als Gatte nähern.« Dieses Wort des Hieronymus mußte, eingegangen in die Psyche der Menschen, bewirken, daß die Befriedigung sexueller Leidenschaften außerhalb der Ehe gesucht wurde. Ehe ohne Liebe führt leicht zu »Liebe« außerhalb der Ehe.
Bis ins 16. Jahrhundert hinein hatte sich der Ehemann seiner außerehelichen Beziehungen nicht zu schämen. In der höfisch-aristokratischen Ehe galt das sogar bis ins 17. und 18. Jahrhundert, und auch für die Frau. Im Abendland herrschte zwar die Einehe als Institution zur Regelung der sexuellen Beziehungen vor. Gleichwohl unterlag die Modellierung der Geschlechterbeziehung einem geschichtlichen Wandel. »Die Kirche hat sicherlich frühzeitig für die Einehe gekämpft; aber ihre strenge, für beide Geschlechter verbindliche Gestalt als gesellschaftliche Institution gewinnt sie erst spät, nämlich erst im Zuge der immer strengeren Triebregulierung; erst dann nämlich wird auch für den Mann die außereheliche Beziehung wirklich gesellschaftlich verfemt oder mindestens absolut in die Heimlichkeit verwiesen« (N. Elias).
Man kann verallgemeinernd von einer Aufgabenteilung in der Sexualität sprechen: die gemäßigte Sexualität zur Fortpflanzung in der Ehe, wobei auf die »Heiligkeit« der Stunde und des Vorgangs zu achten war; die leidenschaftliche Sexualität zum Vergnügen außerhalb der Ehe – und neben ihr –, wobei alles erlaubt war. Nicht umsonst nennt man heute noch allein den Sexualpartner außerhalb der Ehe die »Geliebte« bzw. den »Geliebten«. Die Einschränkung sexueller Erfahrungen in der Ehe auf den leidenschaftslos zu erreichenden Gattungszweck hatte und hat böse Folgen.
Mit dem Verbot der Sexualität in der Ehe hängt wohl auch der »Reiz« der Sexualität in der Prostitution zusammen. Das Gewähren sexueller Dienstleistungen für Geld – meistens durch Frauen für Männer, weniger durch Männer für Frauen, mehr durch Männer für Männer, fast gar nicht durch Frauen für Frauen – ist

weit verbreitet und in vielen Ländern gesetzlich zugelassen. Es hat eine lange Geschichte und war zeitweise selbstverständliche, öffentlich anerkannte Praxis.

Das (eine) Dilemma ist allerdings dies: Männer suchen weibliche Prostituierte auf, um Sex zu haben; weibliche Prostituierte stellen ihre Dienste Männern zur Verfügung, um Geld zu haben. Darum ist das Erleben von Sexualität in der Prostitution in aller Regel kein Genuß, höchstens Entspannung. Die Prostitution bezieht ihren (scheinbaren) Reiz aus den Versprechungen, die sie macht, die sie aber nicht hält. Sie befriedigt halbwegs Sex-Bedürfnisse, läßt die emotionalen und sozialen Wünsche aber gänzlich leer.

Das (andere) Dilemma ist dies: die Frauen, die sexuelle Dienstleistungen anbieten, werden von den Männern, die sie annehmen – der Gesellschaft der Männer, nicht unbedingt vom einzelnen Kunden – verachtet. Das zeigt die ganze Widersprüchlichkeit unserer traditionellen Einstellung zur Sexualität.

Die Last neuer Pflichten

Die sexuelle Freizügigkeit, die sich im Zuge der liberalisierenden Sexualaffirmation seit Mitte der sechziger Jahre dieses Jahrhunderts eingestellt hat, hat nicht von der pflichtgemäßen Sexualität entbunden. Sie hat nämlich neue Pflichten gebracht. Auch Pflichten, die Menschen überfordern und verletzen können. Ich will daran nur erinnern, weil anderswo – in »Glut der Begierde – Sprache der Liebe« (vgl. u. a. S. 29ff., 253ff.) – ausführlich davon die Rede war.

Der Zusammenhang ist dieser: Die sexuelle Liberalisierung hat möglich gemacht, was vordem verboten war. Die Möglichkeiten schlugen in Erwartungen um. Denn was nun endlich möglich war, mußte auch erwartet werden dürfen. Die Erwartungen wurden, je mehr sie sich als selbstverständlich gaben, zu neuen Normen. Wer sich nicht so verhielt, wie es möglich geworden war und allgemein erwartet wurde, der mußte sich als nicht normal empfinden. Er widersprach den neuen Normen.

Nachdem – im Sexuellen – alles möglich war, konnten auch die Medien in Bildern und Geschichten davon erzählen. Und so setzten die Filme und Bücher neue Maßstäbe des Normalen. Wer hinter jenen zurückblieb, erlebte sich als zurückgeblieben. Wer ihnen zu entsprechen suchte, setzte sich unter Druck. Und weil Filme und Bücher häufig schönen und als normal ausgeben, was in Wirklichkeit so nicht oder nur selten vorkommt, wurden Maßstäbe des Normalen gesetzt, die lügen. Ich bin davon überzeugt, daß sich viele Zeitgenossen von solcher Scheinnormalität verführen lassen: Jugendliche, die ihr zu folgen suchen, weil sie »richtig« sein wollen; und erwachsene Kulturkritiker, die die Scheinnormalität mit der konkreten Realität verwechseln.
Die psychischen Veränderungen, die mit der sexuellen Liberalisierung einhergingen, schildert R. May treffend so: »Wo die Viktorianer nicht wollten, daß irgend jemand bei ihnen sexuelle Empfindungen vermutete, genieren wir uns, wenn wir Sex nicht wollen . . . Der viktorianische Mann und die viktorianische Frau entwickelten Schuldgefühle, wenn sie Sexualität erlebten. Wir fühlen uns heute schuldig, wenn wir sie nicht erleben.« Die neuen Normen drängen also nicht nur zu einer manchmal verzweifelten Praxis, sondern auch in neue Schuldgefühle. Und damit gilt: Sexuelle Freizügigkeit bringt nicht automatisch sexuelle Erfüllung. Die neuen Forderungen sind oft auch Anforderungen und Überforderungen. Sie bewirken das subjektive Erlebnis defizitärer unvollständiger und fehlerhafter Existenz. Wir sollten alles tun, um Menschen davon zu befreien.

2. Das Spiel des Eros

Wenn es so ist – und ich bin überzeugt, daß es so ist –, daß in den sexuellen Erfahrungen der Erwachsenen mehr oder weniger intensiv und bewußt die Erfahrungen des Kindes – die Erfahrungen der Geborgenheit in der Nähe der Mutter, die der Wärme ihres Körpers, die der Befriedigung des Bedürfnisses nach lebendiger Nahrung und zärtlicher Liebe – mit förderlicher oder hinderlicher Wirkung reaktiviert werden, dann hat die Sexualität der Erwachsenen etwas von der spielerischen Existenz des Kindes. Das Kind in ihm will spielen. Es will spontan und kreativ Bedürfnisse und Interessen mitteilen und austauschen. Und es will dies in der Körpersprache tun. Es hat darum Sinn, wenn wir von »Liebesspiel« sprechen und damit die Zärtlichkeiten meinen, die sich Liebende gewähren und die sie voneinander annehmen, wenn sie einander sexuell begegnen wollen.

Sexualität als Spiel

Der Spielcharakter der Sexualität steht gegen jede Verzweckung der Sexualität. Er steht sowohl gegen die traditionelle In-Dienst-Nahme der Sexualität für den Gattungszweck, als auch gegen die modernistische Funktionalisierung der Sexualität für den Markt. Doch steht er auch gegen jede Interessengelenktheit der Sexualität, wenn junge Erwachsene sie als Beweis der Liebe voneinander verlangen oder erwachsene Kinder sie zum Symbol ihrer jugendlichen Kraft mißbrauchen. Im Spiel ist die Sexualität ganz bei sich, sinnvoll aber zweckfrei.
Wie im Spiel suchen die Menschen in der Sexualität den Wechsel von Spannung und Lösung. Freud hatte in seinem Triebmodell der Sexualität u. a. die Behauptung aufgestellt, die sexuelle Handlung ziele auf den Abbau der unerträglichen Spannung, in die der Organismus permanent – durch Produktion von Libido – komme. Darum sei auch der Orgasmus immer wieder nötig. Wäre das so, stünde das gegen den Spielcharakter der Sexualität. Tatsächlich suchen wir nach Spannung. Unser Interesse und unsere Neugierde lassen uns immer wieder Situationen aufsuchen, die den Alltag unterbrechen und Spannung aufbauen, um dann zur Lösung der Spannung zu führen. Sexuelle Erfahrungen haben davon etwas. Darum können sie auch das Leben von Liebenden in Spannung versetzen und bereichern.
In der menschlichen Sexualität hat menschliche Kreativität ihren

Sitz. Deshalb fallen wohl auch gerade kreative Menschen – Künstler und Aussteiger – durch ihr unorthodoxes Sexualleben auf. Aber vielleicht kann sich durch geglückte – menschenfreundliche und menschenwürdige – sexuelle Erfahrungen Kreativität einstellen. Die Fruchtbarkeit, ein Sinn sexueller Erfahrungen, wirkt sich auf die Verlebendigung der Partnerbeziehung und der Partner selbst aus.
Im Spiel wird – wie in der Sexualität – soziale Zuwendung erprobt. Darin setzt man sich selbst um der Zuwendung zu anderen und der Begegnung mit andern willen aufs Spiel. Ohne dieses Spiel läßt sich der andere und lassen sich die anderen kaum wirklich entdecken. Nicht ohne Grund ist – biblisch gesehen – die sexuelle Begegnung ein »Erkennen« (Genesis 3,1).
Das alles will gelernt sein und darf, ja muß gelernt werden. Wir sollten darum gelassen das Spiel der Liebe zulassen und alle Bedingungen dafür bereitstellen, daß es möglichst gelingt.

Eine neue Kultur der Erotik

Wir brauchen eine neue Kultur der Erotik. Nicht nur eine Kultur der Erotik in der Ehe, sondern eine Kultur der Erotik überhaupt. Wir brauchen differenziertere Zärtlichkeit im Umgang miteinander; die Fähigkeit und Bereitschaft, das Liebenswerte und die Liebenswürdigkeit des anderen, auch des gegengeschlechtlichen anderen, wahrzunehmen und auszudrücken. Warum sagen wir einander so selten: »Du hast dich heute aber schön gemacht«; oder: »Ich mag dich«; oder »Du gefällst mir«? Wir erleben solche Ausdrucksformen von Sympathie entweder als leere Komplimente – verstehen ja auch kaum, darauf ernsthaft und angemessen zu reagieren – oder als erste Stufe der Verführung. Daran wird deutlich, daß wir einer spielerischen-erotischen Kultur entbehren.
Könnte es Angst vor erotischer Kultur geben? Wenn »Eros« die Freude am attraktiv Liebenswürdigen, und »Agape« die Beja-

hung des unattraktiv Liebebedürftigen ist; anders: wenn der Eros die Liebenswürdigkeit des Geliebten vorfindet und, von ihr angezogen, auf sie antwortet, während die Agape dessen Liebenswürdigkeit durch Zuwendung erst hervorbringt, dann wird verständlich, wieso der Eros – anders als die Agape – in einer sexualdefensiven Kultur als gefährlich erlebt werden mußte. Wer sich einem attraktiv Liebenswerten nähert, verfällt leicht dessen Faszination. Wer sich Leidenden, Kranken, Sterbenden, Unglücklichen zuwendet, entgeht solcher Gefahr. Er bleibt Herr seiner selbst und muß nicht fürchten, sich als Subjekt gänzlich aus der Hand zu geben. Wer erotisch liebt, nicht wer agapisch liebt, kann seinen Kopf verlieren.

Im Zuge des Zivilisationsprozesses der bürgerlichen Gesellschaft erfährt die erotische Kultur eine Wiederbelebung. Die »Lebensbedingungen einer Kultur, welche die private Freiheit und den allgemeinen Wohlstand fördert«, führen – so M. Horkheimer – innerhalb der patriarchalischen Familie zu einer »Ahnung eines besseren menschlichen Zustands«. Die Entfremdungserfahrungen bringen Gegenbilder hervor. Die Frau wird entlastet von schwerer Hausarbeit. Der Mann frei dazu, ihr beizustehen in der gemeinsamen Familie. Ein neues Bild weiblichen Wesens und geschlechtlicher Eigenart bringt eine neuartige Erotik hervor. Ein neues Vermögen männlicher Zärtlichkeit zeigt sich. Partnerschaft als Kommunikation Gleichwertiger stellt sich ein. Die sexuellen Beziehungen können nun »prinzipiell aus ihrer eigenen, humanen Qualität begriffen werden«.

Voraussetzung für eine erotische Kultur ist, nach der treffenden Feststellung von A. Grabner-Haider, »die Sensibilisierung des Menschen: daß wir empfindlich werden für das, was in uns vorgeht, was wir fühlen und was uns der eigene Körper sagt«. Und das alles, so sage ich ergänzend, als Voraussetzung dafür, daß wir sensibel werden für das, was in anderen vorgeht, was sie fühlen und was uns ihr Körper sagen will. Grabner-Haider fordert Offenheit für Gefühle und für authentisches Erleben. Er sieht im Streben nach Macht, Ansehen, Prestige, Besitz, Konsum, Gewinn und Leistung die Suche nach Ersatzbefriedigung für verdrängte Gefühle. Zu authentischem Erleben gehört die Fähigkeit zum Spiel: die Bereitschaft zu verweilen, sich Zeit zu nehmen, bei der »Sache« zu bleiben, sich in sie zu versenken. Mit einer neuen Kultur der Erotik könnte der Mensch zu seinem Menschsein zurückfinden.

Erotik und Fremdheit

Noch eine weitere Bedingung ist für die Kultur der Erotik anzusetzen. Erotische Leidenschaft ist offensichtlich gekoppelt an das Fremde, Neue, Überraschende, Aufregende des Partners oder der Beziehung. Es scheint, als ob sexuelle Beziehungen, lange unterhalten und auf Dauer gestellt, trivial werden könnten. Darum wollen manche auch immer wieder aus ihnen ausbrechen, um neue Erlebnisse mit »fremden« Partnern zu haben. Sie berauben sich dadurch zwar der Tiefe der Erfahrung, die mit dem vertrauten Partner in der Dauerbeziehung möglich ist. Doch sie belegen, daß trivial gewordene Sexualität durch Elemente der Fremdheit verlebendigt werden kann. Wer die Sprache der Liebe spricht, sucht sie *in* der Dauerbeziehung zu realisieren, und dazu gehört allemal eine phantasievolle Offenheit für Elemente der Fremdheit.

Viele wissen aus eigener Erfahrung oder vom Hörensagen: nach einem Streit ist die sexuelle Erfahrung besonders intensiv. Streit läßt, so sehr er auch weh tut, den Partner neu als fremd erleben. Er zeigt womöglich unerwartete Seiten, die ihn aufregend erscheinen lassen und die nicht leicht in die Beziehung integrierbar sind. Darum ist der menschlich ausgetragene und versöhnt bewältigte Streit für eine Beziehung belebend. Er verfremdet und intensiviert auch die Sprache der Liebe.

Zur Kultivierung der Erotik gehört die *Verfremdung* der Beziehung. Sie geschieht manchmal sogar durch zeitweisen Verzicht oder vorübergehende Trennung. Sie könnten eine produktive Fremdheit zwischen (allzu) vertrauten Partnern schaffen. Förderlich ist auch, die Routinierung sexueller Erfahrungen aufzuheben und neue Bedingungen des Ortes, der Zeit und der Vollzugsform zu schaffen.

Der Ernst des Spiels

»Wer mit dem Feuer spielt, kommt darin um.« – Jedermann kennt dieses Wort und ist davon überzeugt, daß es ein Körnchen Wahrheit enthält, obwohl Feuer auch wärmt und leuchtet. Es ist zu vermuten, daß ebenso gilt: Wer mit der Sexualität spielt, kommt dadurch um. Was ist der Wahrheitsgehalt dieses Satzes?

Die Sexualität ist nicht einfach ein harmloses Vergnügen oder allein Medium friedlicher Kommunikation. Freud schon hatte sie als die gefährlichste Beschäftigung des Menschen bezeichnet. Die Sexualität ist mit starker Sehnsucht und starker Angst verbunden, die in Konflikte und in Wut führen können. In ihr können auch die destruktiven Potentiale des Menschen ausbrechen – und sie tun es bekanntlich nicht selten. So sehr daran lebensgeschichtliche Erfahrungen ursächlich beteiligt sein mögen, die Geschick und Schuld zugleich sind: nicht immer sind die Individuen allein verantwortlich zu machen. Sie unterliegen dem Zwang der entfremdenden und entfremdeten gesellschaftlichen Verhältnisse, in denen sie existieren. In einer verkehrten Welt kann es keine richtige Sexualität geben (V. Sigusch).

Die Freiheit des Spiels kann bedroht sein, wenn Lust in Lüsternheit, Wechselseitigkeit in Einseitigkeit, wenn Liebe in Egoismus umschlagen. Darum bedingen sich sexuelles Lieben und sexueller Verzicht gegenseitig. Wenn man mit beiden Erfahrungen vertraut ist, ist man keiner ausgeliefert. Erst als Vollzug von Freiheit sind sexuelle Erfahrungen menschlich. Ohne Verzicht verkommt die Sprache der Liebe zum Gerede. Wie allerdings das sexuelle Lieben, so ist auch das sexuelle Verzichten nur von persönlichem Wert, wenn es der freien Entscheidung entstammt (G. Brown). Die Menschen wissen sowohl um die Sinnhaftigkeit wie die Nicht-Notwendigkeit, um die Fröhlichkeit und die Gefährdung ihrer Sexualität. Sie können das Spiel verlieren – und das macht ängstlich und verletzlich.

3. Das Spiel der Fantasie

Zum Spiel der Sexualität gehört auch das Spiel der Fantasie. Zu ihm gehört die spielerische Vorwegnahme und das spielerische Einüben sexueller Erfahrungen und Begegnungen in der Fantasie. Ihr produktiver Beitrag an der menschlichen Sexualität wird in der Regel unterschätzt. Die Fantasie formt sexuelle Erfahrungen. Das eigentlich sexuell Erregende und Faszinierende ist nicht das sinnlich Wahrgenommene: etwa ein nackter Körper; dieser kann gänzlich belanglos bleiben. Das eigentlich Stimulierende sind unsere darauf bezogenen Fantasien. Insofern steckt in der Behauptung, das zentrale Sexualorgan des Menschen sei sein Gehirn, viel Wahrheit.

Die Ablehnung aller »häßlichen Vorstellungen«

Die Tradition katholischer Sexualpädagogik kennt nicht nur den Begriff der »delectatio morosa«, (»Lüsternes Verweilen«), der jedwede vergnügliche gedankliche Beschäftigung mit der Sexualität verbot und darum – wie Tiefenpsychologen behaupten – zum Motiv für neurotische Verdrängung und möglicherweise Erkrankung wurde. Sie kennt auch das Verbot der auf Sexuelles bezogenen Fantasie überhaupt.
Sexuelle Fantasien galten als Versuchung der Gedankenwelt und als gefährliche Gelegenheiten zur Sünde. A. Stolz warnt in einer Predigt über den heiligen Joseph (!) drastisch: ». . . wenn unwillkürlich unreine Gedanken kommen, dieselben ganz schnell gleichsam abschütteln wie einen Feuerfunken, der auf das Kleid fällt. Eine Minute lang liegengeblieben, . . . brennt der unreine Gedanke eine Todsünde in die Seele«. Ähnlich andere: »Die

sexuellen Reize gewinnen ihre Macht über die Seele vor allem mit Hilfe der Phantasie.« Darum: »Ein sehr wichtiger Punkt ist die Hygiene der Phantasie.« Das Schamgefühl ist »der beste und wichtigste Schutz vor den eigenen Gedanken« (F. W. Foerster). »Und die Hygiene der Phantasie ist ja doch das Wichtigste, weil die sexuellen Reize ihre größte Gewalt durch die Eroberung der Phantasie erlangen« (F. Walter). Gatterer und Krus wollen »die Behütung vor Infektion der Einbildung mit häßlichen und gemeinen Vorstellungen«. Thalhofer spricht von der »Gefahr ausschweifender Phantasietätigkeit«. Dagegen helfe die Schamhaftigkeit. Sie will »eines der vorzüglichsten unter jenen Mitteln sein, indem sie zugleich das stärkste Gegengift gegen innere Unreinigkeit und schmutzige Bilder der Einbildungskraft sein wird«. Schließlich Schröteler: »Erst in der Phantasie, der großen Gauklerin, werden die Reize (von außen) zur besonderen Gefahr. Sie spinnt das, was die Sinne nüchtern geboten, weiter. Wir wissen heute aus der Erscheinung des Tagträumens, die besonders in den Reifejahren einsetzt, in wie große Gefahren die Phantasie den jungen Menschen zu bringen vermag . . . oft tage- und wochenlang spinnt sich ein vollständiger Roman, der voll von erotischen Szenen ist, fort.«

Selbst noch Reuß stellt die Regel auf: »Ich will mir nicht bildhaft ausmalen, was wir jetzt nicht tun dürfen. Gerade dieses Behüten in der Phantasie, das sehr schwer ist und so viel Zucht braucht, daß nur Liebende sie aufbringen, läßt die Liebe wachsen.« Unkeuschheit sei »auch dann schon gegeben, wenn der nicht seinsentsprechende Gebrauch der geschlechtlichen Befähigung im Denken beschlossen ist . . .« So warnen denn auch die sexualpädagogischen Richtlinien der deutschen Bischöfe (1964) vor dem Gebrauch der »geschlechtlichen Betätigung in Gedanken« und fordern die »Zucht der Phantasie«. Der Kommentar von K. Breuning: »Die Richtlinien haben offenbar kein Verständnis dafür, daß der Jugendliche ein ganz legitimes Interesse an der Sphäre des Geschlechtlichen hat, das natürlicherweise auch seine Phantasie beschäftigt und beschäftigen darf.«

Fantasie als Entwurf und Vorwegnahme

Menschen kommen kaum zu gelungener sexueller Erfahrung, ohne diese in ihrer Fantasie vorweggenommen und sich so auf sie eingestellt zu haben. Fantasietätigkeit ist vorweggenommener Entwurf. In ihr werden Möglichkeiten sexuellen Erlebens und Handelns im Vorstellen und Denken durchgespielt. Das ist Voraussetzung sexueller Praxis. Das Verbot der Fantasie blokkiert fast immer entsprechende Wünsche und Versuche, zumeist zur psychischen Belastung der Betroffenen. Wer Sexuelles in seiner Fantasie nicht zulassen kann, kann es sich in der Realität nicht erlauben. Ihm fehlt die Freiheit zur sexuellen Erfahrung. Borlinghaus fordert demgemäß unter Berufung auf E. Spranger, der die Einbildungskraft als Quelle der idealisierenden Vorstellung von Liebe betrachtet und darin zugleich auch eine Quelle kreativer geistiger Leistungen gesehen hat, die Einbettung der Sexualität »in die Funktionen von Einbildungskraft, Phantasie, Vorstellungskraft und Träume«. »Ohne Kultur des Spiels und der Phantasie kann es auch keine kultivierte Sexualität geben« (E. Ringel – A. Kirchmayr).

Geglückte Sexualität ist zudem nicht nur ein körperliches Erlebnis. Sie wird mitbestimmt und mitgefüllt von begleitenden Vorstellungen. Fantasien und Tagträume machen die spezifisch menschliche Qualität der Sexualität aus. »Was wirklich zählt, sind all die Vorstellungen und Wahrnehmungen, die Sexualität für uns als Individuen wirksam werden lassen«, so Masters und Johnson. »Nicht der Körper ruft das sexuelle Verlangen hervor, sondern der Geist«, so E. Haich. »Den Flug der Gedanken zu enthüllen, kann eine noch größere sexuelle Vertrautheit bedeuten als körperliche Nacktheit«, so A. Watts. G. Brown erläutert das an einem Beispiel: »Ein Kuß mag nur ein Kuß sein, aber meistens ist er ein Versprechen, daß das noch nicht alles war. Ohne das, was sich geistig gleichzeitig abspielt, ist ein Kuß nicht unbedingt etwas Erfreuliches. Wenn Sie das bezweifeln, lassen Sie sich auf einer Party einmal die Augen verbinden und küssen, ohne daß Sie wissen, wer Ihnen den Kuß gibt. Der Wunsch zu wissen, wer Sie geküßt hat, ist sehr viel stärker als das Erlebnis des Kusses selbst.«

Darum sind, U. Keller-Husemann zufolge, sexuelle Fantasien als solche »ein wichtiger und kreativer Bestandteil des menschlichen Sexuallebens. Die Verständigung darüber und die mögliche Realisierung sind im positiven Sinn an den zwischenmenschlichen Kontakt gebunden. Der spielerische Umgang mit Fantasie und Wünschen schafft ein erotisches Spannungsfeld, einen zwischenmenschlichen Spielraum des gegenseitig akzeptierbaren sexuellen Erlebens und Verhaltens«. Doch nicht nur in der Beziehung zum Partner ist die Fantasie von Bedeutung. Schon in der Beziehung zu mir selbst. Die gedankliche Vorwegnahme des Sexuellen ist Bedingung der Möglichkeit seiner Erfahrung. »Der Wunsch nach körperlicher Vereinigung ist ein Gedanke, bevor er zur Tat wird« (G. Brown).

Aber einmal abgesehen von der antizipierenden und produktiven Funktion der Fantasie: Fantasiebilder, Vorstellungen, Wünsche, Erwartungen von sexuellen Erfahrungen sind da. Wir finden sie, sofern wir gesund sind, in uns vor. Wir werden sie darum annehmen müssen und mit ihnen umgehen lernen. »Ohne Auseinandersetzung, die wesentlich auch die Phantasie betrifft, kann es zu keiner Kultivierung der Sexualität kommen. Der gefährlichste Feind der Auseinandersetzung ist aber die Verdrängung und Abspaltung« (E. Ringel – A. Kirchmayr). Fantasiebilder dürfen nicht verboten werden, wenn nicht eine Art Schizophrenie hervorgebracht werden soll: das Gefühl, gänzlich anders zu sein, als man sein soll, beziehungsweise als es offensichtlich »normal« ist.

Die Flut der Bilder und Geschichten

Es geht somit nicht darum, ob wir Fantasien zulassen oder verbieten, sondern welche Bilder und Geschichten wir in uns tragen und anderen vermitteln. In diesem Zusammenhang scheint mir bemerkenswert, daß E. Ringel und A. Kirchmayr die herr-

schende und weithin verlogene Ablehnung jeder erotischen Literatur und Kunst kritisieren. Dies ist ihnen »Ausdruck dafür, daß der Aspekt der Phantasie verdrängt und entwertet wird«.
Ich bin sicher, daß Ringel und Kirchmayr nicht Pornografie gemeint haben. Zwar kommen Erwachsene und Jugendliche, Frauen und Männer, Mädchen und Jungen – in der Regel – irgendwann einmal mit Pornografie in Berührung. Die Zeitschrift »Psychologie heute« hat 20000 Leser befragt, ob sie jemals erotisches Material zur sexuellen Stimulation benutzt hatten. Die Frage wurde von 92% der Männer und 72% der Frauen bejaht. Auch der Bericht der US-Kommission »Obscenity and Pornography« belegt, daß 80% der Jungen und 70% der Mädchen vor dem 18. Lebensjahr erotisches Material zu sehen bekamen. Doch ist dieser Kontakt nicht unschädlich. Jedenfalls ist nicht sicher, daß er unschädlich ist, wenn auch Sexualstraftäter im allgemeinen weniger Pornografie ausgesetzt sind als nicht straffällig gewordene Menschen und das gleiche für Jugendliche gilt, die ein Sexualverbrechen begangen hatten. Darum wird man sich und andere vor Pornografie bewahren, besonders vor der harten Pornografie, in der sich Sexualität und destruktive Aggressivität verbinden. Pornografie ist entwürdigend, und das für Frauen und Männer gleichermaßen. »In der Regel sind Frauen in der Pornografie als Objekte dargestellt, die den Mann bedienen und sein Bedürfnis nach unpersönlichem Sex stillen. Das ist entwürdigend, die Frau wird entmenschlicht und ausgebeutet. Auch den Männern ergeht es nicht viel besser, da sie als nur an Sex interessiert dargestellt werden, je ausgefallener, desto besser, mit einem Penis, der immer steif, ungeheuer lang und ausdauernd ist – aber sie selbst sind zu Zärtlichkeit und Empfindsamkeit nicht fähig. Obwohl es der Frau schlechter ergeht, können auch die Männer sich beklagen« (M. Carrera). Pornografie bietet in aller Regel eine geschönte Sexualität: retouchierte und geschminkte Körper, aspekthaft reduzierte sexuelle Verhältnisse.
Vermutlich haben Ringel und Kirchmayr sagen wollen, daß die rigorose Tabuisierung von erotischen Bildern und Geschichten, wie sie vor allem in kirchengesellschaftlichen Kreisen üblich ist,

kontraproduktiv wirkt. Es wäre demgegenüber darauf zu achten, daß die Fantasie mit guten Bildern und Geschichten genährt wird. Und das sind solche, die der Ästhetik des menschlichen Leibes Raum geben und nicht allein erregen wollen; die die Möglichkeiten sexuellen Leibes realistisch zeigen und nicht verführen wollen.

An den von vielen als schamlos empfundenen bildlichen und filmischen Darstellungen der Sexualität ist, wie ich glaube, nicht vor allem der obszöne Aspekt wichtig. An nackten Körpern, sexuellen Bildern und erotischen Szenen kann man viel vertragen. Und was ihre schädigende Wirkung betrifft, so handelt es sich vielfach um ungeprüfte Vorurteile. Sicheres Wissen besitzen wir darüber noch nicht. Es ist eher der psychologische Aspekt, der schadet: Die Erwartungen an die Sexualität, die Überzeugungen von den sexuellen Möglichkeiten, die man hat, und von dem menschlichen Glück, das aus ihnen hervorgehen soll, werden unrealistisch hoch, so daß Enttäuschungen programmiert werden, mit allen Folgen für die Minderung des Selbstwertgefühls und die Schädigung der Beziehungsfähigkeit, die aus solchen Enttäuschungen stammen. Und es schädigt der normative Aspekt: Die totale Veröffentlichung des Sexuellen im Zuge der Kommerzialisierung bringt neue Normen hervor. Es ist »die Proliferation unrealistischer Standards«, die »Fehlnormung der Heranwachsenden«, die bedenklich stimmen. Hier ist kritische Reflexion vonnöten.

Schon kleine Kinder suchen mit der »leidenschaftlichen Stärke ihrer Vorstellungskraft« (N. Elias) einen Zugang zur geheimnisvollen Welt des Sexuellen. Sie fantasieren, daß Kinder durch den Mund der Mutter in deren Bauch gelangen (Zeugung, Schwangerschaft) und durch den After oder den Bauchnabel den mütterlichen Körper wieder verlassen (Geburt) – in Aufnahme und Verarbeitung alltäglicher Erlebnisse, daß Menschen dick werden, wenn sie viel essen, und daß das Gegessene auf dem Weg über die Ausscheidung wieder zum Vorschein kommt. »Unerklärbare Wirklichkeit wird . . . durch produktive Phantasie ersetzt, um erste Zusammenhänge zu bewältigen.« Diese Fähigkeit müssen wir ihnen erhalten.

Die Zucht der Fantasie

Man darf nun freilich auch die andere Seite der Fantasie nicht herunterspielen. Das Sexuelle spielt mit der Einbildungskraft. Sie lenkt das Begehren. Nach Rousseau bestimmt die Einbildungskraft, ob das Herz gleichgültig bleibt oder ob Liebe entsteht. Wenn nicht der körperliche Akt der sexuellen Erfahrung, sondern die ihn umspielende Fantasie das Lieben stiftet, dann kommt der Einbildungskraft eine außerordentliche Bedeutung für sexuelles Glück und sexuelles Lieben zu. Selbst die Pornografie und die Prostitution leben – wenigstens teilweise – davon, daß sie die Befriedigung des imaginären Begehrens suggerieren, das sich auf sie richtet. Mehr als in anderen Wirklichkeitsbereichen verwischen sich in der Sexualität Imaginäres und Reales, was die Grenzziehung zwischen Fiktion und Wirklichkeit erschweren kann.

Insofern gibt es auch unproduktive Fantasie. Sexuelle Fantasien können verwirren und belasten. Sie können den Menschen mit sexuellen Bildern überschwemmen. Dabei ist die Fantasie oft bevölkert von sexuellen Mythen, die sich von den Märchen früherer Großmütter wenig unterscheiden. Hier bedarf es der Klärung. Es ist eine sexualpädagogische Aufgabe, die Jugendlichen von beunruhigenden Fantasien zu entlasten. Dabei ist wichtig, daß die Fantasien ausgedrückt werden, im Gespräch oder – noch besser – in Geschichten oder Bildern. »Die Korrektur der (beunruhigenden) Fantasie durch allmähliche Information und Bearbeitung bringt sie zum Verschwinden« (T. Brocher).

Freundschaft
Selbstbefriedigung
Homosexuelles Lieben
Heterosexuelles Lieben

Von der ehezentrierten
zur liebegeprägten Sexualität

Nicht die Ehe, sondern die Liebe macht sexuelle Erfahrungen gut. Und wo gute sexuelle Erfahrungen in der Ehe gemacht werden, sind diese nicht gut, weil die Partner verheiratet sind, sondern weil die Verheirateten sich lieben und ihre Sexualität Sprache ihrer Liebe ist. Darum ist alles sexualpädagogische Handeln darauf gerichtet, das Lieben zu ermöglichen und Sexualität zur Sprache der Liebe werden zu lassen.
Der – gedankliche – Weg von der ehezentrierten zur liebegeprägten Sexualität macht ernst damit, daß die Sexualität in der Neuzeit – wie die Religion – von der Institution ins Subjekt gewandert ist. Nicht mehr die institutionelle Einbindung, sondern die personale Betroffenheit ist entscheidend. Dabei wird das Institutionelle nicht abgelehnt. Es wird nur auf seine orientierende und sichernde Funktion zurückgenommen – dies allerdings entschieden.

1. Vom Primat der Liebe

Sexualität begreife ich als Sprache der Liebe. Sie ist – im Sinne der Sinnvielfalt der Sexualität – Medium einer identitätsstiftenden, Geborgenheit gewährenden, Lust machenden und fruchtbares Leben schaffenden Liebe. Sexualerziehung ist darum auch Erziehung zum Lieben.

Liebe, und dann tu, was du willst

Vom Primat der Liebe im christlichen Ethos handelt das sexualethisch und sexualpädagogisch immer noch beachtenswerte Werk von A. Adam. Adam formulierte direkt und unverblümt: »Die Liebe ist die Königin aller Tugenden. Sie ist nicht nur die wichtigste von ihnen, sondern sie muß ... in allen anderen Tugenden als betreibende Kraft, als beseelende Energie verborgen sein. Wo die Liebe fehlt, ist jede andere gute Eigenschaft nur

Schein . . . Auch die Keuschheit würde ohne die Liebe zum edlen Tugendstolze, zu einer ›Lampe ohne Öl‹, wie der heilige Bernhard sagt.« Adam wandte sich gegen die seinerzeit übliche Verengung des Begriffs der Sittlichkeit auf sexuelle Sittlichkeit und gegen die Verdrängung der Liebe aus der Mitte sexueller Sittlichkeit zugunsten anderer »Tugenden«, wie der Enthaltsamkeit, der Jungfräulichkeit oder der Keuschheit. Er will den Primat der Liebe. Das will sagen: Die Liebe ist das Zentrum des Ethos der Sexualität wie überhaupt allen Ethos'.

Inzwischen findet das breite Zustimmung. So faßte das Arbeitspapier der Gemeinsamen Synode der Bistümer in der BRD »Sinn und Gestaltung menschlicher Sexualität« (1973), nachdem es den vierfachen Sinngehalt der Sexualität dargelegt hatte, diesen mit der Bemerkung zusammen: »Das sexuelle Gesamtverhalten findet in der Liebe das einende und formende Prinzip.« Die Synode nahm damit auf, daß das Zweite Vatikanische Konzil erstmals in der Geschichte der katholischen Doktrin der Sexualität einen Eigenwert als Ausdruck der (ehelichen) Liebe zuerkannt hatte.

So gibt erst die Liebe der Sexualität ihre menschlich erfüllende Qualität. Und dies gilt sowohl in der Ehe als auch unter Nicht-Verheirateten. Lust und Intimität ohne Liebe sind, wo sie auch immer erfahren werden, verminderte Lust und frustrierende Intimität. Wir wissen, »daß Sex und Liebe zwar zusammenhängen, aber dennoch zwei verschiedene Dinge sind. Wir wissen, daß sexuelles Begehren nicht notwendigerweise Liebe voraussetzt. Wir wissen, daß befriedigende Sexualerlebnisse auch ohne viel Liebe möglich sind. Das ist nicht der entscheidende Punkt. Denn wir wissen andererseits auch, daß die größten und intensivsten sexuellen Erlebnisse in Zusammenhang mit Liebe und als Ausdruck von Liebe vorkommen« (N. Branden).

Liebe und Ehe

Das Verhältnis von Liebe und Ehe ist prekär. Liebe und Ehe fallen weder dem Anspruch nach (Geschichte) noch den Tatsachen nach (Gegenwart) einfach zusammen. Darum ist es nicht möglich, die geglückte sexuelle Erfahrung an die Ehe zu binden. Denn Ehe und Liebe können verbunden sein. Sie sind es aber nicht zwangsläufig.

Ich denke jetzt nicht an die Paare, die einander zu lieben glauben, sich die wahren Motive ihrer Eheschließung aber gar nicht bewußt machen können und sich womöglich über sie täuschen. Ich denke daran, daß man viele Jahrhunderte lang nicht aus Liebe heiratete; ja daß die Liebe oft sogar als eine Ehe eher störend – weil destabilisierend – angesehen wurde. Änderungen darin verdanken wir vor allem der Romantik und dem Liberalismus des frühen 19. Jahrhunderts. Natürlich hat es auch vorher Eheleute gegeben, die sich liebten. Es war zudem ihre Christenpflicht, daß sie sich liebten. Doch war die Liebe in aller Regel nicht der Grund der Heirat, sondern – im besten Falle – deren Folge; und sie war nicht der zentrale Inhalt der Ehe, sondern – vielleicht – eine glückliche Beigabe.

Ehen wurden bis weit ins 19. Jahrhundert hinein – hier und da selbst heute noch – geschlossen durch Übereinkünfte von Familien. Die Heirat war eine – unter ökonomischen oder dynastischen Gesichtspunkten organisierte – Familienangelegenheit. Und sie »vereinte zwei Freunde, die einzig durch den vernünftigen Wunsch, einen sozial und ökonomisch ausgeglichenen Haushalt zu gründen, einander verbunden waren« (G. Schmidt). Das galt speziell unter den Macht, Geld oder Land Besitzenden. Geheiratet wurde der, den man verordnet bekam oder der einem nützlich erschien. Zweck der Heirat war die legitime Nachkommenschaft. Das einflußreiche Geschlecht, der reiche Bürger oder der besitzende Bauer brauchten sie, damit es mit dem Erbe seine Richtigkeit hatte.

Im 19. Jahrhundert änderte sich das. Man heiratete zunehmend aus Liebe. Seither erst gibt es die »Sympathieehe« und als Motiv und Inhalt dieser Ehe die »romantische Liebe«. »Die Liebe, an die dabei gedacht wird, ist zunächst . . . die ›vernünftige Liebe‹, d. h. Zuneigung, Kameradschaft, Freundschaft, Verständnis, nicht die leidenschaftliche, sinnliche Liebe . . .« (G. Schmidt). Leidenschaftliche Sexualität wird für die Ehe erst seit Beginn unseres Jahrhunderts – J. van der Velde – propagiert. Die literarischen Verfechter des Neuen um die Wende zum 19. Jahrhundert waren J. G. Fichte, F. Schlegel und F. Schleiermacher. »Die Liebesheirat wurde zu einer Ideologie und zur Norm« (P. Borscheid).

Die Veränderung hatte mancherlei Gründe. »Sie ist das Produkt einer vorwiegend weltlich und individualistisch ausgerichteten, das Erdenleben und persönliche Glück des Einzelnen ausdrücklich bejahenden und hochschätzenden Kultur, einer Kultur, wie sie sich in der abendländischen Welt . . . seit Beginn der industriellen Revolution und der Entstehung des kapitalistischen Wirtschaftssystems zu entfalten begonnen hatte« (N. Branden). Nach Imhof kam hinzu, daß Männer und Frauen zunehmend gleichaltrig in die Ehe traten: »Meines Erachtens war die zunehmende Gleichaltrigkeit aufgeblühter junger Körper eine tragende Mit-, wenn nicht gar die Vorbedingung jener ›Revolution der Affektivität‹ mit einer tieferen Zärtlichkeit, größeren Intimität, romantischeren Liebe, wie sie sich seit dem 18. Jahrhundert zwischen immer mehr Ehepartnern vollzog.«

Man hat sich diese Veränderung nicht so vorzustellen, als ob das alte Ehemodell überall sofort obsolet geworden wäre. Nein: noch im ganzen 19. Jahrhundert bestimmte das Geld oder der Besitz die Ehe. Nicht nur deswegen, weil sich alte Sitten nicht so leicht verändern lassen. Sondern auch deswegen, weil – in bestimmten sozialen Schichten – Geld oder Besitz vorhanden waren und ehestabilisierend wirkten und wirken sollten, anders als die unsichere und flüchtige Passion, der man als Fundament der Ehe nicht traute und mit der die Kirche sich nicht versöhnen konnte. Es bestand die Überzeugung, eine Liebesheirat könne nur gut enden, wenn ein entsprechendes Vermögen da sei. »Die Ehe auf

einer geistig-körperlichen Liebe aufzubauen, war für viele nur ›schamlose Lüsternheit‹« (P. Borscheid).
So ist es nicht verwunderlich, daß bis ins 20. Jahrhundert hinein die Sympathieehe als fragwürdig erschien und Ehe und Liebe auseinandergehalten wurden. Einem katholischen Universitätsprofessor des Jahres 1929 jedenfalls war es merkwürdig genug, daß den »Predigern der reformierten Ehe die Ehe aus sympathischer Neigung die einzig mögliche und gerechtfertigte Eheform ist und daß sie glauben, damit die vielgenannte antike Unbefangenheit wiedergewonnen zu haben. Dabei ist aber nichts klarer, als daß die sogenannte Liebesehe eine ziemlich junge Erfindung der empfindsamen Romantik ist. Ganz Asien schloß die Ehe aus familiären Erwägungen, um eine Rasse oder Kaste oder eine Adelssippe am Leben zu erhalten. Auch der Grieche und Römer heiratete, um Kinder zu haben. Meist waren es die Eltern, die aus sogenannten Vernunfterwägungen hierüber entschieden. Wer modernen Adel oder altes deutsches Bauerntum kennt, der weiß, daß es auch hier nicht anders gehalten wird. Die Sympathieehe ist eine Kleinbürgererfindung und nicht einmal eine gute ... Die Fürsprecher der Liebe sind Anwälte des Todes« (S. Behn).
Das Verhältnis von Ehe und Liebe ist also – schon der Idee, nicht erst den Realitäten nach – durchaus prekär. Das gilt sogar noch heute: man schützt zwar die Ehe nicht mehr vor der sie – vermeintlich – störenden Liebe; dafür aber die Liebe vor der sie – vermeintlich – gefährdenden Ehe. Die Ehe mag der Liebe Sicherheit und Schutz verleihen. Sie kann sie aber auch einzwängen und ersticken. Sie kann der Liebe eine Chance geben. Sie kann sie aber nicht garantieren. Zwischen dem Institutionellen der Ehe und dem Kreativen der Liebe sucht unsere Gesellschaft heute einen Ausgleich. Gleichwohl: Das bleibend Unsichere im Verhältnis von Liebe und Ehe macht, daß – im Blick auf geglückte Sexualität – der Primat der Liebe festgehalten werden muß, einer Liebe, die weder in der Ehe immer gegeben noch allein möglich ist.

Man darf allerdings fragen, ob es nicht, damit sexuelle Erfahrungen glücken, womöglich einer spezifisch qualifizierten Liebe bedarf. Und ob nicht diese qualifizierte Liebe, wenn sie ihren dichtesten körpersprachlichen Ausdruck sucht, die Merkmale braucht, die die eheliche Liebe ausmachen. Das betont die katholische Tradition. Die deutschen Bischöfe vertreten nach wie vor die Auffassung: Die sexuelle »Hingabe und Annahme ist ihrem Wesen nach von solcher Eindringlichkeit und Endgültigkeit, daß sie nur als Besiegelung unwiderruflicher, d. h. ehelicher Gemeinschaft gerechtfertigt ist...« Sie fordern als qualifizierende Merkmale der Liebe, die sexuelle Erfahrungen rechtfertigt, Einheit und Unwiderruflichkeit. E. Ell kritisiert an dieser kirchenamtlich vertretenen Ehe- und Sexualmoral den idealistisch überzogenen Liebesbegriff, der für sexuelle Praxis eine Liebe fordere, die in der Realität, selbst der einer durchschnittlichen Ehe, kaum gefunden werde. »Die Liebe wird hochstilisiert zu einer edlen, klassischen Leiche; sie ist nicht unsere Liebe.« Ell nennt das »feine Formen des Manichäismus«.
Gegen die kirchenamtliche Forderung nach Einheit und Unwiderruflichkeit der Liebe als Bedingungen geglückter sexueller Erfahrung steht die Einstellung vieler junger Menschen, die zwar auch qualifizierende Merkmale gelten lassen, doch nur Ausschließlichkeit und Dauer verlangen, d. h. sexuelle Erfahrungen zwischen Partnern schon dann für gerechtfertigt halten, wenn beide Partner für die Dauer ihrer Partnerschaft ausschließlich aneinander festhalten. Das schließt zwar Promiskuität aus; hat auch etwas Eheähnliches, so daß man im Blick auf die möglicherweise im Nacheinander wechselnden Partnerschaften von »sukzessiver Monogamie vor der Ehe« als der für heute typischen Einstellung sprechen konnte. Es erreicht aber nicht die Qualität ehelichen Liebens. Denn Ausschließlichkeit und Dauer sollen nicht unbedingt ein Leben lang gelten; und erst recht sind die Einzigkeit des Liebespartners (Einheit) und die Unauflöslichkeit der Beziehung (Unwiderruflichkeit) relativiert. Junge Menschen

»lieben« aus qualifizierter Liebe, aber nicht ausschließlich in der Ehe.

Das sexualpädagogische Problem ist, wie mit dieser Einstellung und Praxis junger Leute umgegangen werden soll. Und da stellt sich die Frage: Sind gleichwohl Einheit und Unwiderruflichkeit die qualifizierenden Merkmale einer Liebe, die sexuelles Lieben und Leben glücken lassen und darum als erstrebenswerte, wenn auch möglicherweise ferne Perspektive alle Erziehung zur Liebe leiten sollen?

An dieser Frage scheint mir eher strittig, wie die Perspektive ehelicher Liebe das sexualpädagogische Handeln leiten soll, als daß sie es leiten soll. Liebende, die fähig und bereit sind, im Geliebten den einzigen Menschen unwiderruflich zu lieben und in Treue ein Leben lang an ihm festzuhalten, die sich gar öffentlich – in der Heirat – dazu bekennen, realisieren die höchste Form der Liebe. Wie sie das Glück dieser Liebe genießen, so müssen sie sich auch mit dem Leid solcher Liebe versöhnen. Leid ist nämlich – unabhängig von den einschränkenden Bedingungen ihrer jeweils konkreten Lebenssituation – damit gegeben, daß sich in jeder Liebe zwei endliche und schuldfähige Individuen begegnen. Mit ihm ist erst versöhnt, wer es nicht mehr täglich neu durchleidet, sondern wem es zu einem Element seines Lebens und Liebens geworden ist. Es mag paradox erscheinen: aber Liebende vermögen gerade aus der Kraft des Leidens, sofern sie mit ihm wirklich versöhnt sind, Kraft zu intensiverem Leben und zu neuem Lieben gewinnen. Damit soll das Leid des Liebens gewiß nicht idealisiert werden. Es bleibt immer eine schlimme Störung der Liebe. Doch vermag das Leid der einen und unwiderruflichen Liebe, das Leid aus dem einem einzigen Menschen ohne sachliche und zeitliche Vorbehalte gegebenen Ja, wenn man sich mit ihm versöhnen konnte und es deswegen das Glück nicht gänzlich überschattet, mehr an Erfahrung von Sinn und Erfahrung des Gelingens zu vermitteln als eine halbierte Liebe. Darum werden wir am Ideal ehelicher Liebe festhalten als einer Perspektive, unter die ein Leben zu stellen sich lohnt.

Das bedeutet einander lebenslang treu sein: aus Liebe. Und

deshalb bedeutet es auch, einander lebenslang lieben. Treue ist nämlich nicht Ersatz für die Liebe. Treue ist Voraussetzung für sie und ihre Folge. »Treue ist, als entschiedener Wille zusammenzubleiben, koste es, was es wolle, bestenfalls eine, wenn auch notwendige Voraussetzung für die Entfaltung anderer, lebensbejahender und befreiender Tugenden, die zwei Menschen dazu befähigen, sich übereinander ... zu freuen« (D. Evans). Sie bindet nicht durch Schuldgefühle, sondern durch Freude. Treue ist zugleich eine Konsequenz der Liebe. »Wer sich in der Liebe ganz gibt, kann sich nur einem zuwenden. Zweien kann er sich nur halb geben« (H. Ostermeyer). Dabei muß man allerdings bedenken, daß das »Bis der Tod euch scheidet« lange Jahrhunderte – bis zum Ende des 18. Jahrhunderts noch – eine im Vergleich zu heute eher kurzfristige Bindung bedeutete. Das wird man mildernd berücksichtigen, wenn die Kraft zu lieben – durch zuviel Enttäuschung gestört – nicht durchhält und Paare auseinandergehen. Trennung oder Scheidung sind oft nicht nur unausweichlich, sondern manchmal auch eine Erleichterung für alle Beteiligten – selbst für Kinder. Man wird sie dennoch niemand wünschen.

Es spricht also vieles dafür, daß das Lieben dann glückt, wenn es die Merkmale der Einheit und Unwiderruflichkeit trägt, welche die Merkmale ehelicher Liebe sind. Es ist allerdings so, daß zu solcher Liebe erst wahrhaft frei wird, wer sich an sie bindet. »Darum ist ein endgültiges Eheversprechen, wenn es das ganze Gewicht der Liebe beider Partner einbringt, nichts Einengendes oder Steriles, sondern befreit nach vorne zu einem intensiven gemeinsamen Leben, das freilich immer wieder in einer neuen Verantwortung füreinander übernommen werden muß. Die Bereitschaft zu einer solchen Bindung gehört zum Ernst und zur Reife der Liebe« (K. Lehmann). Das Problem ist nicht, ob solches Lieben gut und als Zielperspektive allen Umgangs mit jungen Menschen sinnvoll ist. Das Problem ist, ob genügend erfahrungsintensive Lebensräume bereitstehen, in denen die Fähigkeit und Bereitschaft zu solchem Lieben erworben werden kann.

Doch ist nicht zu übersehen, daß sich viele Menschen zu einer solchen Liebe unfähig erleben. Sie binden sich entweder gar nicht oder treten in eine eheähnliche Gemeinschaft. Unter ihnen gibt es die Oberflächlichen, die nur an der Liebe naschen und am Leben nippen. Unter ihnen sind aber auch solche, die das Lieben ernst nehmen und die Tragfähigkeit und Verläßlichkeit ihres Liebens aufrichtig erproben wollen, ehe sie sich einem Partner endgültig versprechen. Dazwischen gibt es viele Abstufungen. In dieser Situation ist jedes Signal einer qualifizierten Bindung zwischen sich Liebenden sensibel wahrzunehmen und – wenn es sich vom Alter der Betroffenen und ihren Lebensumständen her verantworten läßt – zu fördern, nicht zu hindern.

Vielleicht aber ist das Problem heute nicht einmal mehr die Bereitschaft zu einer qualifizierten Bindung, sondern die Fähigkeit zur Bindung überhaupt. Das Bedürfnis und der Wunsch nach Bindung mögen vielfach vorhanden sein, trotz des Empfindens, eine lebenslange Bindung sei nicht oder nur schwer lebbar. Aber die Entscheidungsfreudigkeit und Entschlußkraft fehlen oder sind gehemmt, durch Angst vor dem, was die Zukunft bringt, oder wegen der Unsicherheit über das eigene Vermögen. Wenn nun in dieser Situation Menschen sich sexuell lieben, ohne daß ihre Liebe die Qualität ehelicher Liebe erreicht, aber doch während der Dauer ihrer Beziehung ausschließlich ist, wenn sie dies gar öffentlich machen dadurch, daß sie etwa eine nichteheliche Gemeinschaft bilden, dann ist solches Lieben zu schützen.

Die Bedeutung qualifizierender Merkmale der Liebe für ein sinnvolles und geglücktes Leben muß nämlich durch experimentelle Erfahrung gelernt werden. Sie läßt sich nur unzureichend sprachlich vermitteln. Sicher: Wer die experimentelle Erfahrung freigibt, läßt auch die Möglichkeit des Scheiterns offen; oder die Möglichkeit von schmerzlichen Erfahrungen. Doch auch hier gilt, daß vor dem Leid des Lebens und Liebens niemand gesichert werden kann.

Die Erfahrbarkeit der Bedeutung qualifizierender Merkmale der

Liebe – wenigstens an der Kontrasterfahrung, daß Sex ohne Liebe kaum Genuß bringt – ist von vielen Autoren belegt. H. Meesmann zufolge vertrat W. Reich die Überzeugung, der wesentliche Nachteil vorübergehender Beziehungen läge darin, daß nirgendwo eine so vollständige sinnliche Angleichung der Partner, mithin auch keine vollkommene sexuelle Befriedigung möglich sei wie in der Dauerbeziehung. Sexuelle Erfahrungen drängen auf Wiederholung und wollen sich darin auf Dauer stellen, jedenfalls wenn sie ohne äußere Kontrolle und Schuldgefühle erlebt werden können. Promiskuität kann sie nicht intensivieren. Dies scheint zudem, wo sie gesucht wird, eher emotional als sexuell wichtig zu sein: als der Versuch eines seiner selbst unsicheren Menschen, sich – im Feld der Sexualität – Selbstbestätigung zu holen und als attraktiven Menschen zu erfahren.

Selbsterfülltes Lieben

Traditionellerweise gilt die Selbstlosigkeit der Liebe als Ausdruck der Radikalität des Liebens. Liebe soll selbstlos sein. Von Selbstlosigkeit wird viel gesprochen, manchmal zu viel. Wir brauchen selbsterfülltes Lieben. Man könnte, wenn man die Kritik der Selbstlosigkeit für anstößig hält, dasselbe sachlich auch so ausdrücken, daß man im Begriff der Selbstlosigkeit selbst eine Differenz setzt und zwischen einer fragwürdigen selbstlosen Selbstaufgabe und einer notwendigen selbsterfüllten Selbsthingabe unterscheidet. Ich und du sollen jedenfalls nicht gegeneinander ausgespielt werden. Schenken kann man nur, was man hat. Sich selbst verschenken kann nur, wer sich selbst besitzt. Die Liebe hat die Eigenart, daß sie dann und nur dann sie selbst ist und für den Geliebten erträglich und fruchtbar wird, wenn sie im Schenken zugleich das Selbst erfüllt. Lieben ist immer ein wechselseitiges Geben und Nehmen. Wer liebt, der gibt. Er gibt von seiner Freude, seinen Interessen, seinen Fähigkeiten, seinem Humor, seiner Zeit, seiner Energie, seinem Verständnis, seiner Traurigkeit. Er gibt an allem teil, was in ihm lebendig ist. Er gibt an sich teil. Das Paradoxe ist – ich folge E. Fromm –, daß er in diesem Geben nicht leer wird, sondern reich. Liebende geben zwar nicht, um dafür zu empfangen. Aber durch ihr Geben können sie es nicht vermeiden, im anderen etwas zum Leben zu erwecken, das auf sie selbst wieder zurückwirkt: der Geliebte wird durch ihre Liebe selbst zum Liebenden. Nur wer sich selbst bejaht und besitzt, kann das Gegengeschenk des Geliebtwerdens annehmen. Wer sich selbst verneint, kann nicht lieben.

Liebe deinen Nächsten wie dich selbst, so lautet Jesu Ethos. Damit erklärte er die Selbstliebe zum Maß der Nächstenliebe. Ist die Selbstliebe aber das Maß der Liebe, dann ist wahre Liebe nicht selbstlos, sondern selbsterfüllte und selbsterfüllende Liebe. In solcher Liebe bleibt die Erfahrung des Geliebtwerdens anwesend. Eine Liebe, die sich einredet, alles zu geben, ohne etwas dafür zu empfangen, ist eine sich selbst täuschende, seelenlose Liebe. Wahre Liebe genießt die Freude, die aus der Wechselseitigkeit des Liebens stammt. Sie ist nicht selbstsüchtig, aber auch nicht selbstlos. Sie ist selbsterfüllte, selbstvollendende Liebe.

Keuschheit ist, wo die Sexualität Sprache der Liebe ist

In der Tradition katholischer Sexualpädagogik hat die Keuschheit immer eine große Rolle gespielt. Ihr Inhalt wurde allerdings unterschiedlich bestimmt. Das Wesen der Keuschheit als einer Tugend sei, so Thomas von Aquin, »daß sie im Bereich der Geschlechtskraft die Ordnung der Vernunft, den ordo rationis, verwirklicht«. Thomas vertritt eine *rationalistische* Interpretation der Keuschheit. Keuschheit sei »vor allem geistige Schönheit, für die nur jene volles Verständnis haben, deren Geist sich überhaupt für Höheres, Ideales begeistert«, so Schilgens *spiritualistische* Interpretation der Keuschheit. Keuschheit sei »die seelische Kraft«, um den »starken Trieb zu bändigen und unter der Botmäßigkeit der Vernunft zu halten . . . Der keusche Mensch ist der Mensch der Stärke und Willenskraft«. Eine *voluntaristische*

Interpretation, in der die übelste Wirkung der »Unzucht« die Schwächung der Willenskraft, nicht der Verstoß gegen die Liebe ist. Das 19. Jahrhundert stilisierte die Keuschheit zu einer einzigartigen Tugend. Sie erschien nicht nur als Zentrum aller Sittlichkeit, sondern wurde zu deren Inbegriff.
A. Adam kritisierte heftig die darin eingeschlossene Identifizierung von Keuschheit und Sittlichkeit. Gegen den Primat der Keuschheit setzte er den Primat der Liebe. Er wollte Verfehlungen gegen die Liebe und solche gegen die Keuschheit unterschiedlich bewerten. Selbstsucht erschien ihm schlimmer als Unkeuschheit. Ihm folgten andere. »Nicht um dessentwillen ist die Liebe wertvoll, weil sie keusch ist, sondern die Keuschheit ist um dessentwillen und nur insoweit wertvoll, als sie verkörperte Liebe ist« (A. Brands). Allerdings ist für Adam die Keuschheit eher eine Tugend ohne Sexualität als eine im Medium sexueller Erfahrung. Die Liebe ist ihm wohl der Motor der Keuschheit, aber nicht ihr Inhalt. Daran zeigt sich, daß Adam seiner Zeit angehört. Er zieht daraus seine sexualpädagogische Konsequenz: »Der kluge Erzieher wird die Jugend nicht durch die Keuschheit zur Liebe, sondern umgekehrt durch die Liebe zur Keuschheit führen.«
Ich setze dagegen: Keuschheit ist, »wo die Sexualität Sprache der Liebe ist«. Diese treffliche Aussage machen die sexualpädagogischen Empfehlungen der Arbeitsgemeinschaft für katholische Familienbildung aus dem Jahre 1970. Das steht gegen alle angeführten Keuschheitsbegriffe. Das steht auch gegen einen *biologistischen* Keuschheitsbegriff, der keusche Sexualität an die Fortpflanzung in der Ehe bindet. Keuschheit ist weder dort, wo Vernunft oder Wille herrschen, noch wo die Fortpflanzung besorgt wird, noch wo der Geist die Sexualität zum Schweigen bringt. Keuschheit ist Realisierung der Sexualität als Zeichen von Zuwendung, Hilfe, Zuneigung, Bejahung, Freude, Verantwortung – in bezug auf, in Beziehung zu einem anderen Menschen. Keuschheit ist, wo die Sexualität Sprache der Liebe ist. In keuscher Sexualität sind Zärtlichkeiten, die ich gewähre, oder sexuelle Erfahrungen, die mir gewährt werden, Symbolzeichen der Liebe.

Am Lieben gehindert – im Lieben behindert

Und wenn jemand nun lieben möchte und nicht lieben kann? Ist er dann von aller sexuellen Erfahrung ausgeschlossen oder ist jede sexuelle Erfahrung dann »unkeusch«? Ich glaube nicht, daß ich mit dieser Frage, mit all den äußerst individuellen Verhältnissen zu Rande komme. Ich will sie aber dennoch aufwerfen.

Die Unfähigkeit, sexuell zu lieben, gibt es in vielfachen Formen. Am Lieben werden die Menschen gehindert, die unfreiwillig allein gehalten werden: Strafgefangene, Immigranten und Asylanten; und die, die deswegen unfreiwillig allein bleiben: deren Liebes- und Ehepartner. »Die tiefste der Einsamkeiten« nennt Tahar Ben Jelloun seinen Bericht über das emotionale und sexuelle Elend der Nordafrikaner in Frankreich. »Was ist aus mir geworden? Ich bin kein Mann mehr. Es ist gefroren, das ist der Tod, der mich zwischen den Beinen packt«, so klagt ein Immigrant. Seine Situation ist – ähnlich der des Asylanten, anders als die des Strafgefangenen – dadurch charakterisiert, daß er, aus einer anderen Kultur kommend, überall begehrenswerten »Körpern« begegnet, die seine Fantasie besetzen, ohne ihn zu einem Menschen zu führen.

Eine andere Situation: »Querschnittlähmung. Unterbrechung der Nervenstränge ab fünftem Lendenwirbel. Die Folge: eine Lähmung von Blase und Darm. Ableitung von Harn und Stuhlgang über künstliche Ausgänge. Im rechten Unterbauch, neben dem Bauchnabel, vier Zentimeter rötlich glänzender Mastdarm, aus dem Kot in einen Beutel fließt . . . Die Vorstellung, daß wir uns lieben, und du riechst dieses Ding, fragst danach, erzeugt Panik . . . Angst mit einer Frau im Bett zu sein und pupen zu müssen . . . Die Beine kann ich bewegen, die Füße nicht . . . Aber die Erregung läuft nicht ab. Nicht über den Penis . . . Es ist das Gefühl, als hätte jemand den Versuch gemacht, mir den Unterleib unterhalb des Bauchnabels abzusägen, sei damit aber nicht ganz fertig geworden . . . Nein, ich werde mit keinem Arzt über meine Sexualität reden, solange diese Schweine an Büchern mit dem Titel ›Können, dürfen, sollen Behinderte heiraten?‹

mitarbeiten. Gemeint ist nichts anderes als, ob es aus Expertensicht zu verantworten ist, den behinderten Menschen ihre Sexualität zuzugestehen« (J. Hobrecht). Vor wenigen Jahren noch ging die Meldung durch's Land, ein katholischer Pfarrer habe einem behinderten Paar die kirchliche Trauung verweigert, weil sie geschlechtlich nicht zusammenkommen konnten.

Am Lieben werden auch die gehindert, die als körperlich oder geistig Behinderte in Heimen in allem versorgt und betreut werden, als wären sie asexuelle Wesen. Man geht davon aus, daß ihre Behinderung eine Behinderung ihrer sexuellen Bedürfnisse zwangsläufig einschließt. An sexuellen Erfahrungen werden sie durch Geschlechtertrennung, manchmal auch – eine schlimme Sache – durch medikamentöse Ruhigstellung gehindert. Doch sind Behinderte oft fähig zu Partnerbeziehungen, wenn sie ihnen nur gewährt und ermöglicht werden. Dabei wird man, je nach Situation, möglicherweise besondere Vorsorge treffen, daß die Männer nicht an den gängigen Leitbildern sexuellen Konsums Maß nehmen und die Frauen sich nicht in der Rolle des Sexualobjektes ausnutzen lassen.

Am Lieben gehindert erfahren sich häufig auch Jugendliche und junge Erwachsene, nicht allein durch die äußeren Verhältnisse, sondern auch durch die drängende Neugier, die sich verständlicherweise auf das neu entdeckte Erfahrungsfeld Sexualität richtet. Gehindert erleben sich Witwen und Witwer und Alte, wenn ihnen ihre gesellschaftliche Umgebung jeden Versuch einer neuen Liebesbeziehung durch Häme austreibt. Gehindert sind – im Zeitalter von Aids – die HIV-Infizierten. Man wirft ihnen oft ihre vermeintliche Ausschweifung vor, als könne nur sie Grund einer Infektion sein. Zudem werden sie angeprangert als die, die unverantwortlich und lebensbedrohend die öffentliche Gesundheit und Moral gefährden. Das muß sie vom sexuellen Lieben abschrecken, obwohl sie wie jeder Gesunde liebebedürftig sind. Gehindert sind deren Partner, wenn sie die ständige Angst aushalten und bei ihnen bleiben.

Viele Frauen und Männer leben heute allein; jedenfalls viel mehr als früher. Die Gesellschaft akzeptiert das, wenn auch nicht ohne

Einschränkungen. »Alte Jungfer«, »Hagestolz« oder »Schreckschraube« waren bisher die abfälligen Bezeichnungen. »Singles« ist der heutige registrierende Begriff für eine Existenzform, hinter der sich viel Egoismus und Leid verbergen können. Viele Alleinstehende sind mit ihrer Lebensform zufrieden. Sie sagen sich, daß keine Beziehung besser sei als eine schlechte. Viele aber hadern auch mit ihrem Schicksal. Sie sind unfreiwillig allein, allein gelassen, im Suchen nach einem Partner erfolglos, im Kampf um einen Partner unterlegen. Es ist ein Unterschied, ob man auf einen Partner, auf sexuellen Genuß und Lebensfreude verzichtet oder ob man davon ausgeschlossen ist. Wohin soll sich die Liebebedürftigkeit und der Partnerwunsch richten? »Gehen wir so weit«, so fragt U. Beer, »den Unverheirateten das Recht auf Liebe, nicht nur im Sinne von Nächstenliebe – und das wäre viel –, sondern auch im Sinne des Rechtes auf sexuelle Erfüllung zuzugestehen?« Gehen wir vielleicht mit dieser Frage schon zu weit?

Am Lieben – genauer: am heterosexuellen Lieben – gehindert sind all die Menschen, die keinen Sexualpartner finden, weil keiner existiert. Unsere Bevölkerungspyramide zeigt kein ausgewogenes Geschlechterverhältnis. Wer sich in Altenheimen auch nur etwas auskennt, weiß, daß viele Frauen nur wenigen Männern gegenüberstehen. Das Gleiche ist im Verhältnis geschiedener und verwitweter Frauen und Männer der Fall. Mit wem wird die Sprache der Liebe gesprochen? Ob diese Situation zu neuen, anerkannten Formen des (gleich-)geschlechtlichen Zusammenlebens führen wird?

Im Lieben behindert ist, wer sich als unfähig erlebt, einen Menschen so zu beeindrucken, daß er bei ihm bleibt – wenigstens versuchsweise und vorübergehend. Diese Unfähigkeit mag damit zusammenhängen, daß ihm die Freiheit zur sexuellen Erfahrung abgeht, weil Schuldgefühle die unbedenkliche Teilnahme am Sexualverkehr verbieten. Doch dies wird nicht immer der Grund sein. Wer sich selbst nicht liebenswert findet, weil ihm – in früher Kindheit eventuell schon – die Erfahrung, geliebt zu werden, abging oder verweigert wurde, kann das Angebot der Liebe nicht

annehmen, weil er nicht glauben kann, daß jemand ihn – gegen seine Selbsterfahrung – als liebenswert erlebt.
Sind all diese Menschen gehindert, die Sprache der Liebe zu sprechen? Sind ihnen deshalb – unter dem Primat der Liebe – alle sexuellen Erfahrungen untersagt?
Meine Vermutungen gehen in diese Richtung: In einer Welt, in der es Hinderungen am Lieben und Behinderungen im Lieben gibt, haben wir auch mit behinderter Sexualität zu rechnen. Wenn es nicht die besten Bedingungen für geglückte sexuelle Erfahrungen gibt, werden wir uns mit hinreichend guten zufrieden geben. Niemand hat zudem das Recht, einen anderen an sexuellen Erfahrungen zu hindern, selbst wenn sie in ungewöhnlichen oder befremdlichen Formen gemacht werden, sofern die Beteiligten sie verantworten und niemanden schädigen. Menschen wollen wir nicht der »Diktatur der sexuellen Normalität« unterworfen sehen. Wir orientieren uns an der Realität der endlichen und versagenden Menschen, die hinter ihren Möglichkeiten zurückbleiben, irren können, Angst haben, schuldig werden, gar verzweifeln können. Das Lieben, das unter solchen Menschen versucht wird, muß keine »klassische Leiche« sein, wie E. Ell die übertriebenen Liebesforderungen speziell der katholischen Tradition charakterisiert hat. Lieben soll auch insofern menschenfreundlich und menschenwürdig bleiben, als es niemanden überfordert, wenn es ihn herausfordert.
Der Primat der Liebe gibt eine Perspektive ab, die immer nur annäherungsweise erreicht werden kann. Wir bleiben vermutlich hinter ihr zurück. Darum ist das Lob der Unvollkommenheit zu singen. Unvollkommenes muß möglich und kann nötig sein. Es muß als Geschick ertragen oder als Schuld vergeben werden. Und wer will sich anmaßen, das eine vom anderen genau zu unterscheiden?

2. Von junger Freundschaft und verliebter Partnerschaft

Lieben und damit die Sexualität als Sprache der Liebe zu gebrauchen, lernt niemand allein aus Büchern und Vorträgen, sondern in der Beziehung zu lebendigen und liebevollen Menschen und im Experimentieren mit dem sexuellen Lieben in solchen Beziehungen. Sexualpädagogik wurde erst notwendig, als Beziehungen nicht mehr selbstverständlich gelangen und zugleich die Sexualität als Medium von Beziehungen in den Vordergrund trat. Darum sind Beziehungen – auch zwischen Jugendlichen – als Lernorte und Experimentierfelder sexuellen Liebens zuzulassen, anzuregen und zu gestalten.

Bekanntschaften als »gefährliche Gelegenheiten«

Die das Lieben möglich machende Begegnung von Jugendlichen wird traditionellerweise – bis in die jüngste Vergangenheit – weitgehend und möglichst verhindert. In der Tradition katholischer Sexualpädagogik galten Bekanntschaften zwischen Jungen und Mädchen nicht als Lernorte und Experimentierfelder sexuellen Liebens, sondern als »gefährliche Gelegenheiten« zur Sünde. Das Problem dieser Einstellung, das man sah, war, wie die lange Getrennten endlich zusammengeführt werden könnten, damit sie – verliebt – in die Ehe einträten. Das Problem, das man nicht sah, war, wie denn die lange Getrennten das Lieben lernen sollten, wenn sie vor der Ehe keine Möglichkeit der Begegnung und kein Feld des Experimentierens hatten. Das wurde allerdings erst zum Problem, seit man unter Lieben mehr versteht als Fortpflanzung und man davon überzeugt ist, daß selbst das (im Kinde) fruchtbare Lieben gelernt werden muß, weil es beim Menschen nicht als Instinktverhalten abläuft.

H. Schilgen spricht mit Verachtung von jungen Menschen, die Gefallen aneinander finden. »Poussieren« sei verlorene Zeit, hindere die Bildung des Charakters, sei Zeichen erbärmlicher

Schwäche, verseuche das ganze Wesen sexuell, schade der Ehe, ende mit an Sicherheit grenzender Wahrscheinlichkeit in der schlimmsten Sünde der Unkeuschheit und führe schließlich zur sittlichen Entartung ganzer Familien, weil ein poussierendes Mädchen nicht mehr wahre Mutter werden könne. Wer eine Liebelei beginne, so Schilgen, dem sei es »nicht darum zu tun, ein eigenes Heim zu gründen, eine Lebensgefährtin zu finden; er will den Anwandlungen des Geschlechtstriebes nur um seiner Annehmlichkeiten willen nachgeben«. Das aber sei gegen die Ordnung. Denn die Annehmlichkeiten des Geschlechtstriebes seien nicht Selbstzweck, sondern Mittel zum Zweck der Fortpflanzung. Die Ablehnung wird bis in die Sprache hinein verfolgt. J. Könn über ein Mädchen: »Sie war, wie der Sprachgebrauch so treffend sagt, verliebt, d. h. sie täuschte sich in ihrer Liebe, wie ein Mensch sich täuscht, wenn er sich versieht, verhört, vertut, verrechnet.«
Auf diese Weise wurde Jugendlichen das erregende Abenteuer ihrer Liebe, wenn es überhaupt so weit kam, und der Reiz ihrer Sexualität mit Angst besetzt und mit Schuld verknüpft. Das Lieben wurde ihnen ausgetrieben, die Sexualität verächtlich gemacht. »Wer auf solche Weise Jugendliche vor sexuellen Erfahrungen zu bewahren sucht, könnte u. U. die Verantwortung für eine Verkümmerung der Entwicklung personaler Liebesfähigkeit auf sich laden« (K. Breuning). Nähe, Vertrautheit, Wertschätzung, Zuwendung, Achtung konnten sich so gar nicht entwickeln. Zugelassen wurde nur die Bekanntschaft, die bestimmt war von der Absicht der Ehe; der Aussicht auf die Ehe; der Vorsicht vor der Ehe; und von der Aufsicht der Eltern.

Lernfeld Jugendfreundschaft

Vorsicht und Angst gab es auch in der Jugendbewegung, bei den Wandervögeln und der bündischen Jugend ebenso wie in christlichen Jugendvereinen. Dies kann hier nicht weiter aufgearbeitet werden. Denn inzwischen gelten, so der Beschluß der Gemeinsamen Synode der Bistümer in der BRD »Christlich gelebte Ehe und Familie« von 1975, »Jugendgruppen, Freundeskreise, Vereine, Clubs und ähnliche Vereinigungen« als »mögliche und förderungswürdige Kontaktfelder für die Begegnung der Geschlechter«. Schon das Synodenpapier »Sinn und Gestaltung menschlicher Sexualität« von 1973 hatte empfohlen, »den Jugendlichen vielfältige Kontakt- und Begegnungsmöglichkeiten anzubieten, wo sie bei den unterschiedlichsten Anlässen, in sachlicher Arbeit und in Geselligkeit einen unbefangenen Umgang miteinander lernen können«. Es soll also der Kontakt nicht mehr nur zugelassen oder im Blick auf die Ehe ermöglicht werden. Er soll als Chance der Begegnung gefördert werden. So jedenfalls die Idee. Konsequent heißt es im Synodenbeschluß: »Die Koedukation kann zu einem unbefangenen Verhältnis zwischen den Geschlechtern verhelfen.«

Galt vordem die Trennung der Geschlechter als Bedingung des Reifens zu einem ganzen Mann und einer ganzen Frau, so wird heute »die Begegnung von Mann und Frau« für »grundlegend für die Reifung des Menschen« gehalten (Synodenbeschluß). Damit ist aufgenommen, was Roman Bleistein Anfang der siebziger Jahre als Ziel sexualpädagogischen Handelns formuliert hatte: »Die freundschaftliche Beziehung der Einübung personaler Begegnung wegen suchen.« Man müsse, so war seine Überzeugung, die »hochgespielte Polarität zwischen den Geschlechtern« mindern. »Der Wert der Freundschaft, des unbefangenen Miteinanderseins, der Aufmerksamkeit und Liebenswürdigkeit, der positiv verstandenen erotischen Empfindung und des Flirts sollte mehr durchdacht und in pädagogische Kategorien umgesetzt werden.«

Die neue Nähe von Mädchen und Jungen hat an deren Einstellung zueinander allerdings wenig und an deren Fähigkeit und Bereitschaft, ihre Sexualität zur Sprache der Liebe zu machen, vermutlich nichts geändert. Die vielen scheiternden Beziehungen und Ehen – auch schon junger Leute – stehen im Gegenteil eher dafür, daß die Fähigkeit und Bereitschaft zu vertrauten und stabilen Beziehungen abgenommen hat. Die Nähe der Geschlechter ist nämlich, in den Jugendverbänden und anderswo, faktisch eine äußere geblieben. Gemeinschaft und Begegnung wurden doch nur toleriert, weil die Verhältnisse sie erzwangen; nicht aber gestaltet, weil in ihnen – auch für die Entfaltung der Sexualität – wünschenswerte Erfahrungsmöglichkeiten liegen. Jungen und Mädchen sind eher äußerlich zusammengerückt. Dabei veränderte sich nicht wesentlich die Qualität ihrer Beziehungen. Nach Schlaegel bestehen, trotz der Nähe der Geschlechter, die traditionellen Geschlechtsrollenstereotypen und die Mißverständnisse zwischen ihnen fort. Orte sexuellen Lernens und Medium sexualpädagogischen Handelns wurden Jugendgruppen bzw. Freundschaften oder Partnerschaften nicht. Im Grunde kam die Sexualerziehung zum Erliegen, als die traditionellen Verbote aufgegeben wurden. Ein Konzept einer positiv inspirierenden Sexualerziehung für Jugendliche entstand, trotz mancher Einzelbemühung, nicht.

In der Vergangenheit erlebten Jugendliche – parallel zur homoerotischen und heteroerotischen Entwicklungsphase – zunächst gleichgeschlechtliche Freundschaften, um dann verschiedengeschlechtliche Freundschaften aufzunehmen. Heute scheint die Erfahrung gleichgeschlechtlicher Freundschaften eher auszufallen. Befragt nach dem Geschlecht ihres Freundes/ihrer Freundin, nannten 56% der Männer eine Frau, 44% der Frauen einen Mann. Das ist insofern erstaunlich, als – nach den Ergebnissen derselben Befragung – die Mehrheit der Freunde, zwischen denen eine *enge* Freundschaft besteht, Freunde des gleichen Geschlechtes sind und 27% der Befragten gar einen Angehörigen des gleichen Geschlechtes als *besten* Freund ausgaben. Gleichgeschlechtliche Freundschaften gewähren gegenüber verschiedengeschlechtlichen Beziehungen spezielle Erfahrungsmöglichkeiten. Gleichgeschlechtliche Freunde nehmen stärker Anteil aneinander, sie gehen vertraulicher miteinander um und sind eher zu wirksamer, praktischer Hilfe bereit. Solche Freundschaften scheinen auch stabiler zu sein. Die Bereitschaft, sich ganz für den anderen einzusetzen, ist höher. Sie behalten darum ihre Bedeutung.

Man muß allerdings auch die Probleme einer extremen homosozialen Orientierung andeuten. Nach Schlaegel, der sich dabei u. a. auf Schmidt und Sigusch beruft, begünstigt Homosozialität unter jungen Männern eine rigide Geschlechtsrollendifferenzierung und Doppelmoral. Solche Jugendlichen erlebten ihre Sexualität vor allem als physisches Abreagieren und nicht als Aktivität, die (auch) auf die Befriedigung von Zärtlichkeit und des Bedürfnisses nach emotionaler Nähe gerichtet ist. Sie benutzten sie eher zur Selbstdarstellung und zum Statusgewinn in der gleichgeschlechtlichen Gruppe und nicht als etwas, das dem Aufbau und der Intensivierung einer Beziehung dient. Bei jungen Frauen wurden vor allem unentwickeltes Sexualinteresse und Orgasmusstörungen beobachtet. Beider Partnerbeziehungen waren gekennzeichnet durch wenig gemeinsame Aktivitäten, wenig gegenseitiges Verständnis und wenig Offenheit zwischen den Partnern. Darum ist inspirative Koedukation – nicht administratives Zusammenfügen – ein günstiges Lernfeld. Die Jugendlichen bekommen darin die Gelegenheit, weniger rigide Geschlechtsrollen zu übernehmen und in stärkerem Maße ganzheitliche und wechselseitige soziale und sexuelle Beziehungen zu entwickeln.

Nun kann sich Freundschaft – die homosoziale wie die heterosoziale – auch zur Verliebtheit entwickeln. Untersuchungen waren davon ausgegangen, daß zum Profil von *Freundschaft* – gemeint war die heterosoziale Freundschaft – bestimmte charakteristische Merkmale gehören: das Vergnügen aneinander, die Anerkennung füreinander, das Vertrauen zueinander, der Respekt voreinander, die gegenseitige Hilfe, das Verstehen und die Spontaneität in der Beziehung; zum Profil der *Liebe* sollte zusätzlich die Leidenschaft gehören – mit Faszination für den anderen, die nicht losläßt, mit Exklusivität und sexuellem Verlangen – und die Anteilnahme, die sich darin zeigt, daß der eine für den anderen Opfer bringt und der Fürsprecher und Anwalt des anderen wird. Dieses Profil von Freundschaft und Liebe war Inhalt von Vermutungen gewesen. Die Überprüfung brachte einige Überraschungen. Was das Merkmal Anteilnahme betrifft, unterschieden sich

Freundschaft und Liebe sehr viel geringer als vermutet. Freunde sind wie Liebende bereit, aneinander Anteil zu nehmen, mit Zurücksetzung eigener Interessen und der Vertretung der Interessen des anderen. Ausgeprägter als bei Freunden ist unter Liebenden die Freude an der Gesellschaft des Partners. Liebende suchen die Nähe des Partners. Aber ihre Beziehungen sind instabiler als Freundschaftsbeziehungen. »Freundschaft tut immer gut, Liebe kann dagegen sehr verletzen« (Seneca).
Mit der Verliebtheit werden denn auch neuartige Lernprozesse erforderlich. Es ist »zu lernen, wie man neue soziale Erfahrungen (Verabredungen, feste Freundschaften) macht, wie man mit neuartigen emotionalen Erlebnissen (sexuelle Erregung, Liebe, Eifersucht) umgeht, wie man seine eigenen sexuellen Wünsche und Bedürfnisse dem Partner mitteilt und wie man auf die Wünsche des Partners eingeht und sie überhaupt erkennt, wie man dem Partner lustvolle Empfindungen schafft, wie man neue soziale, emotionale und sexuelle Erfahrungen integriert. Bei diesem Lernen werden Jugendliche in aller Regel nicht unterstützt und vernünftig beraten, sondern behindert, verunsichert, entmutigt, bestraft« (V. Sigusch – G. Schmidt).

Beziehungskisten

Es ist üblich geworden, daß Jungen und Mädchen in schon relativ frühem Alter feste Freundschaften eingehen. Ich glaube nicht, daß man dafür ein bestimmtes Alter angeben kann. Es gibt kein »zu jung« für das Verliebtsein, obwohl man jungen Leuten manchmal mehr Geduld wünschen möchte, weil das jugendliche Leben mehr zu entdecken gibt und zu bieten hat als die Begegnung mit dem anderen Geschlecht. Man sollte Jugendlichen aber ihre verliebte Beziehung gönnen.
Die vielen verwirrenden Erfahrungen, die junge Leute machen, wenn sie zu lieben beginnen, und die vielen schwierigen Fragen, die sich ihnen stellen, sind in einer festen Freundschaft am besten aufgehoben. Wenn das Verhältnis zu den Eltern komplizierter

wird, wenn die Ausbildung schwierig, die Schule enttäuschend, die Zukunft unsicher ist, wenn die Bekannten belangloser werden, dann können ein fester Freund oder eine feste Freundin Halt geben. Es tut dann gut zu wissen, auf wen man sich verlassen kann und wer für das Angebot der Verläßlichkeit in Frage kommt.

Viele Eltern neigen dazu, eine feste Freundschaft als Zeitvergeudung anzusehen, als Ausverkauf von Energie, die besser für die Schule oder die Lehre und darin jedenfalls für die Zukunft eingesetzt würde. Natürlich kostet eine feste Freundschaft Zeit und Energie. Doch kann diese Investition für liebevolle Beziehungen sehr förderlich sein. Die Bestätigung, die junge Leute aus einer solchen Beziehung gewinnen, kann ihnen Kraft und Mut geben für Schule und Ausbildung, speziell in Zeiten, in denen sie niedergeschlagen sind und zu nichts Lust haben. Außerdem ist die Investition von Zeit und Energie für liebevolle Beziehungen für aller Menschen Zukunft bitter nötig.

Viele machen die Erfahrung, daß es gar nicht so leicht ist, einen Freund oder eine Freundin zu finden. Es scheint nicht zu stimmen, daß, wer sucht, auch findet. Denn je mehr man sich mit seiner Suche anstrengt, desto weniger Erfolg stellt sich ein. Warum? Weil man sich unter Druck setzt, und mit sich auch die anderen. Sympathie und Zuneigung haben den Charakter des Zufälligen, des Überraschenden. Vielleicht ist für den, dem das noch nicht widerfahren ist, die Zeit noch nicht gekommen. Hier gibt es kein »Du mußt«.

Das Angebot der Liebe ist immer ein Wagnis. Denn immer steht mit ihm das eigene Selbstwertgefühl – ein Aspekt der Identität – auf dem Spiel. Junge Leute fragen sich, wenn ihr Angebot nicht angenommen werden sollte: Bin ich nicht liebenswert? Bin ich nicht attraktiv genug? Bin ich unfähig, Liebe zu erwecken? Wer bin ich? Finden sie genügend Wertschätzung durch Eltern, Lehrer, Meister, durch ihre Arbeit, durch ein Hobby, dann können sie eine mögliche Zurückweisung ertragen. Dann finden sie aber auch den Mut, das Wagnis erneut einzugehen, und bleiben mit sich versöhnt, wenn es noch einmal schief gegangen ist.

Problematisch wird es, wenn das Angebot der Liebe immer erfolglos zu bleiben scheint. Dann könnte sich der Eindruck verdichten, niemanden gewinnen zu können, ständig abgelehnt zu werden, nicht liebenswürdig zu sein. Dann können die Selbstzweifel bis zur Verzweiflung treiben. Hoffentlich finden junge Leute dann jemanden, zu dem sie so viel Vertrauen haben, daß sie mit ihm sprechen können.

Trennung

Wer verliebt ist, ist oft anfangs davon überzeugt, schon den richtigen Lebenspartner gefunden zu haben; er meint vorschnell, nur dieser eine sei der richtige. Häufig hält dieses Bewußtsein nicht lange an. Es reibt sich an den Ecken und Kanten, die der andere hat und die sich nicht lange verbergen lassen. Glücklicherweise werden Freundschaften von Mädchen und Jungen gegenwärtig nicht mehr nur als Vorspiel zur Ehe gesehen. Doch wenn sie selbst sich – eben nicht durch den Zwang der Verhältnisse sondern unter dem Zwang ihrer gegenseitigen Faszination – so aufeinander fixieren und aneinander ketten, daß sie für andere und anderes weder Augen noch Ohren haben, haben sie sich in fast dieselbe Situation begeben.
Tief und irritierend kann das Gefühl der Schuld sein, wenn nach langer Beziehung einer mit dem Gedanken spielt, die feste Freundschaft aufzugeben. Er hat das Empfinden, den anderen im Stich zu lassen oder zu verletzen. Es ist wie unerlaubte Untreue. Manchmal ist es auch nur das Gefühl eines tiefen Schmerzes, wenn eine Freundschaft als aussichtslos erscheint und beendet werden muß, die reiche Erlebnisse gebracht und Erinnerungen geschaffen hat. Hier ist Offenheit anzuraten, mit dem Vertrauen, daß der Freund/die Freundin die Veränderung längst spürt und die Enttäuschung aushält. Der Schmerz, der jede Trennung begleitet, muß durchlitten werden.
Mancher Erwachsene, der mit seinem ersten Partner so vertraut wurde, daß er ihn geheiratet hat, steht eines Tages vor der Frage,

wie es wohl mit einem anderen Partner gewesen wäre. Er merkt, daß er die Erfahrung des Verliebtseins nun einmal hinter sich hat. Und daß er gar nicht aus verschiedenen Möglichkeiten hat auswählen können. Der psychische Zwang, die versäumte Partnerwahl nachzuholen, kann sehr stark werden. Mit verpaßten Gelegenheiten wird man sich am Ende durch Trauerarbeit versöhnen müssen.

Beziehungsgeschichte

Beziehungen wollen gelernt sein. Die Beziehungsgeschichte von Menschen durchläuft charakteristische Phasen. Von elementarer Bedeutung ist die erste *Zweierbeziehung* von Mutter und Kind. Es scheint, daß aus der Wechselseitigkeit dieser Beziehung die Möglichkeit zu sexuellen Erfahrungen hervorgeht; und aus der Ungleichartigkeit dieser Beziehung die Möglichkeit der eigenen Individuation. Die Gestaltung dieser frühesten Beziehung hat Folgen: »Eine sehr klammernde, besitzergreifende Beziehung der Mutter zum Kind, die es sozusagen nicht aus den Klauen läßt, abhängig oder klein hält, kann . . . dazu führen, Liebesbeziehungen später mit starken Ängsten zu verbinden – mit der Angst vor Selbstaufgabe, Hilflosigkeit, Ausgeliefertsein, ›Aufgefressen werden‹, sich nicht abgrenzen können« (G. Schmidt). Wer solches erleben mußte, hält sich womöglich aus Liebesbeziehungen fern, bricht sie ständig ab, wenn sie zu eng zu werden drohen, vermag sich nicht zu binden oder sucht nur Beziehungen zu Menschen, die ihn nicht faszinieren und denen er nicht leicht verfallen kann. Er ist in seiner Liebesfähigkeit gestört.
Insofern ist es hilfreich, wenn die Zweierbeziehung bald, durch Einmischung oder Einbeziehung des Vaters, in eine *Dreierbeziehung* verändert wird. Bekanntlich ist das die ödipale Situation, die zusätzlich durch sexuell getönte Wünsche an den gegengeschlechtlichen und aggressiv gefärbte Widerstände gegen den gleichgeschlechtlichen Elternteil aufgeladen ist. Sie wird – vermutlich – dann nicht zum Konflitk, wenn die Eltern auf die

Beziehungswünsche ihres Kindes so reagieren, wie man es von ihnen als Erwachsenen erwarten muß: sie nehmen sich selbst als Liebespartner, versagen ihrem Kind seine Ansprüche, lassen es aber an ihrer Liebe teilhaben.

Erschweren die Eltern den Ausstieg aus der ödipalen Situation, weil sie selbst, frustriert in ihrer Beziehung, der emotionalen und sexuellen Zuwendung ihres Kindes bedürfen und es so als Liebespartner mißbrauchen, dann besteht, abgesehen von der Gefahr der Überforderung des Kindes, die Möglichkeit, daß das erwachsen gewordene Kind in seinem/seiner Geliebten zwanghaft den eigenen Vater oder die eigene Mutter sucht und von dem unbewußten Wunsch beherrscht wird, dieser/diese möge so lieben wie der Vater oder die Mutter. Das wird die Partnerwahl behindern und die Liebesfähigkeit zerstören. Viele Ehen scheitern an solchen unbewußten Verhältnissen.

Daß die Beziehungen in der Familie das durch nichts zu ersetzende Lernfeld für Liebesfähigkeit sind, könnte man, bei Vorhandensein von Geschwistern, auch an der *Kind-Kind-Beziehung* veranschaulichen. Viele Menschen nehmen, jedenfalls in den Ein-Kind-Familien hochentwickelter Industriegesellschaften, schon dadurch Schaden, daß ihnen in Geschwistern die Erfahrung des Umgangs mit gleich- oder verschiedengeschlechtlichen Partnern und Konkurrenten vorenthalten bleibt. Der Kindergarten bildet dafür zwar eine hilfreiche, aber doch nicht gleichwertige Alternative, weil man sich in ihm oder aus ihm – anders als in der Familie – zurückziehen kann. Man wird allerdings die Bedeutung der Kindergartenliebe nicht unterschätzen. Ein Kind ist, nach Freud, »lange vor der Pubertät ein bis auf die Fortpflanzungsfähigkeit fertiges Liebeswesen«.

Nach der biologischen Reife der Pubertät – die erste Menstruation beim Mädchen und die erste Pollution beim Jungen zeigen sie an – durchläuft die Beziehungsgeschichte in aller Regel eine *autosoziale* (Beziehung zu sich selbst), eine *homosoziale* (Beziehung zu gleichgeschlechtlichen Menschen) und eine *heterosoziale* (Beziehung zu Menschen des anderen Geschlechts) Phase. Es kommen vielfach ausgesprochen sexuelle Interessen hinzu

(Selbstbefriedigung, homosexuelle und heterosexuelle Erfahrungen). Dazu jedoch nur dies: Lange Jahrhunderte war das Motiv für die Trennung von Jungen und Mädchen, sie vor den »Gefahren« einer »allzu frühen« Begegnung zu schützen. Man nahm dadurch Mädchen und Jungen die Einübungsfelder für wechselseitiges Verstehen und gegenseitige Rücksichtnahme. Nicht nur viel Unbeholfenheit, sondern auch viel Angst in der (sexuellen) Beziehung Jugendlicher, über die wir uns gegenwärtig durch die massenmedial erzählten erotischen Geschichten gern hinwegtäuschen lassen, müßten nicht sein, wenn man mehr an einer Kultur der Begegnung von Jungen und Mädchen im Jugendalter – und an ihrer Sexualität – arbeiten würde. Allerdings sollten die Erwachsenen, die solches betreiben, ihre Enttäuschungen aus ihrer eigenen Beziehungsgeschichte so bearbeitet haben, daß sie sich mit ihnen versöhnen können. Die beiden extremen Einstellungen, alles entweder rigoros zu verbieten oder permissiv zu erlauben, die für die Entwicklung junger Menschen nun überhaupt nicht hilfreich sind, sind gleichermaßen Ausdrucksformen unbewältigter lebensgeschichtlicher Verletzungen.

Experimentelle Heterosexualität

Die aus der verliebten Freundschaft zwischen Jungen und Mädchen hervorgehende liebende Partnerschaft junger Erwachsener – ich will mich nicht auf Altersangaben einlassen, wünschte aber, daß junge Leute die Kindheit wirklich hinter sich haben, wenn sie in das kommen, was ich hier »liebende Partnerschaft« nenne – ist auch das Einübungsfeld sexueller Praxis. Sie ist der Ort der ersten qualifizierten heterosexuellen Erfahrung. Sexuelle Erkundungen am anderen Geschlecht kennen schon Kinder in ihren Doktorspielen. Neugierige Abenteuer erleben Jungen und Mädchen im Spiel. Und es wäre zu hoffen, daß sie erwachsene Begleiter finden, die ihnen – bei einer eventuellen Entdeckung – keinen Schrecken einjagen, sondern ihnen hilfreich sind, indem sie ihnen das Neuentdeckte und Geheimnisvolle von Mann und Frau und deren sexuelle Beziehung erklären. Doch nun sind aus Kindern junge Erwachsene geworden, sie betreten selbst das Feld sexuellen Experimentierens – bedürfen freilich auch des Gesprächspartners, der ihnen, sofern sie wollen, ihre Erfahrungen kritisch und inspirativ deutet.

Das Problematische der Beziehung zwischen jungen Erwachsenen ist nicht, was man »vorehelichen Geschlechtsverkehr« nennt; er kann ein legitimer körpersprachlicher Ausdruck ihrer Liebe sein. Es ist eher die Art und Tiefe der Bindung, die sie eingehen, wenn sie entweder (unbewußt) im nicht-blutsverwandten Partner eine Fortsetzung ihrer Beziehung zu Vater oder Mutter suchen oder sich so fest binden, daß sie sich die Möglichkeit der Partnerwahl erschweren, oder beides. Was die Körpernähe ihrer Beziehung betrifft, so spricht man in synodalen Dokumenten bereits von einer »Stufenleiter der Zärtlichkeiten« oder einer »Polyphonie der Zärtlichkeit«, womit selbst im kirchlichen Bereich die liebende Partnerschaft als Einübungsfeld sexueller Praxis anerkannt wird.

Nach Schofield folgt die sexuelle Entwicklung einer bestimmten, charakteristischen Progression; mit allerdings wesentlichen Altersunterschieden im Verhalten von Jungen und Mädchen. Die Stufen sind:

I. Kein oder wenig Kontakt zum anderen Geschlecht. Unter Umständen schon eine Verabredung getroffen, jedoch ohne Küssen.

II. Leichtes Petting. Küsse, vielleicht Bruststimulation über der Kleidung.

III. Intensives Petting. Bruststimulation unter der Kleidung, womöglich manuell-genitale Stimulation und Genitalapposition, ohne Koitus.

IV. Koitus mit einem Partner.

V. Koitus mit mehr als einem Partner.

Die Zeit vom ersten Kuß bis zur letzten Intimität dauert im Schnitt drei Jahre, wobei es jedoch möglich – gar üblich – ist, daß die Partner wechseln und so die Zeit vom Kennenlernen des

Partners, mit dem der erste Geschlechtsverkehr vollzogen wird, bis zum Vollzug sehr viel kürzer ist.
Was damit angedeutet werden soll ist dies: Junge Leute, die einander als Mann und Frau begegnen, verfügen über eine ganze Palette sexueller Ausdrucksformen: Gruß, Geste, Blick, Lächeln, Annäherung, Flirt, Verabredung, schweigendes Beisammensein, Gespräch, Streicheln, Kuß, Liebesspiel, Hingabe – alle diese Formen sind möglich und kommen vor und für alle diese Formen lassen sie sich Zeit. Und alle diese Formen sind in entfalteten sexuellen Beziehungen nötig und wollen gelernt sein – von Anfang an.
Wer sie dabei begleiten will und an einer Humanisierung und Kultivierung ihrer Sexualität interessiert ist, der wird sie zum Sprechen ermutigen. Da sind zunächst die Gleichaltrigengruppen. Sie bestimmen die Einstellung Jugendlicher zur Sexualität mehr als Autoritäten (Eltern, Lehrer, Pfarrer). Gegen das Ethos und die Praxis der peer-group wird sich normalerweise kein Jugendlicher stellen. Er würde zum Außenseiter. Darum ist die Gruppe der Ort von Gesprächen. Leider wird hier nicht immer mit dem nötigen Ernst gesprochen und nicht immer die Wahrheit gesagt – es wird schnell gegrinst und geprotzt: Ausdruck von Verlegenheit und Unsicherheit. Ernsthaftes und wahrhaftes Reden einzuüben, mit dem nötigen Respekt vor und Verständnis für den Gesprächspartner – und darin Sprache für den Ausdruck sexueller Wünsche, Erfahrungen und Konflikte zu finden, ist die Aufgabe.
Die eigenen Eltern sind häufig nicht die von jungen Erwachsenen gesuchten und für sie geeigneten Gesprächspartner. Sie haben zumeist Hemmungen, mit ihren Kindern aus Erfahrung zu reden – und das müßten sie, soll ein überzeugendes Gespräch zustandekommen. Darum ist das personale Angebot des Jugendgruppenleiters/der Jugendgruppenleiterin hilfreich. Das geht aber nur in einer Atmosphäre, in der die gesellschaftlichen Sanktionsmechanismen vorübergehend außer Kraft gesetzt werden. In einer Kirchengesellschaft mit rigorosen Normen kann das zu unerträglichen Konflikten führen. Wer die sexuellen Erfahrungen Ju-

gendlicher respektiert – weil sonst von ihnen nicht gesprochen werden kann –, wird schnell verdächtigt, sie auch zu billigen.
Der Inhalt der Gespräche wird sich nicht auf biologische Sachverhalte, Verhütungsmethoden oder die Gefahren der Sexualität beschränken. Die Gespräche sollen Erlebnisse differenzieren, Gefühle spiegeln und strukturieren und Leid bewältigen helfen – durch wechselseitiges Anteilgeben an den eigenen Erfahrungen.
Notwendig ist auch die Auseinandersetzung mit den öffentlich vermittelten Modellen von Liebe und Ehe, Sexualität und Partnerschaft. Die Medien beeinflussen durch die Geschichten, die sie erzählen, und durch die Bilder, die sie zeigen, das Bewußtsein von dem, was als »normal« gilt. Viele junge Leute lassen sich davon verführen und erleben sich als unnormal, wenn sie nicht so sind, wie die Geschichten und Bilder der Medien ihnen vorgaukeln. Das hat Streß zur Folge oder Versagensgefühle. In jedem Fall bedeutet es eine Verunsicherung der eigenen (sexuellen) Identität.
Man wird jungen Leuten – wenn sie wollen – beistehen bei ihrem Suchen nach einem Partner. Die Partnerwahl hat es in sich, ob sie nun bewußt erfolgt oder unbesehen getroffen wird, vielleicht nur dadurch, daß man von einem Freund/einer Freundin nicht mehr los kommt. Die gemeinsame Synode der Bistümer in der BRD trifft den Punkt: »Sinn der Begegnung zwischen Partnern verschiedenen Geschlechts vor der Ehe ist es nicht zuletzt, den für das gemeinsame Leben in der Ehe am besten geeigneten Partner zu finden. Das setzt die Auswahl unter mehreren möglichen Partnern in Freiheit, sowie die Bereitschaft zur gegenseitigen Prüfung und zur Korrektur einer als verfehlt anerkannten Partnerwahl voraus. Beides läßt sich am besten verwirklichen, wenn die Art der Beziehungen zwischen den Partnern dem noch nicht endgültigen Charakter der Verbindung entspricht. Die Aufnahme voller sexueller Beziehungen vor der Ehe erschwert durch vorzeitige Bindung die freie Wahl und macht sie unter Umständen sogar unmöglich.«
Wichtig ist, daß sich die jungen Liebenden vor einer Isolierung zu zweit bewahren, damit sie in der Entwicklung ihrer Beziehung

offen bleiben können. Dafür sind ihnen Gelegenheiten anzubieten: in Jugendgruppen, Sportvereinen, Jugendzentren und Gemeindehäusern. Die frühe Sexualisierung schon jugendlicher Beziehungen hat (auch) damit zu tun, daß Jugendlichen – speziell über Schulen und Kirchen – kaum spannende und inhaltsreiche Formen des geselligen und gesellschaftlichen Umgangs mit dem anderen Geschlecht vermittelt werden.

Bedroht durch Aids?

Aids bedroht die menschliche Sexualität. Am meisten bedroht es die sexuelle Entwicklung Jugendlicher und junger Erwachsener. Es ist aber weder der gegenwärtig noch fast sichere tödliche Ausgang der Aids-Erkrankung, von dem die Bedrohung ausgeht, noch die reale Wahrscheinlichkeit der Infektion mit dem HIV-Virus (dem Immunschwäche-Virus). Denn die Krankheit kann nur ausbrechen, wenn man infiziert ist, und vor der Infektion kann man sich schützen. Die Bedrohung, die ich meine, geht aus von den mit der Aids-Gefahr begründeten Warnungen vor sexuellen Erfahrungen oder Appellen zur sexuellen Enthaltsamkeit, die in ihrer Pauschalität wahrheitswidrig sind und die sexuelle Entwicklung Jugendlicher stören müssen. Sie machen nämlich Angst und helfen damit niemand.

Aids ist todesgefährlich: für den der infiziert oder erkrankt ist und für den, der sich infiziert und – was bisher nicht in jedem Falle eintrat – erkrankt. Das soll gewiß nicht verharmlost werden. Und darum sind gegenwärtig – und wohl auch in Zukunft, solange es keine Therapie gibt – nur sexuelle Erfahrungen möglich, von denen sicher ist, daß sie Aids nicht übertragen können. Aber derer sind viele. Aids kann nämlich nur übertragen werden, wenn Körperflüssigkeit (Blut, Sperma, Vaginalsekret) des einen (durch offene, allerdings auch kleinste Wunden) in die Blutbahn des anderen gelangt, was – bezogen auf die Sexualität – bei jedem Koitus und allen koitusähnlichen (Analverkehr, Mundverkehr) Sexualpraktiken möglich ist, jedenfalls dann, wenn ein Partner beteiligt ist, der den HIV-Virus in sich trägt. Da nun aber die Körpersprache der Liebe viele Worte kennt, also ein ganzes Spektrum sexueller Erfahrungen möglich bleibt, sind generelle Warnungen und Enthaltsamkeitsappelle – wegen Aids – unbegründet. »Alles oder Nichts« (koitale Sexualität oder keine): dessen müssen wir uns entwöhnen, im Denken, Sprechen und Handeln.

Es bedeutet eine Verarmung, wenn der Koitus als einzige Möglichkeit sexueller Erfahrung gilt. Damit soll diese intimste und erregendste Form sexueller Nähe gewiß nicht abgewertet werden. Sie soll aber ihre Einschätzung als einzige Form verlieren. Eingeordnet in das Spiel der tausend Möglichkeiten menschlicher Sexualität, die über die Stufenleiter der Zärtlichkeiten in der Selbstbefriedigung oder im Petting bis zum Orgasmus führen mögen, könnte der – bisweilen aufgeschobene – koitale Höhepunkt an Erlebnisintensität gewinnen. Allerdings müssen diese – die tausend Möglichkeiten – dann auch im experimentellen Spiel der Sexualität, die Sprache der Liebe ist, gelassen zugestanden werden, sofern sie menschenwürdig sind.

Abkehr vom Koituszentrismus meint nicht generellen Verzicht auf den Koitus. Es gibt ja Situationen und Beziehungen, in denen Aids keine Gefahr darstellt. Das ist dann der Fall, wenn keiner der Beteiligten HIV-infiziert ist. Die Unbedenklichkeit ließe sich – sofern Verdachtsgründe bestehen – ärztlich feststellen. Niemand soll sich darum unnötig ängstigen lassen, sondern durch Aufklärung über die wahren Gefährdungen sicher werden. Und wenn Unsicherheit darüber existiert, ob eine Infektionsgefahr besteht, und der Wunsch nach koitaler Sexualität zwingend wird, dann wenigstens ansteckungssichere Formen: in einer Liebesbeziehung und mit Kondom-Schutz.

Wer selbst infiziert ist, trägt hier eine besondere Verantwortung. Er kann den HIV-Virus übertragen – allerdings nur über koitale und koitusähnliche Sexualpraktiken. Alle anderen sexuellen Möglichkeiten stehen ihm offen. Er mag auf sie alle verzichten. Doch dann tut er es aus anderen Gründen als um der Aids-Gefahr willen.

Die Aufforderung zur (sexuellen) Treue als Schutz gegen Aids muß bei vielen jungen Leuten ins Leere laufen. Treueforderungen können sich sinnvollerweise nur an die richten, die in einer festen Beziehung leben. In der Situation der Unsicherheit und Suche erledigt sich die Treueforderung von selbst. Man kann – und ich tue das – viel von Treue halten und jedem die tiefe Befriedigung und menschliche Erfüllung einer verläßlichen Beziehung wünschen, deren Partner einander treu sind, weil sie Freude aneinander haben. Dafür spricht das Ethos einer menschenfreundlichen und menschenwürdigen Sexualität. Die Treueforderung als Aids-Prophylaxe, undifferenziert an alle gerichtet, ist aber etwas ganz anderes. Sie trifft die Situation jugendlichen Experimentierens genauso wenig wie die pauschale Enthaltsamkeitserwartung.

Die Alternative Treue oder Enthaltsamkeit muß für den gesunden Liebes- oder Ehepartner eines HIV-Infizierten oder Aidskranken in ihrer Allgemeinheit geradezu zynisch sein. Wie soll er diese Warnung verstehen, wenn sie als Aids-Sicherung daherkommt? Verbietet sie ihm jedwede sexuelle Erfahrung? Man sollte wenigstens offen sagen, daß ihm – auch mit seinem Partner – viele Worte der Sprache der Liebe möglich bleiben.

Die wichtigste Aufgabe einer Sexualerziehung heute scheint zu sein, Menschen, speziell jungen Leuten, die Fähigkeit und Bereitschaft zu Selbstbestimmung und Selbstverantwortung zu ermöglichen. Dann aber ist differenziert zu denken: in der Sache und in den verschiedenen Argumentationsebenen. Die selbstbestimmte Verantwortung, die erworben werden soll, ist eine doppelte. Sie ist eine Verantwortung gegenüber der Infektion oder Krankheit Aids und zugleich eine Verantwortung gegenüber der Idee einer menschenfreundlichen und menschenwürdigen Sexualität. Gegen Aids kann letztlich nur jeder – jedes Paar – sich selbst schützen und zu einem Ethos der Sexualität kann letztlich nur jeder – jedes Paar – sich selbst entschließen.

Ich bin davon überzeugt, daß die Menschen trotz Aids sexuell lieben dürfen, ja daß sie es sollen und daß sie es lernen sollen. Möglicherweise werden sexuelle Menschen angesichts von Aids wahrnehmungsfähiger und entdeckungsfreudiger für ein Ethos und eine Praxis der Sexualität, das die Vorsicht vor der Bedrohung mit der Rücksicht auf die Bedürftigkeit zu lieben – auch sexuell zu lieben – verbindet. Wir müssen jedenfalls junge Menschen, die ihre Sexualität entdecken, im Experiment entfalten und in der Liebe leben wollen, nicht von ihrer Sexualität abschrecken. Wir sollten ihnen Möglichkeiten menschenfreundlicher und menschenwürdiger Sexualität vermitteln.

Mut zum Widerspruch

Selbstbestimmung wird gelernt und braucht Hilfen. Das verlangt nicht das permissive Gewährenlassen, sondern den mutigen Widerspruch. Der ist selbstverständlich nur dann angezeigt, wenn man tatsächlich anderer Überzeugung ist als der/die Jugendliche und nicht nur meint, aus anderen Rücksichten eine andere Überzeugung hervorkehren zu müssen. Wer aber dann nicht widerspricht, erweist sich entweder als desinteressiert oder er räumt die »Freiheit des Idioten« ein, was Jugendliche kränken muß. Widerspruch ist Ausdruck des Respekts. Die Freiheit der Selbstbestimmung bildet sich, wenn denn Selbstbestimmung nicht zur Fremdbestimmung durch eigene Launen und Meinungen verkommen soll, am offen eingelegten Widerspruch und an der Auseinandersetzung mit dargelegten Argumenten.

Ich bin für Selbstbestimmung. Menschen, speziell junge Menschen, müssen lernen, sich selbst zu entscheiden. Darum werden – außer in extremen Situationen, wenn es um Leben und Tod geht – keine Gebote formuliert oder Verbote gesetzt. Es werden Gründe vorgelegt, die überzeugen können. Gut: es gibt Situationen, in denen Eltern sich den Mund fusselig reden können, ohne daß sie an Überzeugungskraft gewinnen oder entsprechende Wirkungen hervorrufen. Sohn oder Tochter wollen einfach nicht einsehen. Da kann schon einmal der Kragen platzen und man kann unerbittlich werden. Es ist möglich, vielleicht sogar wahrscheinlich, daß solche Situationen in jeder Familie immer wieder vorkommen. Daß sie vorkommen, ist nicht das Problem. Ein Problem entstünde, wenn Eltern ihre rigorose Behinderung der Selbstbestimmung von Sohn oder Tochter als Ausgeburt sinnvoller Erziehung ausgeben würden. Dies ist sie aber nicht. Es ist eine leidige Zwangssituation. Man sollte die eigenen Ängste und die erlebte Ohnmacht dem uneinsichtig gebliebenen Jugendlichen – nachher – verständlich machen und sich – gegebenenfalls – entschuldigen. Werden Jugendliche so ernstgenommen – also durch Widerspruch interessiert wahrgenommen und zur Auseinandersetzung herausgefordert –, dann können sie sich selbst ernstnehmen und den, der sie ernstnahm. Und so besteht die Möglichkeit, daß aus dem ernsthaft und respektvoll geführten Streit eine neue Partnerschaft zwischen Jugendlichen und Eltern hervorgeht.

3. Selbstbefriedigung – einsames Lieben?

Etwas von der schlimmen Leidensgeschichte vieler Menschen tritt mit dem Stichwort »Selbstbefriedigung« in die Erinnerung. Gegen sie hat es in der christlichen und bürgerlichen Vergangenheit, die wir hinter uns haben und noch in uns tragen, Kämpfe gegeben, die unvergeßlich sind. Man könnte sich mit ihnen versöhnen, wenn sie der Vergangenheit angehören würden. Doch ist davon nicht auszugehen. Kürzlich noch haben wir in einem kirchenamtlichen Dokument lesen müssen: »Die Selbstbefriedigung ist nach katholischer Lehre ›eine schwere sittliche Verfehlung‹, weil ... die Geschlechtskraft in einer Weise gebraucht wird, die ihrem inneren Ziel wesentlich widerspricht; sie steht nicht im Dienst der Liebe und des Lebens gemäß dem Plane Gottes.«

Das größte Tabu

Nach meiner Überzeugung ist die Selbstbefriedigung das größte sexuelle Tabu. Sie wird, obwohl weiter verbreitet, mehr verdrängt als die Homosexualität. Vor allem seit nach dem Propagieren des »Coming out« für Homosexuelle die Homosexualität sehr viel gesprächsfähiger geworden ist.
Selbstbefriedigung kommt überall vor. Sie ist schon bei Kleinkindern möglich und durchaus auch üblich. Jedenfalls sind die organischen Begleiterscheinungen, die für den Orgasmus typisch sind, bei ihnen schon zu beobachten. Ansonsten wird die Selbstbefriedigung in allen Lebensaltern angetroffen, selbst bei koituserfahrenen und verheirateten Menschen. Ihre statistische Normalität sagt allerdings nichts über ihre ethische Normativität. Ob die weite Verbreitung der Selbstbefriedigung auskunftsfähig ist für das Ausmaß sexuellen Glücks, also dafür, ob die Selbstbefriedigung eine gelungene sexuelle Erfahrung ist, ist ein anderes und durchaus strittiges Kapitel.

Zur Begrifflichkeit

Es gibt keine zufriedenstellende Bezeichnung für das, was ich zumeist »Selbstbefriedigung« nennen werde. Die verschiedenen Möglichkeiten sind allesamt unzureichend. Bekker hat, wie er 1710 selbst behauptet, die Bezeichnung »Onanie« für die Selbstbefriedigung erfunden. C. Hofmann schreibt die Einführung dieser Bezeichnung Tissot (1760) zu. Das Wort kommt aus der biblischen Geschichte des Onan, der seinem verstorbenen Bruder dadurch Nachkommenschaft vorenthielt, daß er beim Verkehr mit dessen Witwe »den Samen zur Erde fallen und verderben« ließ (Genesis 38,9). Die Bezeichnung der Selbstbefriedigung als »Onanie« ist also falsch. »Onanie« ist nämlich die Unterbrechung des Geschlechtsverkehrs zur Verhütung von Kindern.
Aus der Säftetheorie stammt die Bezeichnung »Selbstschwächung«. Was sie meint, findet sich bei H. Schilgen: »Im allge-

meinen sind die Wirkungen ähnlich, wie wenn man im Frühling in die Rinde eines Bäumchens Einschnitte machen würde, so daß der Saft ›herausquillt‹.« Die Selbstbefriedigung wird damit charakterisiert als sinnlose Vergeudung von Samen, Erschlaffung des Körpers, Entleerung der Seele. Man gab vor, daß dies erkennbar sei: an der Bleichheit des jungen Menschen, an seiner Lustlosigkeit und Desinteressiertheit an »Höherem«. Gebräuchlich war auch der Ausdruck »Selbstbefleckung«. Er wird verständlich auf dem Hintergrund des Reinheitsideals »Rein bleiben und reif werden«. Selbstbefriedigung wird mit Schmutz assoziiert und wird so zu etwas Schmutzigem.
Der bekanntesten Bezeichnung »Masturbation« werden zwei Herleitungen zugeordnet: »manu turbo« (Verwirrung mit der Hand); und »manu stupro« (Schändung mit der Hand). Hier wird vor allem auf die Stimulation der Selbstbefriedigung mit der Hand abgehoben. Doch Selbstbefriedigung geschieht nicht nur oder nicht immer mit der Hand. Die Bezeichnung »Ipsation« will die Selbstbezogenheit andeuten, in der sich befinde, wer sich selbst befriedigt. Doch läßt sich fragen, ob Selbstbefriedigung nicht auch ein Ereignis der Kontaktnahme ist – wenigstens in den begleitenden Fantasien. Selbst die Bezeichnung »Selbstbefriedigung« hat etwas Fragwürdiges an sich. Ist denn Selbstbefriedigung immer sexuelle Befriedigung? Möglicherweise ist sie nur eine orgastische Entspannung – und dies nicht einmal immer –, ohne daß Frieden eintritt.

Selbstbefriedigung als eigene sexuelle Erfahrungsmöglichkeit

Die Selbstbefriedigung ist für viele Menschen keine vorübergehende Erscheinung. Offensichtlich etabliert sie sich immer mehr als eine sexuelle Erfahrungsmöglichkeit eigener Art, die auch dann noch aufgesucht wird, wenn andere sexuelle Erfahrungen gemacht werden. Hier ist allerdings noch genauer hinzuschauen; auf die Art dieser sexuellen Erfahrung und ihre Eigenständigkeit.

Um dazu einen Zugang zu gewinnen, ist die Unterscheidung von Vorkommen und Häufigkeit der Selbstbefriedigung von Bedeutung. Das Vorkommen einer Handlung verrät, wie Menschen sich zu der Norm einstellen, die diese Handlung verbietet. Es ist also ein Parameter für die individuelle und gesellschaftliche Einstellung zur Norm. Dies gilt unabhängig von der Häufigkeit der Handlung. Denn schon eine einzige Handlung, welche die Norm verbietet, ist eine Normübertretung. Die Häufigkeit dagegen ist ein Parameter für die individuelle Bereitschaft zu sexuellem Erleben.

Bekanntlich ist das Vorkommen der Selbstbefriedigung bei Männern seit langem hoch. Bei Frauen dagegen hat es in den letzten zwei Jahrzehnten erheblich zugenommen. Die individuelle und gesellschaftliche Einstellung zur Selbstbefriedigung ist für Frauen also permissiver geworden. Die Häufigkeit der Selbstbefriedigung ist bei Männern größer als bei Frauen, und zwar unabhängig davon, ob diese verheiratet sind oder nicht. Es zeigt sich jedoch, daß die Häufigkeit bei koituserfahrenen Männern auffallend abnimmt. Selbstbefriedigung scheint danach für Männer eher eine Form der *Ersatz*befriedigung zu sein. Bei Frauen dagegen variiert die Häufigkeit kaum, ob sie koituserfahren sind oder nicht. Die Selbstbefriedigung der Frauen ist womöglich Selbst*befriedigung* und damit – neben dem Koitus – eine eher vollgültige sexuelle Erfahrung. So jedenfalls sieht es U. Clement. Vielleicht übersieht er dabei, daß die Koituserfahrung von Frauen nicht immer eine Orgasmuserfahrung ist, weil Frauen im Koitus nicht immer zum Orgasmus kommen, so daß die Selbstbefriedigung nur ein Nachholen dessen wäre, was Frauen beim Geschlechtsverkehr entgeht.

Die Selbstbefriedigung wird – entgegen solchen Beobachtungen – häufig immer noch als Übergangserscheinung ausgegeben, die in einer bestimmten Lebensphase vorkomme und dann im Normalfalle von selbst verschwinde. Das muß bei denen zu Irritationen führen, die sich weiterhin zur Selbstbefriedigung gedrängt erleben. Wer zudem noch neben anderen sexuellen Erfahrungsmöglichkeiten die Selbstbefriedigung praktiziert, muß sich für abnorm halten, ohne daß er es ist.

Ist Selbstbefriedigung schädlich?

Die Selbstbefriedigung ist körperlich völlig unschädlich. Alle entsprechende Angst entbehrt der Gründe. Vielleicht hat sie psychische Folgen, worauf noch zurückzukommen ist. Möglicherweise ist sie – in manchen Fällen – auch Symptom vorausliegender psychischer Behinderungen. Selbstbefriedigung ist nämlich, wie alle sexuelle Praxis, als Ausdruck der Gesamtperson und ihrer Lebenssituation zu verstehen. Wenn Selbstbefriedigung zwanghaft wird, wenn sie zu einem »Muß« wird, ist Aufmerksamkeit geboten. Das ist dann aber kein speziell sexuelles Problem, sondern das Problem aller psychischen Zwänge.
Schädlich sei allein, so F. Koch und K. Lutzmann in ihren »Stichwörtern zur Sexualerziehung«, die Tatsache, »daß Kinder und Jugendliche wegen der vielfach antiquierten Normvorstellungen ihrer Erzieher diese Variante sexuellen Verhaltens nicht angst- und konfliktfrei praktizieren können«. Ich nehme Anstoß an ihrer exklusiven Formulierung, nicht daran, daß sie mit antiquierten Moralvorstellungen – besser vielleicht: unbegründeten Moralvorstellungen – Schadenswirkungen verbinden. Doch muß man genau sehen, welche Schädigung so möglich ist. E. Ringel und A. Kirchmayr heben einen wichtigen Aspekt hervor: »Tragischerweise erreicht gerade das rigoros gesetzte Onanieverbot oft das Gegenteil des Angestrebten. Wenn nämlich Masturbation mit Schuldgefühlen gekoppelt wird und so zu einer neurotischen Fixierung und Einengung führt, ist später oft die Kontaktfähigkeit für eine zwischenmenschlich gestaltete Sexualität gestört.«
E. J. Cooper fragt einerseits zaghaft, ob »eine christlich geprägte Sexualerziehung« nicht auf die Überbewertung der Selbstbefriedigung als »Todsünde« verzichten könne. Andererseits empfiehlt er, die Selbstbefriedigung nicht zu verharmlosen, weil die Sexual-

erziehung »dem Jugendlichen sonst den Hinweis schuldig bliebe, die Autoerotik könne keineswegs als förderlich für die sexuelle Reifung betrachtet werden«. H. Kentler sieht in der Selbstbefriedigung dagegen ein »erzieherisch wertvolles Durchgangsstadium«. Er stellt sich ausdrücklich gegen die amtskirchliche Doktrin, die von der generell statuierten Sündhaftigkeit nicht lassen wolle. Von allgemeinen Behauptungen ist aber nicht viel zu halten. Ob ein konkreter Mensch sich durch Selbstbefriedigung schädigt oder sich als (möglicher) Liebhaber kurzfristig oder langfristig verfehlt, ist in so großem Umfang abhängig von seiner Situation und Lebensgeschichte, daß allgemeine Urteile nicht taugen.

Die Selbstbefriedigung als historisch gewordenes Problem

Die Selbstbefriedigung sei eine typische Form desoziabilisierter bürgerlicher Sexualität, so das Urteil des Historikers van Ussel. V. E. Pilgrim hält sie für eine Konstruktion des bürgerlichen Zeitalters. Die Selbstbefriedigung ist jedenfalls im 18. Jahrhundert verstärkt wahrgenommen und allgemein zum Problem geworden. »Vor 1750 wird die Masturbation in nichtklerikalen Quellen selten erwähnt« (E. Shorter). Manche wollen geradezu von einer Entdeckung der Selbstbefriedigung damals sprechen (W. Braun).
S. A. Tissot, bekannter Mediziner und Berater des Papstes, hat 1760 mit einem weit verbreiteten Buch das Problem der Selbstbefriedigung öffentlich ins Gespräch gebracht. Er griff damit auf, was ein gewisser Bekker schon zu Beginn des 18. Jahrhunderts in London anonym thematisiert hatte. Beide Autoren schreiben in einer Zeit, in der man bemüht war, alle möglichen körperlichen und geistigen Leiden auf die Masturbation zurückzuführen. »Die Palette reichte von Hämorrhoiden, Obstipation und Gonorrhoe über Impotenz, Rheumatismus und Geschwülste bis zu Epilepsie, Schwachsinn, Blindheit, Schwindsucht und Wahnsinn«

(V. Sigusch). So begann der Kampf der Medizin gegen die Selbstbefriedigung.

Als pädagogisches Problem tritt die Selbstbefriedigung seit der Aufklärung auf: bei Rousseau und den Philanthropen. J. J. Rousseau äußerte sich 1762 im »Emile«. Der größte Feind des jungen Mannes sei er selbst. Darum sei es Aufgabe des Erziehers, ihn vor sich selbst zu schützen. Auch vor seinem Sexualtrieb. Der Sexualtrieb »ist gut, solange er allein wirkt; er ist bedenklich, sobald er sich in die menschlichen Institutionen einmischt – man soll ihn nicht vernichten, sondern regeln ...« Selbstbefriedigung allerdings sei eine »gefährliche Abhilfe«. »Von dem Augenblick an wird er kraftlos an Leib und Seele; bis zum Grab wird er die unheilvollen Folgen dieser Gewohnheit an sich tragen, der unheilvollsten, der ein junger Mann verfallen kann.« Darum spricht Rousseau sich für die Enthaltsamkeit bis zur Ehe aus. Doch wenn die »Raserei eines heißen Temperaments unüberwindlich« sei, müsse etwas getan werden. Dann allerdings solle man den jungen Mann lieber den Frauen ausliefern (denen könne man ihn wieder entreißen) als ihn lasterhaft werden lassen (das sei nicht mehr abzustellen). Rousseau hält also die Selbstbefriedigung für schädlicher als den Geschlechtsverkehr, weil man ihr eher und nachhaltiger verfällt als ihm.

In seinen »Bekenntnissen« – posthum veröffentlichten autobiografischen Texten – spricht Rousseau von der Selbstbefriedigung als einer Ersatzbefriedigung, »mit welcher man die Natur betrügt«, welche aber junge Leute seines Naturells »vor vielen Ausschweifungen bewahrt – freilich auf Kosten ihrer Gesundheit, ihrer Frische, ja oftmals ihres Lebens«. Dieses »Laster, das für die Schamhaftigkeit und Schüchternheit so bequem ist«, besitze darüber hinaus noch für »Menschen mit lebhafter Einbildungskraft einen besonderen Reiz: sie können nämlich sozusagen nach ihrem Belieben über das ganze andere Geschlecht verfügen und sich der Schönheit bedienen, ohne es nötig zu haben, ihr Einverständnis einzuholen«. Ausweg ist ihm jetzt die Liebe zu einer Frau. Sie beruhige die Sexualfantasien.

Die Philanthropen haben die Vorstellungen ihrer Zeit aus Medizin und Pädagogik gebündelt. Ihr Selbstverständnis verdeutlicht C. G. Salzmann 1799 im Vorwort zur dritten Auflage seines Büchleins »Über die heimlichen Sünden der Jugend«: »Es erscheint hier die dritte Auflage eines Buches, welches in ganz Deutschland großes Aufsehen erregt und wohltätige Wirkungen hervorgebracht hat. Der Zweck, den ich mir bei Ausfertigung desselben vorsetzte, ist also erreicht. Deutschland ist aus seinem Schlummer geweckt, die Deutschen sind auf ein Übel aufmerksam gemacht worden, das an der Wurzel der Menschheit nagte, die Rektoren von Gymnasien, Schulen, Erziehungsanstalten, Väter, Hauslehrer sind ermuntert worden, diesem Übel entgegen zu arbeiten. Viele tausend deutsche Jünglinge, die in Gefahr waren, der Charité entgegenzuwelken, wurden gerettet und wenden jetzt ihre geretteten Kräfte zum besten der Menschheit und vorzüglich der deutschen Menschheit an; von mehreren tausend Kindern wurde die vergiftende Schlange zurückgeschlagen, ehe sie verwunden konnte. Man verzeihe mir, daß ich dieses sage, denn – es ist wahr. Immer noch laufen Briefe ein von jungen Männern, immer kommen noch Jünglinge zu mir, immer treffe ich auf meinen kleinen Reisen noch Personen, die – ganz ohne Veranlassung – mich versichern, daß sie ihre Rettung diesem Buch verdanken. Dies öffentlich zu sagen, bin ich meinem Vaterlande schuldig, damit es dieses Buch nicht sogleich aus der Hand lege, nicht gleich wieder in Schlummer versinke, sondern es ferner seiner Aufmerksamkeit würdige.«

Kirchliche Erklärungen (Leo IX. 1054; Alexander VII. 1665; Innozenz XI. 1679) zur Sexualität bezogen sich zunächst auf die soziale Seite des Sexuellen und kümmerten sich um die Selbstbefriedigung nicht. Was die Katechismen des 15. und 16. Jahrhunderts betrifft, so finden sich Hinweise auf die Selbstbefriedigung lediglich bei Dederich von Münster (1480). Er redet von Menschen, die »sich selbst mißbrauchen«. Später erscheinen Hinweise auf die Sündhaftigkeit solchen Tuns bei dem Prediger Richard Cappel (zwischen 1640 und 1658). Ignatius von Loyola erwähnt in seinem Exerzitienbuch eine Sünde der Selbstbefriedigung nicht. Noch das bekannte Werk der Jesuitenpädagogik von

G. M. Pachtler zur »Ratio Studiorum« von 1599 enthält keinerlei Hinweise auf die Selbstbefriedigung als pädagogisches Problem. »Aus der Sicht der pastoral angelegten Pädagogik der Jesuiten war die Selbstbefriedigung eben objektiv Sünde, hatte aber kein grundlegendes Gewicht für die geschlechtliche Erziehung« (W. Braun). Selbst noch katholische Aufklärungskatechismen schweigen über die Selbstbefriedigung. Doch schon gegen Ende des 18. und dann im Laufe des 19. Jahrhunderts wird die Selbstbefriedigung – neben der Schamhaftigkeit – zu einem alle Aufmerksamkeit beanspruchenden sexualpädagogischen Problem. Man sehe sich dazu bei A. Stolz um. Sie verliert ihre Zentralität erst in den sechziger Jahren dieses Jahrhunderts – wenigstens in den Texten, weniger in den Menschen.

Die Bibel zur Selbstbefriedigung

Die Bibel sagt zur Selbstbefriedigung nichts. »Das Gesetz beschäftigt sich lediglich mit dem unfreiwilligen Samenerguß des Mannes (Deuteronomium 23,11f.; Levitikus 15,16), der die Pflicht zur Waschung und den Zustand der kultischen Unreinheit bis zum Abend nach sich zieht« (H. Haag – K. Elliger). Über die Selbstbefriedigung als Möglichkeit sexueller Erfahrung schweigt die Bibel.
Die Geschichte des Onan (Genesis 38), aus der die Selbstbefriedigung ihren Namen »Onanie« bezogen hat, handelt nicht von der Selbstbefriedigung. Was man bei A. Forel etwa lesen kann – der Name Onanie komme »von Onan. Sein Vater verlangte von ihm (nach dem Alten Testament), daß er mit der Witwe seines Bruders Kinder erzeuge, was jedoch Onan nicht wollte, so daß er, um dies zu vermeiden, sein Glied gegen die Erde *reizte* und Samenentleerungen bewirkte, damit aus dem Beischlaf mit seiner Schwägerin keine Kinder hervorgingen« – ist eine auf die Selbstbefriedigung hin veränderte Lesart der Bibel. Tatsächlich nämlich heißt es im biblischen Text: »Da sagte Juda zu Onan: Geh mit der Frau deines Bruders die Schwagerehe ein, und

verschaff deinem Bruder Nachkommen. Onan wußte also, daß die Nachkommen nicht ihm gehören würden. So oft er zur Frau seines Bruders ging, ließ er den Samen zur Erde fallen und verderben, um seinem Bruder Nachkommen vorzuenthalten« (Genesis 38,8–10). Im Text ist – was das sexuelle Verhalten betrifft – nicht von der Selbstbefriedigung die Rede, sondern von der Unterbrechung des Geschlechtsverkehrs kurz vor dem Samenerguß. Von Onan wird dann wertend gesagt: »Was er tat, mißfiel dem Herrn, und so ließ er auch ihn sterben« (Genesis 38,10). Undeutlich bleibt, ob damit Onans Verstoß gegen die Fortpflanzung oder seine Mißachtung des Gebots der Schwagerehe (Deuteronomium 25,5–10) verurteilt wird; ob also sein Verhalten als sexuelles oder als gesetzliches Fehlverhalten Mißbilligung findet. Wie dem auch sei: Von der Selbstbefriedigung ist hier nicht die Rede.

Nun behauptet aber die sexualethische Erklärung der Glaubenskongregation von 1975, die Selbstbefriedigung werde in der Bibel verurteilt. Sie schreibt: »Auch wenn es nicht möglich ist, eindeutig zu belegen, daß die Heilige Schrift diese Sünde als solche ausdrücklich verwirft, hat es doch die kirchliche Überlieferung richtig verstanden, daß diese immer dann im Neuen Testament verurteilt wird, wenn von der ›Unreinheit‹, von der ›Schamlosigkeit‹ und von anderen Lastern gegen die Keuschheit und Enthaltsamkeit die Rede ist.« Das ist aber falsch. H. Haag und K. Elliger konnten zeigen, daß diese Argumentation einer seriösen Exegese nicht gerecht wird. Es wird nämlich in die biblischen Begriffe »Unreinheit« und »Schamlosigkeit« ein sexueller Sinn hineingelesen, der ihnen so nicht zukommt; und es wird der Begriff, der eine sexuelle Bedeutung hat, aber Prostitution meint, für die Verwerfung der Selbstbefriedigung mit in Anspruch genommen.

Selbstbefriedigung und Identität

Sexuelle Erfahrungen können – vermutlich – glücken, wenn in ihnen alle vier Sinnaspekte der Sexualität wenigstens anfanghaft zum Zuge kommen. Kann das bei der Selbstbefriedigung der Fall sein? Die folgenden Überlegungen wollen das Sexualverhalten anderer nicht ethisch bewerten. Das wäre nur im Blick auf Einzelfälle möglich. Sie werden angestellt, um die, die Menschen padägogisch begleiten, wahrnehmungsfähig zu machen für die Möglichkeiten und die Probleme, die sich mit der Selbstbefriedigung – vielleicht – einstellen.

Es läßt sich kaum bestreiten: Die Selbstbefriedigung hat mit der Identitätssuche des Menschen zu tun – ganz entsprechend dem Alter von Pubertät und Adoleszenz, in dem sie häufig wieder und verstärkt auftritt. Was kann Selbstbefriedigung nicht alles sein? Erkundung des Körpers; Erkundung seiner orgastischen Möglichkeiten; Erkundung des eigenen Könnens – womöglich in einer Zeit, in der durch negative oder uneindeutige Erfahrungen dieses Können in Frage steht (Minderwertigkeits- und Versagensgefühle); Behauptung (im Sinne von »sich behaupten«) des eigenen Könnens; Behauptung der eigenen sexuell-erotischen Erlebnisfähigkeit; Behauptung der Durchsetzungsfähigkeit gegenüber einschränkenden Normen oder Instanzen; Erprobung des eigenen Könnens, in Realität und Fantasie. Die Selbstbefriedigung hat etwas von einem experimentellen und emanzipatorischen Akt.

Die Selbstbefriedigung kann ein Spiel sein zur Erforschung und zur selbstbestimmten Inanspruchnahme der Möglichkeiten des eigenen Körpers. Sie ist gewiß, wie wir noch sehen werden, kein harmloses Spiel. Aber sie kann eben doch ein Spiel sein. Und darum darf man, was sie betrifft, gelassen sein. »Bei der Entdeckung des eigenen Körpers und somit auch der Sexualität ist normalerweise die Entdeckung der sexuellen Selbstbefriedigung ein natürlicher und gesunder Vorgang . . . Darum sollten wir alles tun, um diesbezüglich eine Befreiung von neurotisierenden und unnatürlichen Entwertungen dieser sexuellen Betätigung zu erreichen« (E. Ringel – A. Kirchmayr).

Die Lustsuche der Selbstbefriedigung ist zudem nicht immer die Suche nach libidinöser Lust, sondern häufig die Suche nach Lust am Ich. Es gibt »keine positive Beziehung zum Selbst, die nicht über die lustvolle Entdeckung des eigenen Körpers abläuft« (E. Ringel – A. Kirchmayr). Speziell für Männer ist die Selbstbefriedigung oft in diesem Sinne Ersatzbefriedigung. Sie benutzen das subjektive Erleben von Potenz als Quelle der Bestätigung ihrer männlichen Identität.
Was ist mit dem, der nicht onaniert? Tritt die Selbstbefriedigung überhaupt nicht auf, ohne besonderen Grund und Anstrengung, dann ist der Betroffene nicht anormal im normativen Verständnis. Er ist vielleicht, im Vergleich zu anderen, sexuell unentwikkelt oder uninteressiert. Doch das ist nichts Außergewöhnliches. Jeder ist auch in seiner Sexualität ein eigenständiges Individuum. Verbietet er sich aber die Selbstbefriedigung, bewußt oder unbewußt, dann hindert er sich vermutlich in seiner sexuellen Entwicklung, vielleicht sogar, ohne daß er es weiß. Es gibt allerdings kein »Du mußt«. Mit ihm ließe sich das traditionelle »Du darfst nicht« kaum überwinden. Das Ziel ist die Selbstbestimmung des Betroffenen. Er soll sich seinem Gefühl überlassen, und dieses Gefühl durch Gründe klären.
Doch ist auch die andere Seite zu bedenken. Identitätssuche über die Selbstbefriedigung bedeutet, daß Identität vornehmlich als sexuelle Erfahrung gewünscht und erlebt wird. Soll Identität jedoch das ganze Leben durchgehalten werden können, wird sie auch aus anderen Erfahrungen stammen und in anderen Erfahrungen gründen müssen als denen der Sexualität. Es gibt zudem das Phänomen der Identitätsstörung durch Überbewußtheit. Wer in Handlungen der Selbstbefriedigung ständig auf Identitätserfahrung aus ist, muß Identität nicht unbedingt finden. Er kann sie auch stören, vielleicht gar zerstören.
Und was den in der Selbstbefriedigung erprobten Aufstand gegen rigorose Normen und bedrückende Autoritäten betrifft: Man hat die Selbstbefriedigung die »Revolte der Feiglinge« genannt. »Der kraftvolle Jugendliche trägt seine Pubertäts-Opposition *offen* aus. Er revoltiert deutlich gegen Verbotstafeln und autori-

täre Befehle. Der Mutlose lehnt sich nur *im Geheimen* auf, was leichter ist, denn niemand merkt seine Oppositions-Onanie. Und dennoch sonnt er sich in dem Machtgefühl, daß er es fertig bringt, etwas Verbotenes zu tun, daß er damit den Eltern überlegen ist« (F. E. von Gagern). Selbstbefriedigung kann auch als Scheinemanzipation wirken.

Beziehungssuche durch Selbstbefriedigung

In der jüngeren Vergangenheit katholischer Sexualpädagogik wurde die Selbstbefriedigung verurteilt, weil sie Ausdruck und Zeichen einer egozentrischen Lebenseinstellung sei. Darin kommt bereits die Überzeugung zum Zuge, die Sexualität sei auch Möglichkeit und Medium der Beziehung von Mann und Frau, was man lange nicht wahrhaben wollte. So heißt es zum Beispiel im »Grundriß des Glaubens« von 1980: »Weil . . . die Sexualität den Menschen auf seine Beziehung zum anderen verweist, ist Selbstbefriedigung grundsätzlich nicht ›in Ordnung‹, das heißt sündhaft.« So R. Allers schon 1934: »Geschlechtlichkeit ist, wie wir ausführten, eine der Weisen, in denen die Person ihrer eigenen Grenzen auf das Nicht-Ich hin – hier in der Gestalt eines Du anderen Geschlechts – überschreitet. Dieser Seite der Hinordnung auf den Mitmenschen setzt das autoerotische Verhalten ein Nein entgegen.« Dieser Gedanke ist in der Bezeichnung »Ipsation« zusammengefaßt.

Ist Selbstbefriedigung aber Ipsation? Ist sie es immer und überall, in der Regel oder gar ausschließlich? Unter Berufung auf O. Schwarz will F. E. Freiherr von Gagern von einer heteroerotischen Onanie wissen. Die Selbstbefriedigung wäre danach gar nicht notwendig immer Partnerlosigkeit oder Partnervermeidung. Sie bekäme etwas von Partnersuche, vor allem in der Fantasie.

Tatsächlich hat die Selbstbefriedigung etwas von einer Einübung und Vorwegnahme einer sexuellen Beziehung, die nicht möglich ist (aus Angst oder wegen des Alters) oder noch nicht in Frage kommt (aus Überzeugung oder aus Behinderung). Die Selbstbefriedigung wäre so das Einspielen der Liebe; vielleicht gar der erste Schritt auf dem Weg zu sexuellen Erfahrungen mit anderen Menschen, die wegen sozialer Hinderungen und/oder psychischer Hemmungen nicht aufgenommen werden können. Das rigoros gesetzte Onanieverbot greift hier schädigend ein. »Wenn nämlich Masturbation mit Schuldgefühlen gekoppelt wird und so zu einer neurotischen Fixierung und Einengung führt, ist später oft die Kontaktfähigkeit für eine zwischenmenschlich gestaltete Sexualität gestört« (E. Ringel – A. Kirchmayr).

Die Selbstbefriedigung hat – möglicherweise – auch etwas von gesunder Selbstliebe, die Bedingung der Möglichkeit und Element der Liebe zu anderen Menschen ist. Lieben kann nämlich nur, wer sich selbst (aus erfahrener Zuwendung anderer) Liebenswürdigkeit zutraut. In der Selbstbefriedigung wird dies – vielleicht – durchgespielt. Sie mag darum auch Ausdruck eines positiven Narzißmus sein. Und der muß im heterosexuellen Lieben – von der Homosexualität sehe ich hier ab – anwesend bleiben. Die sexuelle Selbsterfahrung nämlich, die in der Selbstbefriedigung einsam genossen wird, verschwindet in der Zweisamkeit heterosexuellen Liebens nicht. Sie darf es auch nicht, wenn das sexuelle Lieben so sein soll, daß es beiden »Spaß« macht.

Doch auch unter dem Sinnaspekt der Beziehung ist die Selbstbefriedigung nicht einfachhin harmlos: Selbstbefriedigung kann in zunehmendem Maße isolieren und von der Wirklichkeit entfremden. Die Einsamkeit des Onanierenden ist nämlich im allgemeinen unmögliche oder verhinderte Zweisamkeit. Der Onanierende wünscht sich oder fantasiert sich in der Regel einen Partner, der ihm alle seine sexuellen Bedürfnisse erfüllt. Nur ein anderer Mensch könnte ihm Befriedigung und Zufriedenheit gewähren. Der aber fehlt. Die Selbstbefriedigung ist darum häufig ein Versprechen, das nicht gehalten wird; eine Befriedigung, die unbefriedigt läßt. Denn gerade in dieser Situation wird dem Betroffenen schmerzlich bewußt, daß er allein und einsam ist. Der Partner existiert ja nur in der Fantasie. Seine Abwesenheit

wird darin um so intensiver erlebt. Und so kann der Onanierende in immer tiefere Einsamkeit geraten.
Zudem gewöhnt er sich womöglich daran, »daß keinerlei Bemühung um einen anderen Menschen erforderlich ist, um sexuelle Befriedigung zu erreichen« (T. Brocher). Er fixiert sich in die Vorstellung, ein Partner sei nur dazu da, die eigene Ansprüchlichkeit zu befriedigen, und stehe dazu immer zur Verfügung. Dadurch entfernt er sich aber von den Realitäten. Was er sich in seiner Fantasie ausmalt, wird niemals Wirklichkeit. F. Böckle behauptet darum sogar: »Das Gefährdende an der Onanie ... scheint nicht die Freude an der Lust; gefährlich scheint ihr utopischer Charakter zu sein.« Enttäuschung ist die unvermeidliche Folge. Die Labilität dieses Zustandes macht anfällig für destruktive Aggression.
Es mag auch vorkommen, daß der Onanierende sich – auf Dauer – auf einen bestimmten sexuellen Befriedigungsstil festlegt, vielleicht auch auf eingeschränkte Formen, sexuelle Erfahrungen zu machen. Er könnte dann, wenn er mit einem Partner zusammen ist, mit seiner Aufmerksamkeit allein bei seinem eigenen sexuellen Erleben und für den Partner verschlossen bleiben.
Selbstbefriedigung ist also keinesfalls harmlos, speziell dann nicht, wenn sie zur zwanghaft geübten sexuellen Praxis wird. Vermutlich werden sexuelle Erfahrungen zu zweit, wenn sie angstfrei und ohne Schuldgefühle erlebt werden, humaner sein als jede Selbstbefriedigung.

Selbstbefriedigung und Lust

Lange Jahrhunderte galt der frei gewollte Lustgenuß als Kriterium der sexuellen Verfehlung. Zunächst bezog sich das auf jeden Lustgenuß. Später nur auf den ungeordneten, also auf den, der sich nicht der Fortpflanzung in der Ehe dienstbar machte. Vom Problem des Christentums mit der Lust war schon ausführlich die Rede. »Lust« war dabei immer orgastische Lust. Doch ist Selbstbefriedigung Suche nach orgastischer Lust? Ist sie es

ausschließlich und vor allem? Sie ist es nicht. Sie kann auch aus Lust an der Erfahrung der eigenen Identität vollzogen werden.
Die Selbstbefriedigung ist zudem eine Form der Einübung der Lusterfahrung des Menschen, insofern er leibhaftig ist. In ihr wird die Orgasmusfähigkeit erlernt und ausprobiert, was eine Voraussetzung für die Orgasmusbedürftigkeit ist. Man täusche sich nicht: die Fähigkeit zum Orgasmus stellt sich nicht von selbst ein. Sie muß gelernt werden. Weil das nicht automatisch gelingt, sind Sexualtherapien voll von Menschen, die unter Orgasmusunfähigkeit leiden.
Es scheint, daß die Selbstbefriedigung, insofern sie Lusterfahrung ist, eher von Frauen gesucht wird. Das zeigt sich darin, daß sie die Selbstbefriedigung gleichermaßen häufig praktizieren, ob sie nun partnerlos, koituserfahren oder verheiratet sind. Vielleicht hat das seinen Grund darin, daß Frauen, nachdem die Erziehung ihnen eher von sexuellen Erfahrungen abrät – weil sie ja nur die Opfer seien –, ihre sexuelle Erlebnis- und Lustfähigkeit speziell einzuüben suchen, sobald sie (gefahrlos) sexuelle Erfahrungen zu machen beginnen.
Es ist zu vermuten, daß die Lusterfahrung der Selbstbefriedigung bei Koituserfahrenen und Koitusunerfahrenen nicht dieselbe ist. Koituserfahrene verfügen – sofern sie über geglückte Erfahrungen verfügen – auch über die Erfahrung der die Sexualität humanisierenden Kraft einer zwischenmenschlich zärtlichen Begegnung. Für sie ist sexuelle Lust erfahrungsmäßig eingebettet in das Spiel der Liebe. Das können sie in der Einsamkeit der Selbstbefriedigung erinnern und aktualisieren. Insofern fühlen sie sich nicht – oder weniger als die Koitusunerfahrenen – der bedrohlichen und enttäuschenden Macht sexueller Triebhaftigkeit ausgeliefert.
Ein Motiv für die Selbstbefriedigung könnte – das ist ihr fragwürdiger Anteil – die Suche nach einer Lust ohne Anstrengung sein. Selbstbefriedigung macht ja das Werben um einen Partner, das mit einer verunsichernden oder verletzenden Ablehnung scheitern kann, überflüssig. Darin hat sie etwas von jener Lustsuche und jenem Lustgenuß, der für die symbiotische Beziehung von

Mutter und Kind typisch ist: Selbstbefriedigung wäre so eine rückwärtsgewandte Utopie.

Fruchtbare Selbstbefriedigung

Selbstbefriedigung wurde – speziell im rabbinischen Judentum – verurteilt, weil sie männlichen Samen vergeude, der bestimmt sei, Kinder zu zeugen. Darum wurde sie gelegentlich auch als Mord an potentiellen Menschen ausgegeben. Sexualwissenschaftler haben das übernommen. A. Forel formulierte beispielsweise: »Dieser zwecklose Samenverlust hat beim Mann etwas besonders Deprimierendes, weil er so recht die Abnormität, die von dem Zweck des Geschlechtstriebes abweichende Eigenheit der Onanie dem Onanisten vor Augen führt.« Die bürgerliche Welt, die auf Sparsamkeit trimmte, brachte die Idee der sparsamen Bewirtschaftung männlichen Samens hinzu. Das geschah speziell in Zeiten, in denen die Zeugung von Nachkommenschaft vorrangig betont und in nichts behindert werden durfte. Wie man sieht, ist diese Idee nur für die männliche Selbstbefriedigung einschlägig. Und darum ist hier von einer durchaus mannzentrierten Deutung der Selbstbefriedigung zu sprechen. Sie mag der Grund dafür sein, daß lange Jahrhunderte an der weiblichen Selbstbefriedigung kein Interesse bestand, weder bei den Rabbinen, noch im frühen Christentum.

Ist aber Selbstbefriedigung, weil sie die Sexualität nicht auf die Fortpflanzungsfruchtbarkeit richtet, ein naturwidriges sexuelles Verhalten? Was »Natur« ist, ist dem Menschen nicht vorgegeben; es ist von ihm zu entwerfen. Der Mensch ist nicht Natur, sondern Kultur. Er ist von Natur aus kultursüchtig. Als solcher hat er seine Sexualität zu gestalten und ihr Sinn zu geben. Was die Fortpflanzungsfruchtbarkeit betrifft, so ist die Menschheit heute – aufs ganze gesehen – eher zur Zurückhaltung genötigt.

Nun hat freilich die Selbstbefriedigung auch etwas von Fruchtbarkeit, wenn man nur bereit ist anzuerkennen, daß man unter sexueller Fruchtbarkeit auch die lebensschöpferische Kraft sexuellen Erlebens und sexueller Begegnung begreifen kann, die sich nicht nur in Kindern erfüllt, obwohl Kinder womöglich deren höchste Form sind. So gesehen kann man auch der Selbstbefriedigung – in der Beendigung von unfruchtbarer Spannung; im Erleben von potenter Lebendigkeit – lebenschaffende Möglichkeiten zutrauen. Das trifft besonders da zu, wo Selbstbefriedigung in Zweisamkeit erlebt und gewährt wird. Man mag darüber streiten, ob in Situationen intimer Zweisamkeit legitimerweise von Selbstbefriedigung gesprochen werden soll, wenn die orgastische Erfahrung nicht im Koitus, sondern durch manuelle Stimulation ausgelöst wird. Wenn es richtig ist, daß eine Mehrzahl der Frauen nicht im Geschlechtsverkehr selbst, sondern erst nachher – durch Selbststimulation oder mit Hilfe des Partners – zur vollen Befriedigung gelangt, dann jedenfalls werden die Grenzen fließend – und mag verständlich werden, daß die Selbstbefriedigung durchaus etwas von lebenschaffender Kraft haben kann.

Selbstbefriedigung ist gar in der Form der »mutuellen Masturbation« und als Teil des Petting, speziell bei jungen Menschen, eine Form partnerbezogenen Sexualverhaltens, das die Gefahr einer ungewollten Schwangerschaft ausschließt und so eine eigene Form der Freundschaft mit Kindern sein kann. Es mag sogar sein, daß – unter der Bedrohung von Aids – Menschen in dieser Form sexueller Erfahrung einen Ausweg erblicken.

Damit deutet sich dann allerdings wieder die andere Seite an: Wo grundsätzlich die sexuelle Erfahrung – die Erfahrung genitaler und orgastischer Sexualität – sich auf wechselseitige Selbstbefriedigung beschränken würde – um keine Kinder zu zeugen, um sich vor Aids zu schützen –, würde Menschen vielleicht mehr entgehen, als ihnen entgehen muß.

Sexualpädagogische Akzente

Die Selbstbefriedigung hat, wenn man auch hier die Metapher der Sprache beizieht, den Charakter des Lallens und des Plapperns der Liebe. Lallen ist eine Einübung der Möglichkeiten der

Lautbildung, in der sogar Möglichkeiten erprobt werden, die später gar nicht alle gebraucht werden. Plappern ist der spielerische Gebrauch der Sprache, der die Freude am Sprechen vermittelt und in Versuch und Irrtum erfolgt. Insofern ist die Selbstbefriedigung ein Sprachspiel der Liebe. Aber sie ist ein einsames Lallen und Plappern. Und das ist eine Belastung, die je nach der Du-Fähigkeit und Du-Bedürftigkeit der Betroffenen unterschiedlich erlebt wird. Vielleicht ist sie sogar – wer weiß das je genau – ein Lallen und Plappern, das solipsistische und autistische Züge trägt, also aus der Erfahrung der Behinderung kommt oder einer Kränkung, die Offenheit und Überschreiten schwer, wenn nicht unmöglich macht.

Ein Ziel sexualpädagogischen Handelns im Umgang mit der Selbstbefriedigung ist die Selbstbestimmung der Betroffenen. Sie selbst müssen mit Gründen darüber entscheiden, in welcher Weise sie wann sexuelle Erfahrungen machen. Sie wollen dazu frei bleiben von beiderlei Zwang: vom Zwang des Verbots und vom Zwang des Gebots. Selbstbestimmung wird inhaltlich durch Selbsterfahrung möglich. Die Betroffenen werden selbst in Erfahrung bringen, unter welchen Bedingungen die Selbstbefriedigung eine geglückte Form sexueller Erfahrung ist und wann sie das nicht ist. Dafür mag man die vier Sinnaspekte der Sexualität mit ihnen durchbuchstabieren. So können wir die Betroffenen, von denen man annehmen muß, daß sie über einschlägige Erfahrungen verfügen, entsprechend wahrnehmungsfähig halten.

Im Umgang mit der Selbstbefriedigung kommt hinzu das Ziel der Selbstüberschreitung. Sexualerziehung ist darauf angelegt, die Möglichkeit zu eröffnen, andere Menschen – sexuell – zu lieben, ohne sich selbst dabei zu verfehlen. Sexuelle Erfahrungen in der Beziehung zu einem Menschen, den man liebt und mit dem man das Erleben teilt, sind Erfahrungen, die die Sexualität humanisieren können. Darum dürfen sexuelle Erfahrungen in ihren vielen möglichen Formen – eingeschlossen die heterosexuellen – nicht mit Angst- und Schuldgefühlen besetzt werden. Es ist auch ratsam, die Betroffenen mit ihrer Umwelt in Kommunikation zu bringen, der personalen und dinglichen. Junge Leute – um die es ja vor allem geht – sollen Beziehungen und Interessen entwickeln, die sie aus jeder Ichversponnenheit herausbringen und die ihnen zugleich zu erfahren geben, daß sie etwas sind und können. Die Umwelt muß sich dazu als vertrauenswürdig erweisen.

Sexualpädagogisches Handeln setzt offene Erklärung gegen Schweigen. Über die aufgezeigten Zusammenhänge muß gesprochen werden. Das Gespräch ist zugleich Aufarbeitung der Versagens- und Minderwertigkeitsgefühle, als deren Symptom die Selbstbefriedigung oft erscheint, und der Einsamkeit und Partnerferne, die in der Selbstbefriedigung liegt. Dabei ist wichtig, die Selbstbefriedigung selbst als eine Form sexueller Erfahrung zu respektieren, in der Menschen der Sinnvielfalt der Sexualität begegnen können und in der sie ihre Probleme zu lösen suchen – auf eine subjektiv sinnvolle und möglicherweise erfüllende Weise. Das sexualpädagogisch am wenigsten hilfreiche Verhalten ist das Schweigen. Das schlimmste ist die schweigende oder offene Verurteilung.

4. Das schicksalhafte Lieben homosexueller Menschen

Liebegeprägte Sexualität ist nicht allein Heterosexualität. Sie ist auch Homosexualität. Ich hatte die Sexualität Sprache der Liebe genannt. Und diese Redeweise hat sich unter verschiedenen Aspekten als fruchtbar erwiesen. Die Metapher scheint auch zu treffen, wenn man in den beiden sexuellen Orientierungen die verschiedenen Dialekte der Sprache der Liebe sieht. Ich lasse damit offen, ob sie gleichermaßen menschlich befriedigen. Vermutlich wird jeder seine eigenen Erfahrungen machen müssen. Geglückte und mißglückte Sexualität, gelungenes und mißlungenes Menschenleben gibt es unter Heterosexuellen und Homosexuellen gleichermaßen. Grundsätzlich sind die heterosexuelle und die homosexuelle Orientierung als verschiedene Möglichkeiten menschlicher Sexualität anzusehen. Und sie sind da, wo sie auftreten, anzunehmen.

Die Homosexuellen und die Homosexualität

Um einen humanen Zugang zum Problemfeld Homosexualität – und damit zu den möglichen Problemen homosexueller Menschen – zu bekommen, ist es notwendig, die Homosexuellen und die Homosexualität zu unterscheiden. Warum ist das wichtig?
Zunächst: Es gibt Homosexualität – gemeint sind homosexuelle Erfahrungen – auch unter heterosexuellen Menschen. Die in der Antike verbreitete Form der Homosexualität, die Päderastie, wurde von Heterosexuellen geübt. Wahrscheinlich kennt die Bibel, wo sie von Homosexualität spricht, nur die homosexuelle Praxis von Nicht-Homosexuellen. Homosexuelles Lieben war ihr wohl unbekannt. Wo Homosexualität vorkommt oder beobachtet wird, sind also nicht zwangsläufig homosexuelle Menschen beteiligt.
Sodann: Homosexuelle Menschen sind nicht allein unter dem Aspekt ihrer Homosexualität – jetzt als homosexuelle Neigung – zu sehen. Homosexuelle Menschen sind mehr als ihre Homosexualität; ebenso wie auch Heterosexuelle nicht in ihrer Heterosexualität aufgehen. Auch Homosexuelle sind – ein Skandal, daß man das eigens sagen muß – Menschen. Es »besteht die Gefahr, daß der homosexuelle Mensch auf seine sexuelle Dimension reduziert wird und in ihm gleichsam nur einer gesehen wird, der sich sexuell gegenüber der Mehrheit abweichend verhält, wobei alle anderen ihn als Person und Mensch konstituierenden Eigenschaften, Fähigkeiten, Anlagen, Wünsche, Hoffnungen, Nöte und Bedürfnisse ausgeklammert werden« (W. Müller). Homosexuelle Menschen sind nicht nur homosexuell; sie sind Politiker, Lehrer, Pfarrer, Väter, Mütter, Berufstätige, Sportlerinnen, Nachbarn; potentiell jedenfalls sind sie alles, was andere Menschen auch sein können. Im Grunde ist es eine fragwürdige Form

von Schamlosigkeit, eine geschmacklose Peinlichkeit dazu, sich, was homosexuelle Menschen betrifft, ausschließlich für deren Sexualität zu interessieren, begleitet von brünstigen Fantasien über ihr Sexualleben. Und selbst, wenn an Homosexuellen deren Sexualität in den Blick kommt, darf sie nicht auf die genitalen Aspekte reduziert werden. Homosexuell orientierte Menschen aktualisieren in ihrer Beziehung zu ihren Partnern oder Partnerinnen – potentiell – die gleichen Wünsche, die in jeder Mensch-Mensch-Beziehung laut werden, und sie realisieren alle Formen einer Beziehung, von schnellem Kontakt über die Freundschaft bis zur Lebensgefährtenschaft. »Homosexualität ist nicht ein sexuelles Problem, sondern ein Liebesproblem. Es ist eine Disposition für die Entwicklung einer Liebesaffäre mit einem Menschen des gleichen Geschlechts« (W. Müller).

Formen der Homosexualität

Der Zugang zur Homosexualität wird durch weitere Unterscheidungen erleichtert. Bei genauerem Zusehen ist nämlich auch die homosexuelle Praxis nicht eindeutig. Da gibt es
– das *entwicklungshomosexuelle* Verhalten, das ist gleichgeschlechtliche sexuelle Praxis unter Jugendlichen in ihrer homoerotisch geprägten Lebensphase;
– das *pseudohomosexuelle* Verhalten, gleichgeschlechtliche Sexualität aus materiellen Gründen;
– *hemmungshomosexuelles* Verhalten, gleichgeschlechtliche Handlungen aus offensichtlichen organischen oder psychischen Störungen; und
– *neigungshomosexuelles* Verhalten, gleichgeschlechtliche Handlungen von Menschen, die sich überwiegend oder ausschließlich zu gleichgeschlechtlichen Partnern hingezogen fühlen (D. Faßnacht).
An dieser wichtigen Unterscheidung zeigt sich noch einmal, daß homosexuelle Praxis nicht unbedingt Ausdruck einer homosexuellen Orientierung ist.

Es ist nun zwar nicht so, daß den Sexualerzieher allein die Neigungshomosexualität interessierte. Aber sie ist doch, abgesehen von der zumeist vorübergehenden Entwicklungshomosexualität Jugendlicher, sein eigentliches Aufgabenfeld. Nicht weil sie an sich unbedingt als problematisch angesehen werden müßte, sondern weil und solange diejenigen Probleme haben, die sich als Neigungshomosexuelle vorfinden, bzw. weil und solange die Probleme machen, die andere darin entdecken. Wir werden uns auch bewußt halten müssen, daß die beiden sexuellen Orientierungen nur die extremen Ausprägungsformen menschlicher Sexualität sind, zwischen denen verschiedene Abschattungen existieren. Wenn es stimmt, daß die sexuelle Identität eines Menschen nicht in jedem Fall mit seiner Körperausstattung übereinstimmt, daß also ein Mensch mit einem männlichen Körper eine weibliche Identität in sich entwickeln kann und umgekehrt, verwischen sich die Grenzen, es sei denn, man orientierte sich allein am biologischen Geschlecht und ließe die sexuelle Identität auf sich beruhen. Es mag ja sein, daß eine Identitätsspaltung zwischen Körper und Psyche, wie sie sich bei Transsexuellen findet, nicht so häufig vorkommt. Es gibt sie aber gar nicht so selten in vielen sanften Varianten. Dann läßt sich immerhin fragen: Ist von Homosexualität zu reden, wenn jemand, der sich als Frau weiß und leben möchte, obwohl er einen männlichen Körper hat, einen Menschen zu lieben beginnt, der einen männlichen Körper hat und sich als Mann fühlt? Ist die Gleichgeschlechtlichkeit der Körper oder die Differenz der sexuellen Identitäten wichtig, wenn man beurteilen möchte, was hier vorliegt? Die Frage ist nicht einfach zu entscheiden. Sie zeigt aber: Es ist im Einzelfall zwischen Homosexualität und Heterosexualität nicht so klar zu differenzieren, wie mancher das gerne hätte. Das hat zur Folge, daß wir mit unserem Urteil, schon gar mit unseren Vorurteilen und Verurteilungen sehr vorsichtig sein müssen. Darum merke ich das an, nicht aber, um Homosexuellen generell zu unterstellen, sie könnten keine ihrem biologischen Geschlecht entsprechende männliche oder weibliche Identität haben.

Die Verwerfung der Homosexualität – Die Verfolgung der Homosexuellen

Homosexualität ist in der Vergangenheit nicht nur ethisch verworfen, sondern auch praktisch verfolgt worden. Dies hat in unser aller Erleben Spuren hinterlassen, die wir durch Erinnerung und Trauerarbeit auflösen müssen.

Homosexualität wurde verworfen, weil sie als Gebrauch der Sexualität gegen deren »Natur«-Sinn erschien. Wenn als »natürlicher« Sinn der Sexualität allein die Fortpflanzung gilt, werden zwangsläufig alle Formen der Sexualität abgelehnt, die nicht in den Dienst der Fortpflanzung treten. In der Homosexualität sah man zudem eine Praxis der Sexualität gegen die männliche Identität. Das ist nun zwar eine mannzentrierte Sicht und trifft nur auf die männliche Homosexualität zu. Aber gerade diese fand in der Geschichte ja auch die schärfste Ablehnung. In der männlichen Homosexualität witterte die Männerwelt einen Verrat an ihrer Männlichkeit. In ihr sei ein Mann – wie eine Frau – passiv; in ihr mache sich ein Mann – wie eine Frau – zum Objekt. So sehr dieses Motiv wirksam war: es ist kaum wirklichkeitsgerecht. Denn die Mehrheit der homosexuellen Männer ist in ihrer sexuellen Praxis – wie in ihrem ganzen Leben – aktiv und passiv zugleich; wie übrigens die Frauen auch.

Homosexualität wurde ethisch verworfen, weil in ihr – so der Vorwurf – gegen den Ich-Du-Bezug der Sexualität verstoßen werde. Daß homosexuelle Menschen einander zu lieben versuchen, wie das heterosexuelle Menschen tun, wurde dabei übersehen. Schließlich galt die Homosexualität ihren Kritikern als reine Lust. Sie sei ein Gebrauch der Sexualität, der nur deren Lust genießen wolle. Hier verfiel die Homosexualität dem gleichen antihedonistischen Verdikt, das alle sexuelle Lust geißelte, welche sich der Last der Kinderzeugung entzog.

Die praktische Verfolgung der Homosexuellen kann man sich kaum anders als durch die Annahme verständlich machen, daß im verfolgten Homosexuellen die verdrängten homosexuellen Anteile des Verfolgers bekämpft werden. In ihr schlägt die Homophobie – die Furcht vor den eigenen homosexuellen Wünschen – in die Ablehnung von anderen um, die gar nicht so anders sind. Und das gerade deshalb, weil sie nicht so anders sind, sich allerdings genehmigen, was man sich versagt. Dabei ist das Maß der Unerbittlichkeit in der Verfolgung Homosexueller gleich dem Maß der Strenge, die der Verfolger gegen sich wenden muß, um nicht selbst seinen latenten Wünschen zu verfallen. Martin Dannecker erläutert: »Wenn . . . auf den Menschen ein übermäßiger Zwang zur Verdrängung der homosexuellen Triebanteile lastet, der sinnlich-zärtliche Strebungen zu dem gleichen Geschlecht niederzwingt, ohne sie jedoch auslöschen zu können, so versteht man auch, warum mit jenen, die sich diesem Zwang nicht beugen, so überaus haßvoll umgegangen wird.«

Womöglich gibt es für die Verfolgung Homosexueller zusätzlich gesellschaftliche Gründe. Der soziale Zusammenhalt traditioneller Männergesellschaften beruht auf der »Desexualisierung homosexueller Strebungen«. Desexualisierte homosexuelle Strebungen sind in Männergesellschaften gleichsam deren sozialer Kitt. In der männlichen Homosexualität wird aber die Desexualisierung wieder aufgehoben. So »mußte der Durchbruch der ursprünglichen sinnlichen Impulse in der manifesten Homosexualität als bedrohliche ›Zersetzung des sozialen Ganzen‹ erscheinen« (D. Eckensberger). Nicht zufällig wird die Homosexualität gerade in männerbündlerischen Gruppierungen besonders entschieden verfolgt.

Die Verfolgung der Homosexuellen konnte immer zweierlei bedeuten. Einmal die Auslöschung aller homosexuellen Praxis. Bis 1968 wurde Homosexualität unter Männern strafrechtlich verfolgt, eine Rechtspraxis, die seit 1871 einheitlich im deutschen Reich galt, obwohl in einigen deutschen Staaten (z. B. Bayern) vorher eine liberalere Rechtspraxis bestanden hatte. Heute wird homosexuelle Praxis oftmals therapeutisch verfolgt. Die Heterosexualisierung von Homosexuellen jedoch ist, wo sie denn scheinbar Erfolg hat, nur die »reale Eindämmung der manifesten Homosexualität« (M. Dannecker). Zum andern bedeutet die Verfolgung die Auslöschung der homosexuellen Indi-

viduen. Bis ins 18. Jahrhundert stand auf homosexuellem Verkehr die Todesstrafe. In der Zeit des Nationalsozialismus kamen die Homosexuellen ins KZ. Heute sterben sie vielfach den sozialen Tod.
Die bitteren Folgen der Verwerfung und der Verfolgung der Homosexualität schildert Emde Boas. Nach ihm ist der heterosexuelle Mann durch die negative Qualifizierung und totale Ablehnung der Homosexualität gezwungen worden, alle zärtlichen und warmen Gefühle für den Geschlechtsgenossen zu verdrängen. »Diese Lage hat ohne jeden Zweifel zu dem Aufkommen des harten, konkurrierenden Männertyps in unserer westlichen Welt beigetragen, der auch im sexuellen Bereich mehr auf Leistungen als auf zärtliche Beziehungen abzielt, die jedoch für eine gute Partnerschaft unerläßlich sind.« Nicht zufällig sind Frauen, deren Homosexualität man immer nachsichtiger begegnete, zu sensiblerer Zärtlichkeit fähig.

Die Leiden Homosexueller

Die Geschichte der wissenschaftlichen Erforschung der Homosexualität, die mit R. von Krafft-Ebings Buch »Psychopathia sexualis« aus dem Jahre 1886 angefangen hat, zeigt: bis in die jüngste Vergangenheit war die Homosexualitätsforschung einerseits ein Spiegel der gesellschaftlichen Ablehnung der Homosexualität, andererseits der Versuch, die gesellschaftliche Ablehnung der Homosexualität aufzubrechen. Gegenwärtig erst, so scheint es, wendet sich die Forschung gelassen der Lebenswelt der Homosexuellen zu, um diese Menschen und ihre Leiden wahrzunehmen und sie mildern zu können.
Die Ursachen der unterschiedlichen sexuellen Orientierung der Menschen sind ungeklärt. Jedenfalls gibt es über sie bis heute keine wissenschaftliche Sicherheit. Strittig ist schon, was denn überhaupt erklärungsbedürftig sei. Ist es nur die homosexuelle oder auch die heterosexuelle Orientierung? Strittig ist auch, ob es überhaupt Ursachenforschung geben solle, weil sie sich häufig

der Absicht unterwerfe, durch Aufheben der Ursachen der Homosexualität Heterosexualität hervorzubringen. G. Schmidt hält die Erforschung der Ursachen der Homosexualität sogar für gefährlich: sie arbeite zumeist im Interesse der »Abschaffung« der Homosexuellen. Unstrittig ist nur, daß die homosexuelle Orientierung bereits zum Zeitpunkt der Pubertät festliegt, wenn auch noch unerkannt, und daß Verführung zu ihr nicht möglich ist.

Einem psychoanalytischen Deutungsansatz folgt M. Dannecker. Will man ihn verstehen, muß man auf die Unterscheidung zwischen dem Homosexuellen und der Homosexualität zurückgreifen, von der die Rede war, und sich dabei klar machen, daß der Homosexuelle nicht allein durch seine Homosexualität auffällt. Es erscheint Dannecker empirisch falsch anzunehmen, die Homosexuellen unterschieden sich von den Heterosexuellen nur dadurch, daß sie zu einem gleichgeschlechtlichen Partner tendieren. Was Homosexuelle von Heterosexuellen unterscheidet sei zwar auch die homosexuelle Orientierung. Doch ist diese – für Dannecker – nicht das in Wahrheit Wichtige und Bemerkenswerte. Wichtig und bemerkenswert sind die sich in der homosexuellen Orientierung wohl zeigenden, in ihr aber nicht eigentlich bestehenden, in ihr sich nur ausagierenden psychischen Verletzungen: Zerstörungen der Selbstabgrenzung und des Selbstwertgefühls und darin die Beschädigung ihrer Beziehungs- und Liebesfähigkeit (Gefahr der Promiskuität). Solche Verletzungen könnten zwar auch bei Heterosexuellen gegeben sein; und sie seien es oft auch, weswegen sich Homosexuelle und Heterosexuelle nur graduell unterscheiden würden. Sie seien aber unter Homosexuellen empirisch signifikant häufiger.

Die Homosexualität des Homosexuellen sei, so Dannecker, dessen spezifische und subjektiv sinnvolle Lösungsmöglichkeit von Konflikten, die aus speziellen frühkindlichen Erfahrungen hervorgehen. Sie werden als narzißtische Störungen bezeichnet. Die Homosexualität – nicht allein sie, aber beim Homosexuellen eben auch sie – habe die Funktion, die Lücke zu schließen, die die fehlgegangene narzißtische Entwicklung gerissen habe. Von der

Heftigkeit der Konflikte hänge es ab, ob die Homosexualität als Lückenschließer fungiere oder ob andere Bewältigungsmöglichkeiten aufgesucht würden.

Die narzißtischen Verletzungen der Homosexuellen – wie sie beispielsweise im Versuch ihrer Bewältigung durch promiske Kontakte zum Vorschein kommen – lassen sich, Dannecker zufolge, ebensowenig wie deren Leiden überhaupt, nicht allein mit der sozialen Diskriminierung der Homosexualität erklären. Denn einmal unterschieden sich die Partnerzahlen von homosexuellen Männern und Frauen sehr viel stärker, als sich die Stigmatisierung männlicher und weiblicher Homosexualität unterscheide; zum anderen sei das Phänomen der Promiskuität auch bei befreundeten und zusammenlebenden Homosexuellen zu beobachten, die die gesellschaftliche Ablehnung für sich (zum Teil wenigstens) außer Kraft gesetzt haben; und zum dritten bleibe das promiske Verhalten der Homosexuellen in Gesellschaften unterschiedlich starker Verwerfung der Homosexualität ziemlich gleich.

Überhaupt gibt Dannecker zu bedenken, daß die soziale Diskriminierung der Homosexualität im Subjekt erst wirksam werden könne, wenn dieses sich seiner Homosexualität bewußt wird, also anfanghaft nach der Pubertät, endgültig (mit subjektiver Akzeptanz und öffentlicher Präsenz) im dritten Jahrzehnt. Erst dann nämlich, wenn sich jemand als homosexuell begreife und daran keinen Zweifel mehr habe, könnten die Mechanismen gesellschaftlicher Verwerfung der Homosexualität wirklich greifen. Dann aber habe der Homosexuelle schon ein wichtiges Stück seiner Lebensgeschichte hinter sich, und gerade jenes Stück, in dem sich die homosexuelle Orientierung festgesetzt habe. Die soziale Diskriminierung der Homosexualität könne folglich die psychischen Verletzungen des Homosexuellen nicht ausreichend erklären. An Homosexuellen haftet, sie behindernd, sicher auch der Druck der Verwerfung, dem die Homosexualität und deren Subkultur ausgesetzt ist. Doch aus ihm allein werden die Leiden der Homosexuellen nicht verständlich. Das hat zur Folge: Selbst wenn mit dem Tabu Homosexualität deren Stigmatisierung fällt, erledigen sich die Leiden homosexueller Menschen nicht von selbst.

Die narzißtischen Verletzungen der Homosexuellen seien – ich folge weiter Dannecker – so offenkundig, daß sich die Frage stelle, ob es überhaupt und, wenn ja, unter welchen Bedingungen es unter Homosexuellen geglückte Sexualität gebe: »Unterzieht man die Homosexualität einer immanenten, an ihren eigenen Gesetzmäßigkeiten sich orientierenden Analyse, hat man sich zu fragen, ob und inwieweit sie das leistet, was sie grundsätzlich zu leisten imstande ist, nämlich psychisches Wohlbefinden und soziale Leistungsfähigkeit, und das meint psychische Gesundheit im Gewande der Homosexualität, zu gewährleisten.« Nach Dannecker leistet sie das in der Regel nicht. Er sieht viele Homosexuelle leiden und dabei allzu leidensbereit. »Von der langen Geschichte ihrer Verfolgung und von der sozialen Diskriminierung haben Homosexuelle sich ein beträchtliches Stück ihres Anspruchs auf Glück abmarkten lassen. Angewachsen ist ihre Leidensfähigkeit und auch ihre Leidensbereitschaft, weil es einem als Homosexuellem nun einmal ein wenig schlechter geht. Ohne Zweifel leben unter ihnen viele, die zwar keinen Arzt bzw. Analytiker aufsuchen, aber doch unter Störungen leiden, welche kaum noch zu ertragen sind und die sie unter einem aufzehrenden Kampf zu bewältigen suchen.« Ihr Leiden sei jedoch nicht immer nötig. Homosexuellen wäre zu helfen: nicht in ihrer sexuellen Orientierung, aber in ihren psychischen Verletzungen. Sie könnten glücklicher sein als sie im allgemeinen sind, wenn sie sich ihren lebensgeschichtlichen Verletzungen stellen würden. Ihre schnelle Bereitschaft jedoch, ihre Leiden allein auf ihre gesellschaftliche Verwerfung zurückzuführen, macht sie blind gegenüber jenen Leidensgründen, die – vielleicht – gemildert werden könnten.

Homosexualität ist also nicht bloß formale Abweichung. Sie schließt andere Störungen ein. Diese dramatisieren die homosexuelle Lösungs- und Lebensform und weisen sie als nur teilweise geglückt aus. Die frühkindliche Verletzung des Narzißmus, die zu Liebesstörungen führte und (auch) in homosexueller Praxis bewältigt werden soll, zeigt sich als der wieder und wieder unternommene Versuch, die gefährdete psychische Identität aufrecht zu erhalten – was auch in heterosexueller Sexualität eine Rolle spielt, aber beim Homosexuellen besonders hervortritt. Darum wird man Homosexualität nicht verharmlosen und sie niemandem wünschen.

Die empirische Forschung belegt das Leiden der Homosexuellen. Es kommt zum Ausbruch etwa in der hohen Suizidrate von Homosexuellen. Sie ist doppelt so hoch wie die der Gesamtbevölkerung und ist besonders hoch im Alter zwischen 16 und 18 Jahren. 13 % der Homosexuellen gaben an, sie hätten einen oder mehrere Suizidversuche hinter sich. – Über ihre Situation müßten sich Homosexuelle eigentlich selbst äußern. Sie können es nur und tun es, wenn das Gespräch mit ihnen gesucht wird. Man kann dann auch von geglückter Homosexualität erfahren. Daß Homosexuelle, was angeredetes Leiden betrifft, sehr empfindsam reagieren, ist verständlich. Daß sie eine hohe Leidensbereitschaft haben, die aus der internalisierten Geschichte ihrer Verwerfungen und Verfolgungen stammt, mag man vermuten. Daß sie das Ende ihres Leidens erwarten, wenn die Gesellschaft ihre Diskriminierung aufgibt, ist einsichtig. Möglicherweise aber bleibt ihnen – ich sage das nicht, um Leiden zu verordnen, sondern um der Wahrnehmungsfähigkeit für ihr mögliches Leiden willen –, auch dann, wenn die Gesellschaft ihre Ablehnung zurücknehmen sollte, genügend Leiden an ihrer verletzten Lebensgeschichte. Darin wäre ihnen beizustehen, wenn sie das wollen.

Der Papst zur Homosexualität

Die Aussagen des römischen Lehramts enttäuschen. Sie tun das nicht, weil sie eine klare Meinung äußern. Sie tun das durch die Unerbittlichkeit, mit der sie ihre rigorose Verwerfung der Homosexualität vertreten, ohne den Versuch, sie durch Entfaltung einsichtiger Gründe und durch Auseinandersetzung mit Gegengründen öffentlich verständlich zu machen. Man weiß nun zwar, was Papst und Kurie denken. Was sie aber denken, kann kaum zur Hilfe werden, weder für die Betroffenen noch für die an ihnen Interessierten, weil es eher abschreckt, denn Zugänge eröffnet.

Nachdem die Kongregation für die Glaubenslehre 1975 eine »Erklärung zu einigen Fragen der Sexualethik« herausgegeben hatte, deren die Homosexualität entschieden verurteilende Position das Dokument der Kongregation für das Katholische Bildungswesen »Orientierung zur Erziehung in der menschlichen Liebe« 1980 übernahm, hat sich 1986 die Kongregation für die Glaubenslehre noch einmal in einem »Schreiben an die Bischöfe der katholischen Kirche über die Seelsorge für homosexuelle Personen« zu Wort gemeldet. Anlaß des Schreibens ist, wie es selbst sagt, die Beobachtung, daß die Beurteilung der Homosexualität auch in katholischen Kreisen ein Thema der öffentlichen Debatte geworden sei. Es würden oft Argumente und Positionen bezogen, die der Lehre der katholischen Kirche nicht entsprächen. Weil Homosexualität nun aber ein wichtiges und verbreitetes Problem sei, sei eine erneute lehramtliche Stellungnahme notwendig. Das Schreiben will auch Widerstand leisten gegen den wachsenden Druck derer, die die Homosexualität zu legitimieren suchen. Innerhalb und außerhalb der Kirche gebe es Pressionsgruppen, die die Anerkennung der Gleichwertigkeit beider sexueller Orientierungen und sogar eine Liberalisierung der Strafgesetze durchsetzen wollten. Dies aber sei gegen die Natur und gegen die Rechte der Familie.

Das Schreiben bezieht entschieden Stellung. Die homosexuelle Handlung sei »ihrer wesentlichen und unerläßlichen Zielbestimmung beraubt«. Sie gewähre sexuelle Lust außerhalb der Ehe, ohne wechselseitige Vereinigung zur Weitergabe des Lebens in Selbsthingabe, und bestärke eine ungeordnete, von Selbstgefälligkeit geprägte Haltung. Ungeordnet sei auch die homosexuelle Neigung: »Die spezifische Neigung der homosexuellen Person ist zwar in sich nicht sündhaft, begründet aber eine mehr oder weniger starke Tendenz, die auf ein sittlich betrachtet schlechtes Verhalten ausgerichtet ist. Aus diesem Grunde muß die Nei-

gung selbst als objektiv ungeordnet angesehen werden« (Nr. 3).
Gründe für seine Position findet das Schreiben (auch) in der Bibel. Es verwirft ausdrücklich die Auffassungen, die Bibel sage nichts über die Homosexualität oder sie billige sie stillschweigend oder es sei heute nicht mehr anwendbar, was sie zur Homosexualität sage. Nein: Die kirchliche Lehre fuße »auf dem soliden Fundament eines beständigen biblischen Zeugnisses« (Nr. 5) und behalte dieses bei. Dazu sei freilich die Schrift in einer der Tradition der Kirche entsprechenden Weise zu verstehen.
Den Homosexuellen empfiehlt das Schreiben sexuelle Enthaltsamkeit und die Meidung jeder nächsten Gelegenheit. Die aus dem sexuellen Verzicht und aus der gesellschaftlichen Verfolgung hervorgehenden Leiden sollen sie mit dem Kreuzesopfer Christi vereinigen. Denn Leiden sei der Weg zur Erlösung. »Wie das Kreuz zentraler Ausdruck der erlösenden Liebe Gottes zu uns in Jesus Christus ist, so begründet die sich selbst verleugnende Gleichförmigkeit homosexueller Männer und Frauen mit dem Opfer des Herrn für sie eine Quelle der Selbsthingabe, die sie vor einem Leben bewahrt, das sie fortwährend zu zerstören droht« (Nr. 12).
Das Schreiben erweckt den Eindruck, in erster Linie an der Autorität des kirchlichen Lehramtes interessiert zu sein. Fünfzehnmal beruft sich der Text auf die »Lehre der Kirche«. Über sie sollen die Bischöfe wachen; und sie sollen die Pfarrer verkündigen; nicht als Angebot zur Orientierung, sondern als autoritative Verpflichtung der Gewissen. Ist das Schreiben auch an den Homosexuellen interessiert? Man tut sich mit einer positiven Antwort schwer. Es verrät eigentlich nichts von einer Kenntnis der realen Situation der Homosexuellen und deren Erforschung in den Sexualwissenschaften. Es verrät kaum Anteilnahme an den Erfahrungen und Leiden der homosexuellen Menschen.
Die im Schreiben anvisierten Gegner sind Homosexuellen-Gruppen innerhalb und außerhalb der Kirche. Von ihnen wird gesagt, sie würden enormen Druck ausüben; Verwirrung stiften, um

eigene Zwecke durchzusetzen; Pressionsgruppen bilden, die beanspruchen, alle katholischen Homosexuellen zu vertreten; die Lehre der Kirche untergraben; die Kirche zu manipulieren suchen; trügerische Propaganda betreiben und sich gezielter Zweideutigkeit bedienen, um Hirten und Gläubige irre zu leiten. In ihnen fänden sich Menschen, die sich weigerten, ihr homosexuelles Verhalten aufzugeben. Diese Äußerungen verraten: der Andersdenkende ist Gegner; er wird nicht als Gesprächspartner genommen.

Das Schreiben verurteilt homosexuelle Praxis und homosexuelle Neigung. Obwohl es im einzelnen differenziert, wird doch die Schuldfähigkeit des Homosexuellen generell behauptet. Sexuelle Enthaltsamkeit wird gefordert und an die Leidensbereitschaft appelliert. Das alles ist an der sexuellen Orientierung des Homosexuellen festgemacht. Vom Leiden des Homosexuellen an seiner gesellschaftlichen Stigmatisierung ist kaum die Rede. Das Leiden an seiner Lebensgeschichte wird nicht wahrgenommen. Homosexuelles Lieben kommt als Möglichkeit nicht in den Blick.

Die generelle Verurteilung homosexueller Neigung führt, da sie öffentlich erfolgt, zwangsläufig zu verstärkter gesellschaftlicher Ablehnung der Homosexuellen. Das ist das Fatale. Obwohl das Schreiben fordert, die Würde der Homosexuellen gegen üble Nachrede und Gewalt zu schützen, bewirkt und ermöglicht es neue üble Nachrede und neue Gewalt gegen Homosexuelle.

Über die Fragwürdigkeit der biblischen und theologischen Begründung der Ablehnung der Homosexualität will ich hier nicht eigens reden. Was die Bibel zur Homosexualität sagt, wird im nächsten Abschnitt erörtert. Die theologische Begründung steht und fällt mit der traditionellen Auffassung von der Sexualität als Reproduktionshandeln in der Ehe. Die Homosexualität wird verurteilt, weil sie davon abweicht. Wer der Sexualität einen vielfältigen Sinn zutraut, sie also als Medium von Liebe und Lust sieht, als identitätsstiftende und lebenwirkende Möglichkeit, wird die generelle Verurteilung der Homosexualität auch theologisch für fragwürdig halten.

Das für die Seelsorge gedachte Dokument betreibt das Ende der Seelsorge. Die generelle kirchliche Verurteilung der Homosexualität und die Ausgrenzung homosexueller Gruppen aus den Kirchengemeinden schafft oder motiviert neu deren gesellschaftliche Diskriminierung und treibt die Homosexuellen in ihre Subkultur, nicht aber in das Gespräch mit dem Seelsorger. Es ist darum kein pastorales Schreiben. Es hat zur Folge, daß Homosexuelle für die Seelsorge unerreichbar bleiben. So entledigt sich die Amtskirche eines Problems, das sie zugleich der Seelsorge empfiehlt.

Bibel und Homosexualität

In der antiken Welt war homosexuelle Praxis weit verbreitet, als kultische Prostitution (im vorderen Orient), als pädagogische Beziehung (Griechenland) und als sklavisches Verhältnis (Rom).

Verurteilt wird homosexuelle Praxis offensichtlich im biblischen Buch Levitikus. Dort heißt es: »Du darfst nicht mit einem Mann schlafen, wie man mit einer Frau schläft; das wäre ein Greuel« (18,22); und: »Schläft einer mit einem Mann, wie man mit einer Frau schläft, dann haben sie eine Greueltat begangen; beide werden mit dem Tod bestraft; ihr Blut soll auf sie kommen« (20,15). Doch ist hier in Wahrheit allein von der kultischen homosexuellen Praxis heterosexueller Menschen die Rede. Sie wird als »Greuel« oder »Greueltat« bezeichnet, mit einem Terminus also belegt, der die Tat als sakral-rituelles Vergehen gegen den Jahwekult deutet. »Nicht die Homosexualität, sondern die Form, in der diese damals betrieben wurde, die kultische Prostitution, wird abgelehnt« (S. Meurer). In der Homosexualität wird nicht ein sexuelles Fehlverhalten, sondern ein religiöses Fehlverhalten verurteilt.

Verfällt aber nicht in der Geschichte vom Gericht über Sodom (Genesis 19) die Homosexualität allgemein dem biblischen Verdikt? Der Text erzählt, zwei Gäste, die bei Lot in Sodom zu

Besuch waren, »waren noch nicht schlafen gegangen, da umstellten die Einwohner der Stadt das Haus, die Männer von Sodom, jung und alt, alles Volk von weit und breit. Sie riefen nach Lot und fragten ihn: Wo sind die Männer, die heute abend zu dir gekommen sind? Heraus mit ihnen, wir wollen mit ihnen verkehren. Da ging Lot zu ihnen hinaus vor die Tür, schloß sie hinter sich zu und sagte: Aber meine Brüder, begeht doch nicht ein solches Verbrechen! Seht, ich habe zwei Töchter, die noch keinen Mann erkannt haben. Ich will sie euch herausbringen und dann tut mit ihnen, was euch gefällt. Nur jenen Männern tut nichts an, denn deshalb sind sie ja unter den Schutz meines Daches getreten« (Genesis 19,4–8). Wer den Text genau liest, merkt: Hier geht es nicht um die Homosexualität, sondern um den Bruch des heiligen Gastrechts. Das ist das Verbrechen, das Lot nicht zu begehen rät. Lot widersetzt sich dem Begehren der Bewohner Sodoms ausdrücklich mit dem Hinweis darauf, daß seine Gäste bei ihm Schutz gesucht und gefunden haben. Daß sie etwa verworfene sexuelle Begierden hätten, darauf bezieht sich Lot nicht. Im Gegenteil: er bietet ihnen gar seine beiden unberührten Töchter an. Wollte man dem Text ein generelles Verbot der Homosexualität entnehmen, müßte man ihn konsequenterweise zugleich als Beleg für die generelle Erlaubnis flüchtiger heterosexueller Kontakte nehmen. Doch weder das eine noch das andere steht hier zur Debatte. Zur Debatte steht das heilige Gastrecht. Das wird durch andere biblische Texte bestätigt, die die »Sünde Sodoms« niemals als Vergehen der Homosexualität, sondern als Vergehen vielfältiger anderer Art verstehen (Jesaja 1,10ff.; Ezechiel 16,49; Jeremia 23,14). Das gleiche gilt übrigens für die Schandtat der Männer von Gibea im Buch der Richter (19,22–26). Verurteilt wird auch hier der Bruch des heiligen Gastrechts.

Im Neuen Testament fungiert die Verwerfung der Homosexualität, wie sie in der Antike praktiziert wurde, als Abgrenzung gegen die Heiden (1 Korinther 6,9–10; 1 Timotheus 1,10), mit ihren fremden Kulten und ihren sexuellen Praktiken. Nicht wird homosexuelles Lieben abgelehnt, es kommt gar nicht in den

Blick. Und im Römerbrief? Der Hintergrund der einschlägigen Äußerungen des Paulus (Römer 1,24–27) ist ein theologischer. Es geht Paulus um die Anerkennung des einen wahren Gottes, nicht um sexualethische Regelungen. Die Unterwerfung der Heiden unter fremde Götter wird in bestimmten Verfehlungen, die bei ihnen praktiziert wurden, dargestellt. Die für uns wichtige Stelle heißt: »Ihre Frauen vertauschten den natürlichen Geschlechtsverkehr mit dem widernatürlichen. Ebenso gaben auch die Männer den natürlichen Verkehr mit der Frau auf und entbrannten in Begierde zueinander: Männer trieben mit Männern Schändliches« (V. 26f.). Nach Auffassung von H. Haag und K. Elliger ist eindeutig, daß die Homosexualität hier von Paulus als widernatürlich abgelehnt wird. Aber sie werde nicht besonders betont. Sie stehe neben vielen anderen Verfehlungen, die vor und danach genannt werden, als Zeichen des sittlichen Verfalls, und zwar der Heiden. »Homosexuelles Verhalten ist wie Götzendienst, Lüge, Habsucht, Mord, Betrug u. a. (V. 29–31) Ausdruck der Gottesferne. Ja, Gott selbst hat die Heiden mit all diesen Lastern gestraft, weil sie, obwohl sie dazu in der Lage gewesen wären, den wahren Gott nicht erkannten, sondern sich eigene Götter machten. ›Sie vertauschten die Erhabenheit des unvergänglichen Gottes mit Bild und Gestalt von vergänglichen Menschen und Vögeln und vierfüßigen und kriechenden Tieren‹ (V. 23). Paulus greift in seiner Argumentation auf das jüdisch-hellenistische Weisheitsbuch zurück. Auch in ihm wird der Götzendienst der Heiden mit einer langen Aufzählung sittlicher Verfallserscheinungen verknüpft (Weisheit 14,21 ff.), und auch da wird unter anderem ›Geschlechtsvertauschung‹ genannt (V. 26). Aber nicht die einzelnen Laster fordern Gottes Zorn heraus – sie sind ja gerade als Strafe verhängt –, sondern die Vergottung des Ungöttlichen, die Pervertierung von Gott und Götze, von Schöpfer und Geschöpf. Und das macht den Menschen unfrei und bewirkt den sozialen und sittlichen Verfall. Die Homosexualität ist dabei ein Faktor unter vielen.«

Verwirft aber der Text tatsächlich die Homosexualität? Ist mit der widernatürlichen Sexualität, die hier angeprangert wird, homo-

sexuelle Praxis als solche gemeint oder eine bestimmte Qualität ihrer Praxis, die, wäre sie auch bei heterosexuellen Erfahrungen gegeben, diese ebenso an den Pranger stellte? In der stoisch bestimmten Welt der Antike, die das Ideal der Selbstbeherrschung hochhielt, wurde jede lüsterne Leidenschaftlichkeit als widernatürlich begriffen. Als natürlich galt die Selbstbeherrschung. Widernatürliche Sexualität war ihr folglich die von der Lüsternheit übermannte und der Selbstbeherrschung nicht unterworfene Sexualität. Wie aus verschiedenen antiken Texten bekannt ist, wird genau dies an jeder sexuellen Praxis, ob homosexuell oder heterosexuell, verurteilt. Trifft das vielleicht auch hier zu? Ich kann diese Frage nur stellen und sie den Bibelwissenschaftlern weitergeben. Gleichwohl: Von Homosexualität als Sprache der Liebe ist auch an dieser Stelle nicht die Rede.
Als Resümee nur dies: Die Bibel verurteilt die sakrale Prostitution – auch in der Form homosexueller Praxis –, die Verletzung des Gastrechts, die Lebensformen der Heiden und darin, so will ich vermuten, auch die brünstige sexuelle Leidenschaft. Sie verurteilt homosexuelle Praxis und leidenschaftliche Sexualität als Symbol von Kult und Knechtschaft fremder Götter. Die Bibel hat zudem immer die Homosexualität Heterosexueller im Auge. Neigungshomosexualität und liebegeprägte homosexuelle Beziehungen treten gar nicht in den Blick. Auf sie aber beziehen sich gegenwärtig unsere Fragen. Mit biblischen Argumenten ist gegen sie nichts auszurichten, was ja nicht heißt, daß andere Gründe uns nicht vorsichtig machen könnten.
Vielleicht macht die Bibel eine Ausnahme. Positiv von der Homosexualität als Sprache der Liebe redet die Geschichte von der Freundschaft zwischen David und Jonathan. »Und Jonathan ließ auch David bei seiner Liebe zu ihm schwören, denn er liebte ihn wie sein eigenes Leben ... Dann küßten sie einander, und beide weinten. David hörte nicht auf zu weinen ...« (1 Samuel 20,17.41). Dann nach Jonathans Tod: »Weh ist mir um dich, mein Bruder Jonathan. Du warst mir sehr lieb. Wunderbarer war deine Liebe für mich als die Liebe der Frauen« (2 Samuel 1,26). Treffend meinte H. G. Wiedemann: Gott frage den Menschen

nicht nach seiner sexuellen Orientierung, »sondern danach, wie er sein Leben nach dem Maßstab der Liebe gelebt hat«. Und: »Es kommt nicht darauf an, *was* zwei Menschen miteinander tun, sondern *wie* sie mit sich selbst und mit ihrem Partner umgehen. Es kommt nicht darauf an, *wen* ein Mensch liebt, sondern *wie* er das tut.«

Die Sinnvielfalt des Liebens Homosexueller

Ich sagte schon: Die Homosexualität wird kirchlicherseits abgelehnt, weil sie keine fortpflanzungsbezogene Sexualität ist und außerhalb der Ehe erfolgt. Ebenso wie im Blick auf andere sexuelle Praxisformen erweisen sich diese Kriterien auch für die Homosexualität als fragwürdig. Wer der Sexualität Sinnvielfalt zutraut, der wird auch im Lieben der Homosexuellen grundsätzlich die Möglichkeit sinnvoller und damit geglückter Sexualität entdecken.

Es ist jedenfalls so – oder es kann so sein –, daß der Homosexuelle, wo er mit seinen sexuellen Wünschen bei einem ebenso empfindenden Partner angenommen wird, seine Wertigkeit und Identität bestätigt findet. Das wird vermutlich am ehesten der Fall sein, wenn er seine Sexualität in einer personalen Beziehung lebt und sie Sprache seiner Liebe ist. Eingebettet in eine solche Beziehung gewinnt auch die ekstatische Lusterfahrung ihre menschliche Qualität, die wechselseitig Leben schenkt, nicht in der Fruchtbarkeit im Kind, aber doch in der Befruchtung einer Beziehung und zweier Leben. Ich will mir kein Urteil darüber anmaßen, ob dieses Gelingen die Möglichkeiten menschlichen Glücks ausschöpfen kann. Wahrscheinlich tut es das nicht. Doch hängt das dann wohl weniger daran, daß die betreffenden Menschen Homosexuelle sind, sondern eher daran, daß die Homosexuellen Menschen sind, endliche und versagende Wesen, die sich darin von heterosexuellen Menschen nicht unterscheiden.

Umgang mit homosexuellen Menschen

Was ist denn nun zu tun? Was müßte geschehen, damit Homosexuellen ein geglücktes menschliches Lieben und geglückte menschliche Sexualität möglich wird?
Zunächst wäre die Unterscheidung zwischen den verschiedenen Formen der Homosexualität auch im Einzelfall durchzuhalten. Es macht einen Unterschied, ob man es mit homosexuellem Verhalten jugendlicher Menschen zu tun hat, deren sexuelle Orientierung noch unklar ist, oder mit homosexuellen Menschen, die ihrer homosexuellen Orientierung gewiß sind.
Homosexuelle Menschen sind Menschen, nicht Homosexuelle. Sie sind nicht vor allem durch ihre sexuelle Orientierung charakterisiert, sondern durch das, was sie als Menschen auszeichnet oder belastet. Sie sind darum auch als Menschen zu nehmen. Ein gelassener Umgang mit ihnen setzt voraus, jede Homophobie zu überwinden und die möglicherweise gegebene Furcht vor der eigenen (vielleicht unbewußten) Homosexualität zuzulassen. So lassen sich auch versteckte Formen destruktiver Aggression gegen Homosexuelle abbauen.
Ein wichtiges Interesse ist die Humanisierung ihrer Sexualität: auch die Sexualität des Homosexuellen soll Sprache der Liebe werden. »Was ein Verhalten moralisch oder unmoralisch macht, ist nicht die eine oder andere (heterosexuelle oder homosexuelle) Gerichtetheit, sondern die Frage, ob dieses Verhalten auf Humanität oder Inhumanität ausgerichtet ist«, so 1981 die »Kommission für Soziale Gerechtigkeit« der US-Bischofskonferenz. »Es kann gegenwärtig um nichts anderes gehen als darum, gesellschaftliche Bedingungen« – und ich ergänze: psychische Möglichkeiten – »herzustellen, die es mehr Homosexuellen ermöglichen, das zu werden, was die Homosexualität selbst nicht verhindert« (M. Dannecker) – vielleicht nur erschwert: liebende Menschen.
In die gleiche Richtung zielt das Arbeitspapier der Gemeinsamen Synode der Bistümer in der BRD »Sinn und Gestaltung menschlicher Sexualität«. Es sieht bei einer homosexuellen Veranlagung

zwar die Existenzmöglichkeiten eingeschränkt, weil »die Möglichkeit der Bereicherung durch das andere Geschlecht wegfällt«. Zugleich aber wird die Möglichkeit der Einordnung der Homosexualität »in ein umfassendes menschliches Gesamtverhalten« aufgezeigt. »Dabei können die Energien der Homosexualität von einer gleichgesinnten Freundschaft in Dienst genommen und von ihr humanisiert und personalisiert werden. Dies könnte eine Hilfe gegen die Gefährdung durch Promiskuität sein.« Das Arbeitspapier rät von sexuellen Ausdrucksformen in solcher Freundschaft ab. Ich halte das für fragwürdig. Die Idee einer menschenfreundlichen und menschenwürdigen Sexualität zwingt nicht dazu, Homosexuellen jeden Verzicht auf geschlechtliche, auch genitale und orgastische, Erfahrungen aufzuerlegen. Homosexuelle Praxis ist gut, wo sie Sprache der Liebe ist. Vielleicht sollte man aber in dieser Hinsicht weder etwas raten noch von etwas abraten und den Betroffenen zutrauen, die Bedingungen geglückter Sexualität selbst in Erfahrung bringen zu können.

Ebensowenig wie man Heterosexuelle zur Homosexualität verführen darf, wird man Homosexuelle zur Heterosexualität verführen wollen. Ich halte zwar daran fest, daß das heterosexuelle Lieben anatomisch vorgezeichnet, gesellschaftlich notwendig, menschlich erfüllend und kulturell erwünscht ist, wenn das auch nicht für jedes einzelne Individuum zutrifft. Ich meine auch, daß die Möglichkeit zur Intimität und intimen Sexualität zwischen Mann und Frau im Normalfall Kennzeichen entfalteter Sexualität sei. Gleichwohl ist der am Homosexuellen unternommene Versuch einer Umpolung zur Heterosexualität unerträglich und beleidigend. Er schlägt dem narzißtisch Verletzten seine Verletzung noch um die Ohren. Er erklärt ihn in seiner Sexualität für falsch, obwohl an ihr nichts zu ändern ist. Das treibt ihn in eine ausweglose Not. Der Homosexuelle wird sich mit seiner Situation versöhnen müssen. Das ist – in unserer Gesellschaft – schwer genug. Wer ihm helfen will, wird ihm dabei helfen. Denn: »Ganz unabhängig von der jeweiligen Lehrmeinung, von dem wissenschaftlichen Standpunkt, von dem aus Homosexualität betrachtet wird . . . stimmen alle Ansichten in einem überein, daß Homosexualität als sexuelle Orientierung bereits vor Eintritt in die Pubertät determiniert ist und eine dauerhafte Veränderung der sexuellen Orientierung durch spätere Erfahrungen nicht mehr möglich ist« (E. Schorsch). Homosexuelle leiden, wenn sie leiden, an Verletzungen, wie alle Menschen sie haben könnten: an Verletzungen ihrer Lebensgeschichte und an Wunden, die daraus entstehen, daß die Gesellschaft sie ablehnt. Wer deshalb von homosexuellen Menschen in pädagogischer oder therapeutischer Absicht aufgesucht und um Hilfe gebeten wird, wird sich davor hüten, die homosexuelle Orientierung als solche zum Kern des Leidens zu machen und sie »heilen« zu wollen. Er wird wahrnehmungsfähig sein für die Leiden, die sich darin ausdrücken und damit gegeben sind.

Darum ist auch der »Prozeß der Entdeckung, Wahrnehmung, Akzeptanz und Integrierung der homosexuellen Orientierung und der damit verbundenen Gefühle« (W. Müller) helfend zu begleiten. Schule und Erziehung dürfen, wie Kirche und Seelsorge, »nicht der Ort sein, der den homosexuellen Menschen dazu zwingt, aus seinem Herzen eine Mördergrube zu machen, und ihn veranlaßt, weiterhin mit einer Fassade zu leben« (W. Müller). Das wird Eltern besonders schwer fallen, wenn sie hören, daß eines ihrer Kinder homosexuell ist. Zunächst werden sie schockiert sein und sich fragen, was sie denn falsch gemacht haben. Doch so kommen sie weder weiter noch mit der Situation ins Reine. Über die Ursachen der Entstehung homosexueller Orientierung liegt – wie gesagt – keine Klarheit vor. Und selbst wenn es genau auszumachende Ursachen gäbe und diese mit lebensgeschichtlichen Ereignissen zusammenhängen würden, über die man vielleicht – was aber kaum wahrscheinlich ist – hätte verfügen können: im Augenblick der Entdeckung oder der Kenntnisnahme der homosexuellen Orientierung ist das eine Sache der Vergangenheit. Alle Vorwürfe, auch Selbstbeschuldigungen, helfen jetzt nicht weiter. Eltern werden sich zudem klar machen, daß in dieser Situation nicht sie selbst in der Rolle der Beklagenswerten stecken. Ihr betroffenes Kind, Tochter oder Sohn, verdient nun Unterstützung. Es hat mit gesellschaftlichem

Unverständnis oder gar Ablehnung zu rechnen; es hat mit seiner eigenen Orientierung ins Reine zu kommen. Dazu braucht es Hilfen, Zuneigung, Verständnis. Die Eltern (und Geschwister und Freunde) werden die homosexuelle Identitätsfindung unterstützen, die Konsequenzen daraus (daß der Sohn keine Schwiegertochter und Enkel »bringt«, daß die Tochter mit einer Freundin zu Familientreffen kommt u. ä.) positiv annehmen und so – als Teil der gesellschaftlichen Öffentlichkeit – das »coming out« in Gang setzen. Auch sollten sie in der Öffentlichkeit mutig zu ihrem Kind stehen. Vielleicht mildert sich auf Dauer dessen Situation, wenn es durch diese familiäre Ermutigung die Möglichkeit findet, eine homosexuelle Partnerschaft aufzubauen.
Es ist an der Zeit, öffentlich über Homosexualität und mit Homosexuellen zu reden. Es darf nicht mehr vorkommen, was sich 1979 auf dem evangelischen Kirchentag in Nürnberg ereignete und wovon ein Pfarrer so berichtet: »An unserem Münchner Stand am ›Markt‹ haben Homosexuelle der Gruppe ›Rat und Tat‹ und Kirchenvorsteher insgesamt 413 intensive Gespräche geführt, mit ›Betroffenen‹, mit ebenso betroffenen Eltern, mit Jugendleitern, mit entsetzten kirchlichen Mitarbeitern. Ich selbst sprach u. a. mit mehreren evangelischen und katholischen Pfarrern und Theologiestudenten. Einer von ihnen, etwa 50 Jahre alt: ›Dies war das erste Gespräch meines Lebens über meine sexuelle Neigung‹.« In einem anderen Bericht über ein Forum zur Homosexualität, das auf dem gleichen Kirchentag stattfand, war zu lesen: »Nachgerade haßvoll griffen die zahlreichen Gegner der Homosexualität die Diskutanten an, sprachen von Sünde oder gar von Verbrechen. Die Homosexuellen reagierten mit dem Hohn und der Aggression, die aus Verzweiflung geboren wird. In dieser gespannten Atmosphäre trat eine ältere Dame ans Mikrophon und plötzlich wurde klar, daß hinter jeder guten Beziehung die Macht der Liebe steht, die höher als Konvention und Moral ist. Ihr Bekenntnis zu ihrer Freundin endete mit den Worten: ›Wir ertragen es, wenn Menschen sich Grausames zufügen, aber wir sind entsetzt, wenn sie sich lieben.‹ Die Menschenmenge erhob sich von den Plätzen und spendete ihr minutenlangen Applaus.«

5. Heterosexuelles Lieben auf dem Weg zur Ehe

Obwohl die Sprache der Liebe viele Worte kennt, tritt mit dem Stichwort »heterosexuelles Lieben« fast zwangsläufig das Problem des vorehelichen Geschlechtsverkehrs in den Vordergrund. Ich lasse mich auf diese bedauerliche Engführung zunächst ein. Mit der Problematisierung des Begriffs der Vorehelichkeit jedoch wird deutlich, daß das eigentliche Problem heterosexuellen Liebens das der Vertrautheit der Liebenden miteinander, ihre Verantwortung füreinander und ihre Verpflichtung zueinander ist. Was soll man jungen Leuten in dieser Hinsicht wünschen? In welcher Weise kann man ihre Fähigkeit und Bereitschaft fördern, zur ehelichen Liebe zu finden?

Die zunehmende Normierung vorehelicher Sexualität

Es scheint, als habe die Kirche in ihrer Geschichte ihre Einstellung zur vorehelichen Sexualität verändert. Der voreheliche Geschlechtsverkehr wird erst seit dem 16. Jahrhundert bekämpft. Der Historiker J. Solé spricht darum von einem »Klima der sexuellen Strenge seit dem 16. Jahrhundert«. Vorher »waren Vereinbarungen oder Verlobungen von großer Bedeutung gewesen. Obwohl die Kirche die Eheschließung ohne kirchlichen Trauakt nicht billigte, verbot sie diese doch nicht. Es kam, vor allem auf dem Land, häufig genug vor, daß die kirchliche Trauung erst stattfand, wenn die Frau schwanger war, manchmal gegen Ende der Schwangerschaft. Außerdem galten voreheliche Beziehungen in vielen Gegenden als Fruchtbarkeitstest. Man heiratete das Mädchen erst dann, wenn sie schwanger wurde« (J. Remy). Nicht die Ehe, sondern die Gesellschaft zwang dazu, in solchen Fällen langfristig gegenseitige Verantwortung zu übernehmen.
Die ursprüngliche Desinteressiertheit hatte ihre Gründe. Im ganzen Mittelalter heirateten die Menschen in der Regel früh – »das

durchschnittliche Heiratsalter dürfte beim Mann zwischen 20 und 24, bei der Frau zwischen 14 und 16 Jahren gelegen haben« (H.-W. Goetz) – und weil die Geschlechtsreife etwa im gleichen Alter eintrat, heirateten sie unmittelbar, nachdem sie geschlechtsreif geworden waren. Geschlechtsreife und Heiratsalter fielen also noch nahezu zusammen. Seit Beginn der Neuzeit änderte sich das. Das Heiratsalter wurde höher (es ist inzwischen wieder gefallen) und das Alter der Geschlechtsreife niedriger (das hat sich bis heute fortgesetzt). Nach A. E. Imhof liegen in der Zeit von 1680 bis 1942 (untersuchter Zeitraum) zwischen Geschlechtsreife – der Frau – und ihrem Heiratsalter zirka 13 bis 14 Jahre. Erst jetzt, unter dem »eisernen Gesetz der verzögerten Ehe«, konnte die voreheliche Sexualität zu einem allgemeinen gesellschaftlichen Problem werden. Man trachtete ihm kirchlicherseits mit einer kollektiven sexuellen Askese und dem Gebot sexueller Enthaltsamkeit zu begegnen. Das hat lange wirksam sein können; wohl auch deswegen, weil hier staatliche mit kirchlichen Interessen zusammentrafen. J.-L. Flandrin jedenfalls stellte – wie E. Shorter und A. E. Imhof – noch bis Mitte des 18. Jahrhunderts einen minimalen Anteil an unehelichen Geburten und eine äußerst geringe Zahl an vorehelichen Zeugungen fest.

Im Europa jener Jahre »wechselten sich allerdings Gebiete mit *strenger* Tabuisierung vorehelicher Sexualbeziehung, vor allem in den Ländern des Mittelmeerraumes oder auch im städtischen Handwerk, wo die Versorgung unehelicher Kinder größere Probleme aufwarf als auf dem Lande, mit *toleranteren,* besonders in Nordeuropa ab, in denen bestimmte Formen des sexuellen Umgangs stufenweise bis zum vollen Geschlechtsverkehr lange vor der späten Trauzeremonie in der Kirche freigegeben wurden. Wir erinnern uns in diesem Zusammenhang wohl alle zumindest noch an Ausdrücke wie ›Kiltgang‹, ›Fensterln‹, ›Nachtfreien‹ oder an die Ortsbezeichnungen des Geschehens wie ›Licht-‹, ›Kunkel-‹ oder ›Spinnstuben‹. Was wir inzwischen jedoch vielleicht vergessen oder wovon wir in unserer rückblickend nostalgisierenden und romantisierenden Phantasie abstrahiert haben, ist, daß sämtliche hiermit verbundenen Formen jugendlich-halbwüchsiger Sexualkultur vor allem auf dem Lande keineswegs gleichbedeutend mit ungeregelter sexueller Freizügigkeit waren. Im Gegenteil! Die sehr ausgeprägten Formen traditionellen und durch die Jugendlichen selbst rigoros kontrollierten Brauchtums verweisen uns ja gerade auf sehr klare, allgemein verbindliche, kollektive Ordnungsvorstellungen. Daß diese regional unterschiedlichen, aber tief verankerten Regeln nicht unbedingt mit den Normen der Hochkirche oder des zentralen Staates übereinstimmten, steht auf einem anderen Blatt geschrieben, und zwar nicht aus dem Buch zur Geschichte der Sexualität, sondern aus demjenigen der obrigkeitlichen Repression via körperliche Belange und entsprechende Resistenz von unten dagegen« (A. E. Imhof).

Mit der allgemeinen Lockerung der Sitten ging nun aber eine zunehmende kirchliche Strenge einher. Man kann das, wie ich es getan habe, an der Art und Weise ablesen, wie die Katechismen das 6. und 9. Gebot behandeln. Zudem galten Verstöße gegen diese Gebote nicht immer als schwer. Erst im 17. Jahrhundert entstand die Überzeugung von der schweren Sündhaftigkeit einer jeden sexuellen Verfehlung, sofern sie nur mit vollem Wissen und Willen geschah. Was daraus wurde, belegt erschreckend die Geschichte der katholischen Sexualpädagogik der letzten zweihundert Jahre (vgl. »Glut der Begierde – Sprache der Liebe«, S. 59ff.).

Sicher trifft D. Savramis nur die Karikatur der gegenwärtigen kirchenamtlichen Bewertung vorehelicher Sexualität. Doch er formuliert sie so, wie sie vielen Zeitgenossen tatsächlich vorkommt: Es gelte, »daß eine Ich-Es-Beziehung *in* der Ehe – das heißt die Entwertung und Verdinglichung eines Partners zum Es (»eheliche Pflicht«) – besser« sei als eine »Ich-Du-Beziehung im Rahmen einer Geschlechtsgemeinschaft, die vor oder neben der Ehe kurz- oder langfristig« bestehe. Ist aber tatsächlich eine Ehe ohne Liebe besser als Liebe ohne Ehe?

Das Problem der Vorehelichkeit

Der Begriff »vorehelicher Geschlechtsverkehr« kann übrigens erst eindeutig sein, seit man – durch die Verbindlichkeit einer allgemein gültigen Eheschließungsform – genau zwischen einer vorehelichen und einer ehelichen Beziehung unterscheiden kann. Das ist in einigen Diözesen der katholischen Kirche seit dem 16. Jahrhundert, in der ganzen Kirche erst seit Beginn des 20. Jahrhunderts der Fall. Zwar war vor der Reformation bzw. vor dem Konzil von Trient eine öffentliche kirchliche Eheeinsegnung zunächst möglich, später geboten. Doch kamen anerkannte und damit gültige Ehen auf sehr vielfältige Weisen zustande; im Extremfall allein dadurch, daß ein Paar sich selbst zur Ehe nahm. Der Verstoß gegen den kirchenamtlichen Wunsch auf Einsegnung machte Ehen nicht ungültig.

Das Konzil von Trient führte 1563 erstmals eine verbindliche Eheschließungsform ein. Seither erst bindet die Amtskirche die gültige Eheschließung an eine bestimmte äußere Form. Sie tat das, um endlich Schluß zu machen mit den vielen heimlichen und zweifelhaften Ehen, die es damals gab; und um – als Reaktion auf die Eheregelungen, die die Landesfürsten trafen, nachdem Luther ihnen die Ehe als (auch) weltlich Ding überlassen hatte – die katholisch-kirchliche Zuständigkeit für das Sakrament der Ehe zu erhalten. Da das entsprechende Dekret aber nur dort gelten sollte, wo es verkündet wurde (an den sogenannten »Tridentinischen Orten«), es aber erst 1907 für alle Orte der katholischen Kirche in Geltung kam, wurde die tridentische Eheschließungsform erst Anfang unseres Jahrhunderts für alle Gebiete der katholischen Kirche verbindlich.

Die Gewohnheit und die aus der Gewohnheit stammende Tradition, die bis ins 16. Jahrhundert ungebrochen war, die aber selbst von der katholischen Kirche bis Anfang des 20. Jahrhunderts für bestimmte Gegenden noch anerkannt wurde, daß Ehen nämlich auf vielfältige, auch heimliche Weisen geschlossen werden können, hat sich überall nur langsam erledigt. So konnte es vorkommen, daß Paare zwar kirchenrechtlich unehelich waren, vor ihrem Gewissen aber, vor ihrer Familie und dem öffentlichen Bewußtsein als verheiratet galten, weil sie sich nicht der neuen kirchlichen sondern traditioneller Eheschließungsformen bedient hatten. War der zeitliche Beginn einer traditionell – manchmal heimlich – geschlossenen Ehe nicht genau zu markieren, gab es gar eine Differenz zwischen dem gesellschaftlich anerkannten und dem kirchenrechtlich gültigen Beginn einer Ehe, dann mußte der Begriff »vorehelich« undeutlich bleiben. Welcher Dritte wollte dann präzis feststellen, wann die sexuelle Begegnung zweier Menschen vorehelich oder ehelich war? Es scheint, als würde ähnliches für das gegenwärtige gesellschaftliche Bewußtsein wieder zutreffen.

Bedingungen geglückten Liebens

Zum heterosexuellen Lieben gehört die vermutlich schmerzlich erworbene Einsicht – besser wohl Einfühlfähigkeit –, daß genitale Praxis nur unter bestimmten Bedingungen bereichert und glückt. Welche das sind, wird jeder selbst in Erfahrung bringen müssen. Dabei steht er nicht allein, weil in der Geschichte der Menschheit und in deren ethischer Tradition reflektierte und zu Normen geronnene Erfahrungen vorliegen. Daran wird er sich orientieren können. Ob diese Normen auch für ihn Gültigkeit haben, bestimmt letztlich die in Erfahrung und Auseinandersetzung geklärte Urteilskraft der eigenen sittlichen Autonomie. Diese Aufgabe stellt sich für Verheiratete genauso wie für Nichtverheiratete. Genitale Praxis kann nämlich sowohl innerhalb wie außerhalb der Ehe glücken oder mißglücken.

Ich will nicht wiederholen, was ich – in »Glut der Begierde – Sprache der Liebe« – beim Thema »Sinnvielfalt der Sexualität« (vgl. S. 209 ff.) über die verschiedenen Sinnaspekte der Sexualität und deren Integration in geglückter Sexualität vorgelegt habe. Da meine Äußerungen keine Vorschriften sein wollen, sondern den Betroffenen lediglich Erfahrungen zuspielen, an denen ihre eigene Überzeugung sich klären mag, soll zu den Bedingungen geglückten Liebens jetzt ein anderer Zugang genommen werden. Die Vermutung spricht dafür, daß heterosexuelle Erfahrungen am ehesten bereichern und glücken, wenn sie unter folgenden Bedingungen gemacht werden:

1. *Lust am Menschen:* In sexuellen Beziehungen geht es um die Freude am Menschen, nicht um den Spaß an seinem Körper. Die Körper bleiben Medien, durch die Menschen einander nahe kommen und aneinander Freude haben. In der Prostitution ist diese Bedingung nicht erfüllt.

2. *Wechselseitigkeit:* Sexuelle Erfahrungen wollen wechselseitige, von beiden Partnern bejahte und gewollte Erfahrungen sein. Die Unfähigkeit, auf die Gefühle und Wünsche des anderen Partners Rücksicht zu nehmen, ist ein Zeichen von Infantilität. Den Partner drängen, vielleicht zum Beweis seiner Liebe, kann Erpressung sein. Seine eigenen Interessen gewaltsam gegen den Widerstand des Partners durchsetzen, bezeugt Unmenschlichkeit. Die Vergewaltigung ist charakterisiert durch Einseitigkeit.

3. *Qualifizierte Liebe:* Sexuelle Erfahrungen sind aus sich auf Wiederholung aus, gerade auch dann, wenn sie nicht Fortpflanzungspraxis, sondern Medium lustvoller Nähe und Beziehung sind, auf Befruchtung der Beziehung aus, nicht auf Zeugung eines Kindes. Dies ist eine spezifisch menschliche Möglichkeit. Sie hat sich erst in der biologischen und kulturellen Evolution des Menschen eingestellt. Darum sind genitale Erfahrungen sinnvollerweise eingebettet in Liebesbeziehungen, die andauern und, solange sie dauern, ausschließlich sind. Ob das Lieben die personale Tiefe ehelichen Liebens oder gar die institutionelle Dichte einer Ehe erreichen muß, dazu liegen verschiedenartige Erfahrungen vor und dazu haben verschiedene Menschen und Institutionen unterschiedlich Position bezogen. Hier geht es nicht darum, Positionen zu behaupten, so richtig sie – in subjektiver Perspektive oder wegen objektiver Gründe – sein oder erscheinen mögen, sondern in Erfahrung und Gespräch die beglückende Bedeutung der lang dauernden Liebesbeziehung zu entdecken

oder entdecken zu lassen; am Ende womöglich die Bedeutung einer lebenslangen Ehe. Dieses Kriterium steht gegen die Promiskuität.

4. *Freiheit zur Lust:* Genitale Erfahrungen kommen aus gestalteter und bejahter Lust, nicht aus dumpfer Lüsternheit. In Lüsternheit werden wir überschwemmt von unseren Triebwünschen. Wir sind nicht mehr frei, sondern in Knechtschaft genommen. Frei gewählter Verzicht kann Freiheit zur Lust anzeigen und zurückbringen. Der Verzicht soll aber das Wünschen nicht völlig unterdrücken. Es bliebe sonst nämlich gänzlich undifferenziert, was zu Entwicklungshemmungen führen müßte. Verzicht ist möglich auf der Basis einer grundsätzlichen Befriedigung. So bleibt die genossene und gewährte Lust menschlich.

5. *Verantwortungsbewußtsein im Blick auf eine mögliche Schwangerschaft:* Genitale Praxis läßt sich nur angstfrei erleben und darin als intensive Dimension menschlicher Beziehungen entdecken, wenn entweder eine Schwangerschaft sicher ausgeschlossen werden kann oder die Partner die Bereitschaft besitzen, ein Kind gegebenenfalls zu akzeptieren. Man mag über die Legitimität der Empfängnisverhütung denken, wie man will: es ist schlimm, wenn die Methoden der Empfängnisverhütung verschwiegen werden, damit die Angst vor der Schwangerschaft von genitaler Praxis abhält. Aus Angst entsteht kein Ethos. Der Verzicht auf genitale Praxis, der aus Angst geleistet würde, wäre kein sittlicher Akt. Es ist nun keineswegs so, daß alle jungen Leute allein auf »das Eine« aus wären. Viele wollen sich die Erfahrung des ersten »Erkennens« aus guten Gründen für später aufheben. Aber es gibt auch solche, die miteinander schlafen, weil sie sich mögen. Man sollte ihnen angstfreie, bereichernde Erfahrungen ermöglichen. Mit diesem Kriterium ist sowohl die Abtreibung wie die Abschiebung ausgeschlossen.

6. *Vorsicht im Blick auf Aids:* Wenn zwei Partner miteinander schlafen, die sicher sind, keine HIV-Träger zu sein, besteht keine Gefahr. Bei begründetem Verdacht kann die Unsicherheit durch

einen Test ausgeräumt werden oder es sind nur menschenwürdige Formen des »Safer Sex« erlaubt: keine koitale oder koitusähnliche Sexualität bzw. nur mit Kondomschutz. Ist einer sicher infiziert, trägt er eine besondere Verantwortung. Er wird seinen Partner/seine Partnerin davon unterrichten, damit beide, wenn sie nicht verzichten wollen, die Formen sexueller Erfahrung wählen, die HIV-Viren nicht übertragen können. Man sollte sich vorher beraten lassen.

7. *Menschenwürdiger Ort:* Genitale Erfahrungen bedürfen eines menschenwürdigen Ortes. Das eigene, von den Eltern respektierte Privatzimmer ist angemessener als die Kneipe; das Bett besser als das Auto. Sexuelle Kontakte mißraten sonst zu »Akten flüchtiger Heimlichkeit« (G. Schmidt). Ohne Zeit und Ruhe werden sie notgedrungen primitiviert und brutalisiert. »Fehlende Ruhe und Abgeschlossenheit führen zur Deformierung der sexuellen Erlebnisfähigkeit der Partner. Das gilt besonders für das Mädchen, bei welchem die Fähigkeit, Sexualität als lustvoll und befriedigend erleben zu können, von weitaus differenzierteren Voraussetzungen abzuhängen scheint als beim Mann« (B. Rohr).

Konfliktlösung zwischen kirchlichem Lehramt und selbstbestimmtem Urteil

Was ich hier vorgetragen habe, ist mit der Doktrin des kirchlichen Lehramts nicht immer zur Deckung zu bringen. In dem Konflikt, etwas für richtig zu halten und dafür auch Gründe zu haben, was den ausdrücklichen Normen des kirchlichen Lehramts widerspricht, befinden sich – zumindest im Bereich menschlicher Sexualität – viele Zeitgenossen. Sie fragen sich und werden gefragt, wie dieser Konflikt durchzuhalten sei und ausgetragen werden könne.
Man wird nicht übersehen dürfen, daß ein solcher Konflikt auch eine produktive Seite hat. Einen reflektierten Standpunkt kann man nur in Auseinandersetzung mit eigenen Erfahrungen und vorgegebenen Normen gewinnen. Würden Normen vollends

fehlen, würden sie keinen Widerspruch leisten gegen eine allzu naiv-selbstgefällige Praxis, würde sich auch die eigene Erfahrung nicht entfalten und differenzieren können. Am Konflikt erst entwickelt sich das ethische Bewußtsein. Widersprechende Normen können also für die eigene Urteilsfindung durchaus fruchtbar sein. Nicht daß sie existieren, ist das Übel. Das Übel ist, wenn sie als Vorschriften daherkommen und nicht als Bedingungen der Möglichkeit eigener Urteilsfindung.

Was ist nun zu tun angesichts der Tatsache, daß in der Kirche sexualdefensive und sexualpositive Überzeugungen mit Gründen vorgetragen werden? Was ist zu tun in dem traditionellen Konflikt zwischen kirchenamtlicher Lehre und argumentierender Selbstbestimmung? Und was ist zu tun, wenn man den Konflikt weder durch totale Verdrängung noch durch Ausschaltung einer der beiden Seiten abschaffen will? Eine Konfliktlösung kann faktisch nur in der Weise zustande kommen, daß die am Konflikt Beteiligten sich über die Interpretation ihrer Normen als Mittel für bestimmte Werte im Bereich der Sexualität verständigen; dabei die gemeinsamen sowie die einander nicht widersprechenden Werte entdecken, wechselseitig akzeptieren, und dann den Versuch machen, die Normen zur Erreichung der Werte so auszutauschen oder abzuändern, daß der ursprüngliche Zustand des Konfliktes aufgehoben ist.

Man kann also dann von einer Konfliktlösung sprechen, wenn sie auf der Grundlage eines ethischen Prinzips erfolgt, das durch folgende Anforderungen definiert ist:

1. Fasse in einer Konfliktsituation jede sexualethische Norm als Mittel für die Bewahrung oder Ermöglichung übergreifender Werte.
2. Suche bei den Konfliktpartnern die miteinander verträglichen Werte.
3. Ersetze die ursprüngliche Norm durch solche neue Normen, die ebenfalls zur Bewahrung oder Ermöglichung der gemeinsamen Werte geeignet sind.

Die Kongregation für die Glaubenslehre stellt in ihrer »Erklärung zu einigen Fragen der Sexualethik« von 1975 fest, daß »jede geschlechtliche Hingabe des Menschen nur innerhalb der Ehe erfolgen darf«. Diese Norm, so das Dokument, soll Aufrichtigkeit und Treue in der Beziehung von Mann und Frau gewährleisten und ihre Beziehung vor Laune und Begierlichkeit schützen. Die übergreifenden Werte, denen die Norm dient, sind danach die Gewährleistung von Treue und Aufrichtigkeit und der Schutz vor Laune und Begierlichkeit.

Diese Werte scheinen außer Frage zu stehen. Jedenfalls kann man sie sich mit Gründen einsichtig machen. Sind sie aber allein in der Ehe aufgehoben? Was ist, wenn man begründen kann, daß eine qualifizierte partnerschaftliche Beziehung von Mann und Frau die Gewährleistung von Aufrichtigkeit und Treue und den Schutz vor Laune und Begierlichkeit ebenso zu garantieren vermag wie die Ehe? Was ist speziell dann, wenn diese Beziehung eheähnlich ist; beide also eine Gesinnung einbringen, die sich der Qualität ehelicher Liebe annähert, ohne daß eine Ehe besteht? Und das in einer Zeit, in der auch die Ehe erfahrungsgemäß solches nicht mehr in jedem Fall garantiert; es nur erbringt, weil und wenn beide Partner in Liebe füreinander engagiert sind? Die traditionelle enge Norm könnte dann um der in ihr bewahrten Werte willen auf diese qualifizierte Beziehung hin erweitert werden. Bevor dies geschehen ist, stünden Liebende zwar gegen die konkrete kirchliche Norm, nicht aber gegen die durch sie geschützten Werte, auf die es letztlich doch wohl ankommt.

Ohne Trauschein beisammen

Partnerschaften von Männern und Frauen tendieren heute zunehmend zu eheähnlichen Formen. In der Umgangssprache heißen sie »Ehen ohne Trauschein« oder »Schrägstrich-Ehen« oder »Eheähnliche Verhältnisse«. Manche wenden sich gegen solche Bezeichnungen. K. Lehmann meint, man spreche besser von »nichtehelichen Lebensgemeinschaften«. Ich halte den Ausdruck »nichteheliche Gemeinschaften« für richtiger, weil mit ihm noch offen bleibt, ob eine solche Gemeinschaft für das ganze Leben gedacht ist oder nicht. Nach H. Ringeling sind für die nichtehelichen Gemeinschaften die Wohn- und Wirtschaftsgemeinschaft charakteristisch. Das trifft aber nur für zwei Drittel der nichtehelichen Gemeinschaften zu. In einem Drittel der Fälle leben die Betroffenen ohne gemeinsamen Haushalt. Partner nichtehelicher Gemeinschaften finden sich in der BRD in 1,9 Millionen Haushalten. 1,1 Millionen Haushalte der BRD bestehen aus unverheiratet zusammenlebenden Paaren. Die nichteheliche Gemeinschaft ist in unserer Gesellschaft also durchaus kein soziales Randphänomen mehr; und wohl auch »kaum eine vorübergehende Modeerscheinung« (H. Ringeling).

Was motiviert Menschen zu dieser Lebensform? Wirtschaftliche Gründe scheinen – außer während der Berufsausbildung – nicht entscheidend zu sein. Manche suchen in Bäumchen-wechsle-dich-Verhältnissen sexuelle Befriedigung und Bestätigung (etwa 10%). Andere wollen keine Kinder und glauben deswegen, die Heirat nicht zu brauchen (20%). Andere sind geschieden und haben schlechte Erfahrungen mit der Ehe (30%). Besonders Frauen wollen sich ihre Selbständigkeit bewahren. Es scheint, als ob die institutionalisierte Ehe als System von Erwartungen und Verpflichtungen, Normen und Handlungsmustern immer noch so stark auf die einwirkt, die sie vollziehen wollten, daß sie ihre Freiheit unerträglich eingeschränkt, wenn nicht gar aufgehoben erleben. Speziell Frauen verdächtigen die Ehe als emanzipationsfeindlich, weil sie unnötige Rollenzwänge mit sich bringe. Die Möglichkeiten einer emanzipationsfreundlichen Gestaltung von Ehe und Familie scheinen noch zu wenig entdeckt zu sein oder an noch zu vielen, bislang wohl gesehenen, aber nicht realisierten Bedingungen zu hängen. Allerdings gibt es auch kaum öffentlich sichtbare, tragfähige Modelle emanzipationsfreundlicher – auch für Frauen, die Mutterschaft mit (aushäusiger) Erwerbstätigkeit verbinden wollen – Ehen und Familien. Und neue Formen des Zusammenlebens (Wohngemeinschaften, Familien-Kollektive) werden immer noch eher mit Argwohn betrachtet.

Nichteheliche Gemeinschaften existieren in verschiedener Form. Es gibt Lebensgemeinschaften mit ehelichem Willen, aber ohne

Heirat. Es gibt Partnerschaften mit dem Willen zu Ausschließlichkeit und Dauer, jedoch mit der Verabredung einer einverständigen Trennung, wenn Zuneigung und Liebe nicht mehr vorhanden sind. Und es gibt Gemeinschaften mit einer jederzeit möglichen einseitigen Aufkündigung. Angesichts solcher Varianten ist die Definition der nichtehelichen Gemeinschaft im »Handbuch der christlichen Ethik« fragwürdig. Dort wird nämlich festgestellt, die nichteheliche Gemeinschaft sei »eine heterosexuelle Gemeinschaft zweier Personen, die auf unbestimmte Zeit zusammenleben und eine umfassende Lebensgemeinschaft verwirklichen wollen, jedoch unter dem Vorbehalt der jederzeit möglichen einseitigen Beendigung ihrer Beziehung«. Wenn man sich klar macht, daß nur 9% der Partner nichtehelicher Gemeinschaften grundsätzlich gegen die Ehe eingestellt sind, und nur 27% von sich sagen, sie möchten den gegenwärtigen Partner nicht heiraten, fast zwei Drittel also entweder den Partner heiraten wollen (31%) oder noch unschlüssig sind (40%), verändert sich das Bild der nichtehelichen Gemeinschaften noch einmal. Äußerst differenziert wird es angesichts der Tatsache, daß viele Partner nichtehelicher Gemeinschaften eines Tages einander heiraten.
Sehen wir einmal von jenen zahlenmäßig kaum ins Gewicht fallenden Verbindungen ab, in denen sich jemand nur einen kostenlosen Sexualpartner hält, oder die jederzeit einseitig auflösbar sind. Beschränken wir uns auf Gemeinschaften, die, obwohl nichtehelich, nach dem Selbstverständnis und dem Willen der Betroffenen starke eheähnliche Züge tragen, dann ist, was die nichteheliche Gemeinschaft betrifft, kaum von einer Alternative zur Ehe zu reden. Viele begreifen, was sie leben, durchaus als »Vorehe« oder als »Probeehe«. Was sie realisieren, trägt häufig die Züge eines (wenigstens) impliziten Verlöbnisses. Ihre Beziehung ist von Ausschließlichkeit und Dauer gekennzeichnet. Während der Dauer ihrer Gemeinschaft bewahren sich die Betroffenen – dem Anspruch nach – sexuelle Treue und halten mit hoher Unterstützungsbereitschaft aneinander fest.
Die nicht-eheliche Gemeinschaft ist auch Ort sexuellen »Erkennens«. Dies ist aber nicht ihr einziger Inhalt. Sie umfaßt alle

Dimensionen des alltäglichen Miteinander. Es träfe darum weder die »Sache« noch würde es den Betroffenen gerecht, die grundsätzliche Ablehnung ihrer Lebensform allein mit der Verwerfung ihres (nichtehelichen) Geschlechtsverkehrs zu begründen. Die nichteheliche Gemeinschaft gibt den Partnern mehr, auch anderes und für ihr lebenslanges Lieben Bedeutungsvolleres zu erfahren, als was diese genital-koital fixierte Sicht entdecken kann. Es zeugt darum auch von der Ernsthaftigkeit der Partnerwahl und einer sensiblen Sorgfalt bei der Vorbereitung auf die Ehe, wenn junge Leute sich nicht mehr einfach faszinieren oder verführen lassen, sondern Erfahrungen sammeln und prüfen wollen.

Manchmal erweckt es den Anschein, als sei das bestimmende Grundgefühl solcher Gemeinschaften, speziell wo einseitige Auflösung jederzeit möglich ist, die Angst: die Angst, ob der Partner wirklich liebt, die Angst, ihn zu verlieren, die Angst, ihn möglicherweise schon an einen anderen verloren zu haben. Die Angst um die Liebe des Partners muß die Liebe zum Partner zerstören. »Mit der ständigen Möglichkeit der Kündigung zu leben, ständig überlegen zu müssen, ob man zueinander paßt, läßt Liebe verkümmern, noch bevor sie überhaupt ausreifen kann« (G. Höver). Insofern hat, wenn diese Verhältnisse gegeben sind, die nichteheliche Gemeinschaft auch ihre Schattenseiten.

Auf jederzeit (einseitig oder einverständig) auflösbaren Partnerschaften ruhen überhaupt (fast) zwanghafte Glücks- und Harmonieerwartungen, die sie übermäßig belasten. Gut: Auch eine Ehe kann nur gelingen, wenn die Partner sie schöpferisch und ideenreich gestalten, und wenn sie die Sicherheit, daß der andere zu ihnen steht, nicht aus der Institution der Ehe, sondern aus der Freude ihres Liebens gewinnen. Aber wer kann schon sicher sein, daß seine gestalterischen Möglichkeiten ausreichen? Wer läßt sich nicht gern, speziell wenn er sich der Begrenztheit seiner selbst klar ist, von den durch die Ehe vorgegebenen Sicherheiten tragen? Das Versprechen uneingeschränkter Gemeinschaft (in der Heirat) könnte entlastend wirken. Auch darum wird man jungen Menschen Mut zur Ehe machen. Es verbietet sich aber jedes massive Drängen auf eine Heirat.

Man mag – jedenfalls dann, wenn die Ehe nicht nur um der Sicherung ihrer beruflichen und materiellen Voraussetzungen willen noch aufgeschoben wird oder wegen des jugendlichen Alters oder einfach, weil sie (noch) nicht nötig scheint – auch Bindungsangst im Spiele sehen. Womöglich ist es auch Bindungsunfähigkeit. Beide haben ihre Gründe, die nicht allein die Betroffenen zu verantworten haben. Doch angesichts des offensichtlichen Scheiterns vieler Ehen und, was oft vergessen wird, des Scheiterns vieler Beziehungsbemühungen schon vorher, ist die nichteheliche Gemeinschaft eher ein Zeichen der Hoffnung als eines des allgemeinen moralischen Niedergangs. Die Tragik ist nicht, daß sie aufgenommen wird. Die Tragik ist, daß vielfach nicht einmal sie zustandekommt.
Wir sollten freilich auch niemanden darüber hinwegtäuschen, daß das Scheitern einer nichtehelichen Gemeinschaft in fast allen Fällen ebenso verwundet wie das Scheitern einer Ehe, daß es vorsichtig macht, vielleicht ängstlich beim Versuch einer neuen Beziehung. Wegen dieser Gegebenheiten am Ende darf der Anfang nicht zu leicht genommen werden. Die lässige Bemerkung am Ende, man habe ja schon zu Anfang gewarnt, ist allerdings zynisch, weil sie nur der eigenen Rechthaberei, niemals aber den Betroffenen hilft. Hier ist Trost und Trauerarbeit richtig.

Wege zur Ehe

In dieser Situation scheint es mir sinnvoll zu sein, auf dem Weg zur Ehe Erfahrungs- und Lebensräume bereitzustellen, in denen sich die Fähigkeit und Bereitschaft zu einem qualifizierten und lebenslang verbindlichen – eben ehelichen – Lieben auf Dauer gleichsam von selbst einstellt. Man kann sich dabei durch die Idee anregen lassen, die Eheschließung nicht als einen einmaligen Akt, sondern als einen sich über längere Zeit hin erstreckenden Prozeß zu verstehen. Weil wir Menschen geschichtliche Wesen sind und eine Geschichte haben, haben auch unsere

Entscheidungen eine Geschichte. Warum sollte nicht auch der Entscheidung zur Ehe und dem Beginn einer Ehe eine solche Geschichte eingeräumt werden?

Die Idee, die Eheschließung als Prozeß zu verstehen, ist nicht so neu, wie sie zunächst scheint. Für das Ende der Karolingerzeit, um das Jahr 900, stellte P. Ariès – im Blick auf die Ehe der einfachen Leute – fest: »Die Eheschließung hatte noch nicht den punktuellen Charakter, den sie später annahm und heute noch hat, wo eine Zeremonie, ein Wort, eine Unterschrift begründen und bewirken kann, daß man vorher noch nicht, danach aber sogleich und im genauen Sinne des Begriffs verheiratet ist. Die Eheschließung erstreckte sich über eine gehörige Zeitspanne von unterschiedlicher und manchmal beträchtlicher Dauer.« Sie begann mit dem Eheversprechen, setzte sich fort im Vertragsabschluß der beiden Familien der Brautleute und erreichte ihre letzte Etappe, »wenn man die Brautleute zu Bett geleitete, ein Ritual, das öffentlich, feierlich und unter dem Beifall der Anwesenden begangen wurde, die so die Gültigkeit des Ereignisses bekundeten«. Als im 12. Jahrhundert die kirchlichen Heiratsrituale entstanden, die zunächst die häusliche Trauung anerkannten und sie mit einer zusätzlichen feierlichen Handlung begleiteten, »fügte die Klerikalisierung der Heirat dem vertrauten häuslichen Ritual lediglich eine weitere Zeremonie hinzu und dehnte das Heiratsgeschehen noch weiter aus«. Erst die Einführung der schriftlichen Registrierung der Heirat konzentrierte die Eheschließung auf einen Punkt: Die Unterschrift im Register ersetzte durch einen präzisen Zeitpunkt, was bislang als eine mehr oder weniger ausgedehnte Zeitspanne erlebt worden war.

Neuerdings hat R. Bleistein die Möglichkeit erwogen, den Eheabschluß nicht als »einmaligen Akt«, sondern als »Prozeß über längere Zeit hin« zu verstehen. Obwohl er darin allerdings mehr Probleme vermutet als möglicherweise gelöst werden, sollte man dieser Idee doch nachgehen. Meine Frage also ist, ob der Weg in die (Verbindlichkeit des Liebens in der) Ehe nicht sinnvollerweise – unter den gegebenen Bedingungen, die durch Appelle nicht einfach geändert werden – charakteristische Stufen geht, die ihn ermöglichen oder erleichtern können, weil sie die Liebenden in je unterschiedlicher Weise beanspruchen und herausfordern. Es läßt sich dabei kaum vermeiden, Probleme aufzuwerfen, die – abgesehen von ganz Grundsätzlichem – vornehmlich Katholiken verständlich und sinnvoll erscheinen.

Die Zeit der Verlobung

Vielleicht beginnt der Weg in die Ehe mit der nichtehelichen Gemeinschaft als einer Zeit der Erprobung des Liebens. Sicher enthält der Ernstfall der Ehe eigene Herausforderungen an das Lieben, die nirgendwo wirklich vorweggenommen werden können. Insofern ist richtig, daß man nicht auf Probe (ehelich) lieben könne. Gleichwohl läßt sich in der nichtehelichen Gemeinschaft doch manches erproben. Das ist nicht vor allem der Partner, sondern vor allem man selbst; es ist die eigene Liebes- und Leidensfähigkeit, das Einspielen und Austarieren von Bindung und Freiheit und die Bewältigung der vielen kleinen Alltäglichkeiten, die eine Gemeinschaft bereichern und belasten.
H. Haag hatte schon 1980 notiert: »Es mehren sich ... die Stimmen (so als erste Siegfried Keil und Stefan Pfürtner, aber neuerdings auch Jakob David und Wilfried Rohrbach), die dafür eintreten, die Verlobung, die ja aus der Mode gekommen ist, wieder aufzuwerten. Sie könnte wie im alten Israel einen Schutzraum für den Geschlechtsverkehr noch nicht verheirateter aber ehewilliger Paare darstellen und der Absicht zur Dauer, auch für die Öffentlichkeit sichtbar, Ausdruck verleihen. Damit wäre dem Bedürfnis unzähliger junger Leute nach ›Verpflichtung, aber ohne Endgültigkeit‹ Rechnung getragen, und sie müßten nicht als ›öffentliche Sünder‹ von der Kirche verachtet und ausgeschlossen sein.«

Die bürgerliche Ehe

Ist die Beziehung abgeklärt und stabil, in der Regel wohl auch dann, wenn Kinder gewünscht und möglich sind, kommt es zur zivilen Heirat. Diese könnte auch für katholisch getaufte Christen als gültige Eheschließung anerkannt werden. Gründe dafür gibt es genug. Sie ergeben sich aus der fortschreitenden (sicher ambivalenten) Säkularisierung des menschlichen Lebens, die der weltlichen Welt und ihren Anforderungen auch im Erleben des Getauften ein eigenes Recht geben; und aus der Idee einer gemeindekirchlichen Kirchenverfassung, die staatliche und kirchliche Akte deutlicher unterscheiden möchte.

Vor allem aber erscheint es als ein pastorales Unding, daß katholisch getaufte Christen nur unter *der* Bedingung eine gültige Ehe schließen können, daß sie zugleich das kirchliche Ehesakrament empfangen. Um der Gültigkeit ihrer Ehe willen wird die Mehrheit der Katholiken dadurch zu etwas gedrängt, für das sie – darüber dürfte nach allen religions- und kirchensoziologischen Erkenntnissen Einigkeit bestehen – gar nicht wirklich fähig sind, weil sie dem Glauben der Kirche und ihren Sakramenten ratlos und fremd gegenüberstehen. Vor einigen Jahren konnte man die Nachricht lesen – sie stammte von einem deutschen Bischof –, daß von 100 katholischen Paaren, die als Mann und Frau zusammenleben, 40 sich nicht mehr kirchlich trauen ließen. Auch unter den 60, die sich kirchlich trauen ließen, dürften nicht wenige diese Form der Eheschließung vor allem aus Rücksicht auf Eltern und Angehörige wählen. Als Gründe nannte der Bischof: fehlende persönliche Beziehungen zur Kirche und die Meinung, die Welt des Glaubens sei irreal. Daran wird sich bis heute nicht viel geändert haben. Nach dem neuen Katholischen Erwachsenenkatechismus stellt sich aber gerade bei der Ehe »die Frage des Verhältnisses von Glaube und Sakrament . . . in besonders vordringlicher Weise«. Der sinnvolle Empfang des Ehesakraments würde eine glaubensmäßige und spirituelle Formung erfordern, die die meisten Katholiken überfordern muß. Damit die zur Ehe entschlossenen Partner in eine angemessene Haltung zum Sakrament kommen, bedürfte es, selbst wenn man keine übertriebenen Forderungen will, entsprechender seelsorgerlicher Hilfen über eine angemessene Zeit, und es bedürfte geistlicher Erfahrungen in der Gemeinschaft von Christen. Dieses alles wird man Ehewilligen einräumen und gewähren müssen. Es mag zwar sein, daß ein Teil der zur Ehe entschlossenen Katholiken die für den Sakramentenempfang nötige gläubige Einstellung schon mitbringt. Für diese erledigt sich dann das Problem von selbst. Doch keine pastorale Kunst wird es erreichen, daß alle Getauften, die eine allseits anerkannte Ehe anstreben, sich unverzüglich in die rechte Haltung zum Sakrament der Ehe bringen oder in sie gebracht werden können.

Darum wird man die zivile Heirat als gültige Eheschließung auch der katholisch Getauften vom Empfang des kirchlichen Ehesakraments unterscheiden. Ich hielte es für zynisch, wollte man sich kirchlicherseits mit dem Hinweis aus der Affäre ziehen, die Katholiken, die schon gegenwärtig nur eine bürgerliche Ehe schließen, hätten, wenn auch keine kirchlich gültige, so doch eine staatlich anerkannte Ehe. Ihre Ehe sei also nicht gänzlich ohne gesellschaftliche Bejahung. Solange eine solche Ehe dann aber doch – in der Sicht der Kirche, die mit ihrer Sicht gewöhnlich nicht zurückhält und irritierende Schuldgefühle hervorruft, wenn sie sie in Kontaktsituationen (Kindertaufe, Erstkommunion u. ä.) zur Geltung bringt – als »sündhaftes Verhältnis« ausgegeben und öffentlich diffamiert wird, kommen die Eheleute in eine Krise, die ihrem Christsein bzw. den letzten Resten davon eher abträglich und unter ehepastoralen Gesichtspunkten sicher unfruchtbar ist.

Merkmal der bürgerlichen Ehe wäre – über Dauer und Ausschließlichkeit hinaus – der geprüfte und entschlossene Wille, zusammenzubleiben und einander zu lieben, bis der Tod dazwischentritt. Damit wäre, auch durch den öffentlich und nachweisbar geäußerten Willen der Betroffenen, gegenüber der nichtehelichen Gemeinschaft eine neue Stufe der Verbindlichkeit eingetreten und einzuüben. Eine Stufe allerdings, auf der die einverständige Zurücknahme des gemeinsamen ehelichen Willens oder das offensichtliche Scheitern der Partnerschaft – unter den Bedingungen, die das Recht formuliert – eine Ehescheidung möglich macht. Wiederverheiratung wäre in diesem Fall – auch für den getauften Katholiken – möglich.

Die kirchliche Ehe

Wo nun Getaufte, weil sie christlich geprägte Freunde fanden und Kontakte mit der Gemeinde der Christen aufnahmen, den Möglichkeiten der Neuen Welt Gottes begegnet sind, die Freiheit und Liebe aus der Kraft Gottes verheißt und gewährt; wo sie in ihrer ehelichen Partnerschaft und in ihrer Familie die Erfahrung machen, daß ihre Beziehung ein tieferes Fundament sucht als das, welches in den primären Motiven ihrer Eheschließung gelegen ist; wo sie entdecken, daß ihr Ja zueinander, in Freude und Leid durchgehalten, wegen ihrer Endlichkeit und Unverrechenbarkeit und wegen ihres Versagens der gnädigen Zuwendung Gottes bedarf; wo sie ihre eheliche Liebe und ihre Familie in den Kontext der Kirche einbringen (wollen), um ihr zu dienen und von ihr inspiriert zu werden – da (und erst dann) betreten sie eine weitere Stufe der Verbindlichkeit: die Stufe der einen und unauflöslichen kirchlichen Ehe. Sie geben ihr Ja-Wort zueinander vor Gott in der Öffentlichkeit der Christengemeinde – ausdrücklich als Sakrament der Ehe. Nun wird ihre eheliche Bindung vor aller Augen Abbild der bedingungslosen Treue Gottes und Widerspiegelung der unlöslichen Beziehung von Christus und Kirche.

Noch einmal: Es mag sein, daß junge Leute von vornherein (theologisch und spirituell gesehen) fähig und bereit sind, ihrer Ehe im Sakrament kirchliche Ausdrücklichkeit zu verleihen, so daß sie nicht den Weg über die bürgerliche Ehe nehmen (müssen). Doch das ist – streiten wir nicht um die Anteile – nicht bei allen Getauften zu unterstellen; nicht einmal beim größten Teil. Jedenfalls da, wo sich die sakramentale Disposition erst entwikkeln muß – in einem Ehekatechumenat etwa –, wird kirchlicherseits nicht zum Sakramentenempfang gedrängt – was heute ja faktisch durch die Sanktion der kirchlichen Nichtanerkennung der (nur) zivilen Heirat mit all den schlimmen Folgen im Gewissen (Schuldgefühle), auf der Ebene des Rechts und für die Kirchenbeziehung (Christen zweiter Klasse) geschieht. Es werden die Möglichkeiten der Begegnung behutsam und verständnisvoll genutzt, damit sich die verschüttete Christlichkeit nach und nach erholen kann und ein sinnvoller Empfang des Ehesakramentes möglich wird.

Natürlich bleibt auch diese Ehe, weil sie die Ehe von Menschen ist, gefährdet und unter der Möglichkeit des Scheiterns. Das belegen ja die vielen Fälle des Scheiterns auch kirchlicher Ehen zuhauf. Doch nur dann träten die gegenwärtig auf alle (gültigen) Ehen von (katholisch) Getauften bezogenen Folgen ein: die Verbindlichkeit der Liebe würde hier auch über das Scheitern hinaus gelten; und die kirchenrechtlichen Regelungen fänden – nach den Veränderungen, die unabdingbar sind – Anwendung. Was allerdings von größerer, vielleicht alleiniger Bedeutung ist: Eheleute, die ausdrücklich in eine kirchliche Ehe getreten sind, finden – sofern sie im Anregungsfeld der Christengemeinde real mit den gnadenhaft geschenkten Möglichkeiten von Freiheit und Liebe aus der Kraft Gottes vertraut wurden – zu humanen Formen der Bewältigung ihres Scheiterns.

Mir geht es nicht um dogmatische oder juristische Fragen. Das wäre Sache anderer Fachleute. Mir geht es um die Vermutung, daß strukturelle Bedingungen Menschen, die die Erfahrung vielseitigen ehelichen Scheiterns und die Unsicherheit über die eigene Kraft zur lebenslangen Bindung von der Ehe zurückschreckt, den Weg zur Ehe möglicherweise ebnen können; und um die Frage, welche Lebensräume bereitgestellt oder, sofern sie längst bereitliegen, weil die Menschen sie realisieren, so inspiriert und begleitet werden können, daß in ihnen die Menschen knechtschaftsfrei und grenzenlos zu lieben beginnen. Mir scheint es dabei ratsam, alle Ansätze einer zum Ausdruck gebrachten Bindung und Verpflichtung zu schützen und zu entfalten, nicht aber zu zerstören. Es wäre zwar töricht, allen Menschen eine gestufte Karriere zur kirchlichen Ehe vorzuschreiben. Eine Sexualerziehung aber, die mit den realen Unfähigkeiten und Schwierigkeiten heutiger Menschen rechnet, ohne ihre Ideale als Leitperspektive preiszugeben, wird die verschiedenen Erfahrungs- und Lebensräume respektieren und begleiten, über die Menschen zum Lieben und in gestufter Verbindlichkeit zur Ehe kommen, ohne freilich am Ende gegen die Möglichkeit des Scheiterns versichert zu sein.

Unterwegs zum Lieben

Bilanz

Auch am Ende dieses Buches sind wir immer noch unterwegs zum Lieben. Aber wir haben doch einige Stationen und Dimensionen dieses Weges bedacht. Wir laufen nicht mehr blind. Vor allem nicht mehr am Gängelband. Hoffentlich. Es konnte nicht alles zur Sprache kommen, was mancher Leser möglicherweise erwartet hatte. Insofern ist auch dieses Buch ein Torso, keine Summe. Nicht ohne Grund habe ich am Anfang gewarnt. Vielleicht aber ist es dennoch ein Beistand – man erinnere sich an Rilke – für die, die in der Sprache der Sexualität lieben wollen und anderen dieses ermöglichen möchten, soweit dies an ihnen liegen kann. In diesem Wunsche steckt die Überzeugung, daß die Menschen in solcher Liebe zueinander finden und zu sich selbst kommen. Dies liegt in der Perspektive der biblischen Botschaft von der Menschenfreundlichkeit eines Gottes, der will, daß wir das Leben haben – in Fülle (Johannes 10,10), und der uns in seiner neuen Welt alle Möglichkeiten dazu bereitstellt.

Lieben muß man nicht auf vollkommene Weise. Die Perfektionsideale, die uns in der Welt des Christentums immer wieder als Forderungen begegnet sind, haben das Lieben doch wohl eher eingeschüchtert. Darum wollen wir am Ende noch einmal das Lob der Unvollkommenheit singen. Besser ist, unvollkommen zu lieben als gar nicht; besser ist, versuchsweise zu lieben als mit dem Warten auf Perfektes das Lieben zu verpassen. Bleibt doch auch im unvollkommenen und versuchsweisen Lieben die Sehnsucht nach den je größeren Möglichkeiten anwesend.

Auch Erziehung muß keine Ideale erreichen. Aber sie sollte sie vorstellen und begründen – in einer Weise, die nicht erschreckt sondern überzeugt. Die Fähigkeit und Bereitschaft, zu lieben und die Sexualität als Sprache der Liebe zu sprechen, wird im Leben selbst gelernt, zu dem Erziehung (nur) anregen kann, ermutigen soll und begleiten will. Sexualerziehung mag so laufen, daß niemand mit seinen sexuellen Wünschen und Erfahrungen allein bleibt. Kinder, Jugendliche und Erwachsene sollen – wenn sie es wollen – offen von ihnen sprechen können, ohne Ängste und ohne die Angst, abgelehnt und verurteilt zu werden. Sie will auch dazu beitragen, daß Sexualität Sprache der Liebe wird. Das verlangt die Idee einer menschenfreundlichen und menschenwürdigen Sexualität. Sie bleibt auch im Zeitalter von Aids voll inspirativer Kraft.

Einladung zum Dialog

Ich bin sicher, mit diesem Buch – in der Welt des Christentums – zugleich Anregendes und Anstößiges vorgelegt zu haben. Selbst auf der Suche, bitte ich die Leser, es als Versuch zu verstehen, sich mit mir auf die Suche zu begeben und zu reagieren (7400 Tübingen, Liebermeisterstr. 12). Ich lade dazu ein, Stellung zu nehmen, Erfahrungen beizusteuern, Argumente weiterzuführen, Positionen zu klären – in zweierlei Richtungen: bestätigend oder in Frage stellend. Das Buch will ein Gesprächsbeitrag sein. Ein kritischer und inspirativer Dialog, der zu neuen Einsichten führt, könnte vielen Menschen hilfreich werden.

Zitierte Literatur

Adam, A. (1931), Der Primat der Liebe. Eine Untersuchung über die Einordnung der Sexualmoral in das Sittengesetz, Straubing.
Adam, A. (1942), Das sechste Gebot. Gedanken und Vorschläge für die Behandlung der sexuellen Fragen in Erziehung und Unterricht, Paderborn.
Adam, A. (1954), Der Primat der Liebe. Studie über die Einordnung der Sexualmoral in das Sittengesetz, Kevelaer.
Affemann, R. (1970), Geschlechtlichkeit und Geschlechtserziehung in der modernen Welt, Gütersloh.
Affemann, R. (1978), Sexualität im Leben junger Menschen, Freiburg.
Allers, R. (1934), Sexualpädagogik. Grundlagen und Grundlinien, Salzburg.
Ariès, P. u.a. (1984), Die Masken des Begehrens und die Metamorphosen der Sinnlichkeit. Zur Geschichte der Sexualität im Abendland, Frankfurt.

Beer, U. (1987), Und trotzdem die Liebe. Die Wiederentdeckung von Treue und Zärtlichkeit, Düsseldorf–Wien–New York.
Behn, S. (1929), Über »Sexualreform«, in: *Schröteler* 1929, 77–89.
Bekker (1710), Onania, oder die verruchte Sünde der Selbstbeflekkung und all ihre furchtbaren Folgen bei beiden Geschlechtern, mit geistlichen und körperlichen Ratschlägen auf solche Rücksicht nehmend, die sich bereits geschädigt haben durch diese abscheuliche Angewohnheit, welch allem ein Brief beigefügt ist von einer Dame an den Autor über den Gebrauch und Mißbrauch des Ehebetts und des Autors Antwort, London. Deutsche Übersetzung: Leipzig 1736.
Ben Jelloun T. (1976), Die tiefste der Einsamkeiten, Basel–Frankfurt 1986.
Bernt, D. (1983), Konfliktfeld Sexualerziehung in der Schule, Frankfurt/M.
Bleistein, R. (1971), Sexualerziehung zwischen Tabu und Ideologie, Würzburg.
Bleistein, R. (1979), Jugendmoral, Würzburg.
Böckle, F. (1981), Geschlechterbeziehung und Liebesfähigkeit, in: Christlicher Glaube in der modernen Gesellschaft VI, Freiburg–Basel–Wien, 109–153.
Borscheid, P. (1983), Geld und Liebe: Zu den Auswirkungen des

Romantischen auf die Partnerwahl im 19. Jh., in: *Borscheid-Teuteberg* 1983, 112–134.

Borscheid, P. – Teuteberg, H.J. (1983), Ehe, Liebe, Tod. Zum Wandel der Familie, der Geschlechts- und Generationenbeziehungen in der Neuzeit, Münster.

Branden, N. (1982), Verliebt fürs ganze Leben. Psychologie der Zärtlichkeit, Reinbek b. Hamburg.

Brands, A. (1948), Erziehung zur Keuschheit, Kirchen/Sieg.

Braun, W. (1970), Geschlechtliche Erziehung im katholischen Religionsunterricht, Trier.

Breuning, K. (1972), Der Beitrag des RU zur Sexualpädagogik, in: *Janssen* 1972, 196–221.

Brocher, T. – Friedeburg, L. von (1972), Lexikon der Sexualerziehung für Eltern, Lehrer, Schüler, Gütersloh 1978.

Brown, G. (1980), Liebe ohne Sex, Freiburg 1983.

Carrera, M. (1981), Sex. Facts – Acts – Feelings, Berlin–Frankfurt–Wien 1982.

Clement, U. (1986), Sexualität im sozialen Wandel, Stuttgart.

Cooper, E.J. (1983), Grundkurs Sexualmoral II: Leben in Liebe, Freiburg.

Dannecker, M. (1978), Der Homosexuelle und die Homosexualität, Frankfurt/M. 1986.

Dirks, M. (1983), Magd oder Schwester des Glaubens?, in: Zur Debatte 132 (1983) Nr. 5.

Eckensberger, D. (1972), Art. Homosexualität, in: *Brocher – Friedeburg* 1972, 226–236.

Eicke, D. (1973), Der Körper als Partner, München.

Elias, N. (1936), Über den Prozeß der Zivilisation I und II, Frankfurt 1976.

Ell, E. (1972), Dynamische Sexualmoral. Psychologische Grundlagen – Moraltheologische Folgerungen – Praktische Auswirkungen, Zürich.

Erasmus von Rotterdam (1522), Colloquia familiaria. Vertraute Gespräche, Darmstadt 1967.

Evans, D. (1982), Kann die christliche Lehre über die Sexualität eine gute Nachricht sein?, in: Concilium 18 (1982) 402–407.

Faßnacht, D. (1978), Sexuelle Abweichungen: Handbuch der christlichen Ethik II, Freiburg–Gütersloh 1979, 177–194.

Fischer, W. u.a. (1971), Normenprobleme in der Sexualpädagogik. Sexualpädagogik I, Heidelberg.

Flandrin, J.-L. (1982), Das Geschlechtsleben der Eheleute in der alten Gesellschaft: Von der kirchlichen Lehre zum realen Verhalten, in: *Ariès u.a.* 1984, 147–164.

Foerster, F.W. (1907), Sexualethik und Sexualpädagogik. Eine Auseinandersetzung mit den Modernen, Kempten und München.

Foerster, F.W. (1952), Sexualethik und Sexualpädagogik. Eine neue Begründung alter Wahrheiten, Recklinghausen.

Forel, A. (1905), Die sexuelle Frage, München.

Fromm, E. (1956), Die Kunst des Liebens, Frankfurt–Berlin–Wien 1979.

Gamm, H.J. – Koch, F. (1977), Bilanz der Sexualpädagogik, Frankfurt/M.–New York.

Gatterer, M. – Krus, F. (1910), Die Erziehung zur Keuschheit. Gedanken über sexuelle Belehrung und Erziehung, den Seelsorgern und anderen Erziehern vorgelegt, Innsbruck.

von Gagern, F.E. Freiherr (1952), Die Zeit der geschlechtlichen Reife, Frankfurt 1953.

Glaser, H. (1975), Sexualität und Aggression, München.

Grabner-Haider, A. (1970), Recht auf Lust, Wien–Freiburg–Basel.

Grabner-Haider, A. (1976), Eros und Glaube. Ansätze zu einer erotischen Lebenskultur, München.

Grabner-Haider, A. (1980), Zeit zu leben, Zeit zu lieben. Selbsterfahrung und Kommunikation, Wien–Freiburg–Basel.

Haag, H. (1980), Du hast mich verzaubert, Zürich.

Haag, H. – Elliger, K. (1976), »Stört nicht die Liebe«. Die Diskriminierung der Sexualität – ein Verrat an der Bibel, Olten und Freiburg.

Haas, N. (1812), Wie soll der Religionslehrer über das Laster der Unzucht überhaupt öffentlich katechisieren? Bamberg und Würzburg.

Haeberle, E.J. (1978), Die Sexualität des Menschen. Handbuch und Atlas, Berlin–New York 1983.

Hartmann, H. (1939), Ich-Psychologie und Anpassungsproblem, in: Psyche 14 (1960) 81–164.
Hite, S. (1976), Hite-Report. Das sexuelle Erleben der Frau, München 1977.
Herberg, J. (1982), Ehe auf Lebenszeit. Die christliche Alternative, Freiburg.
Hobrecht, J. (1981), Du kannst mir nicht in die Augen sehen, Berlin.
Hofmann, C. (1930), Die Onanie unter Jugendlichen und ihre heilpädagogische Behandlung, in: Vierteljahresschrift für wissenschaftliche Pädagogik 6 (1930) 196–227.
Höver, G. (1982), Ehe auf Lebenszeit? Zur Problematik der »Ehe ohne Trauschein«, in: Anzeiger für die Seelsorge 91 (1982), 75–78. Auch: *Herberg* 1982, 9–29.
Hürth, P. (1922), Unsere Erziehungsaufgabe an der weiblichen Jugend für ein reines Leben in der Brautzeit und in der Ehe, in: Der Jungfrauenverein 12 (1922) 101–118.

Imhof, A.E. (1983), Der Mensch und sein Körper. Von der Antike bis heute, München.
Imhof, A.E. (1984), Die verlorenen Welten. Alltagsbewältigung durch unsere Vorfahren – und weshalb wir uns heute so schwer damit tun, München.
Imhof, A.E. (1985), Geschichte der Sexualität – Sexualität in der Geschichte, in: *Wulf* 1985, 181–215.
Jais, A. (1797), Das Wichtigste für Eltern, Schullehrer und Aufseher der Jugend, also auch, und besonders für Seelsorger. Zweite neubearbeitete und vermehrte Auflage. Die erste Auflage erschien 1785 anonym, München.
Janssen, H. (1972), Sexualerziehung an Gymnasien, Hannover.
Janzing, A. (1977), Ganzheitliche Geschlechtserziehung, Düsseldorf.
Janzing, A. (1981), Glücklich werden zu zweit, Mainz.
Jone, H. (1953), Katholische Moraltheologie. 16. Auflage, Paderborn.

Keller-Husemann, U. (1983), Destruktive Sexualität. Krankheitsverständnis und Behandlung der sexuellen Perversionen, München–Basel.

Kentler, H. (1982), Taschenlexikon Sexualität, Düsseldorf.
Kluge, N. (1984), Handbuch der Sexualpädagogik. I: Grundfragen der Sexualpädagogik im multidisziplinären Zusammenhang und im internationalen Vergleich. II: Aufgaben, Probleme und Erfahrungshorizonte der Sexualerziehung in relevanten Praxisfeldern, Düsseldorf.
Koch, F. – Lutzmann, K. (1985), Stichwörter zur Sexualerziehung, Weinheim und Basel.
Köhne, J. (1977), Zärtlichkeit und Geschlechtlichkeit, in: Diakonia 8 (1977) 303–311.
Könn, J. (1920), Auf dem Wege zur Ehe. Vorbereitende Vorträge für die reifere Mädchenwelt, Freiburg.

Lehmann, K. (1984), Nichteheliche Lebensgemeinschaften und christliche Ehe. Der Fastenhirtenbrief des Bischofs von Mainz, in: Herderkorrespondenz 38 (1984) 171–175.
Lemaire, T. (1975), Die Zärtlichkeit, Düsseldorf.

Mayer, A. (1983), Der zensierte Jesus. Soziologie des Neuen Testaments, Olten.
Meurer, S. (1974), in: *Wiedemann* 1982, 84–86.
Mönnichs, T. (1922), Zur Katechese über das 6. (9.) Gebot, München 1928.
Mulack, C. (1987), Jesus – der Gesalbte der Frauen, Stuttgart.
Müller, W. (1986), Homosexualität – eine Herausforderung für Theologie und Seelsorge, Mainz.

Ostermeyer, H. (1982), Zärtlichkeit. Der sexuellen Revolution wahrer Kern, Frankfurt.
Overberg, B. (1793), Anweisung zum zweckmäßigen Schulunterricht für die Schullehrer im Fürstentum Münster, Paderborn 1957.

Paulich, P. (1984), Männer ohne Scham – ein maskuliner Zugang zum Feminismus, in: *Kluge* 1984 II, 237–244.
Pohier, J. M. (1974), Die Lust und ihre besondere Problematik für das Christentum, in: Concilium 10 (1974) 752–858.

Remy, J. (1979), Die Familie: Gegenüberstellung heutiger Formen und historischer Überblick, in: Concilium 15 (1979) 3–9.

Reuß, J. M. (1961), Geschlechtlichkeit und Liebe, Mainz 1962.
Ringel, E. – Kirchmayr, A. (1985), Religionsverlust durch religiöse Erziehung. Tiefenpsychologische Ursachen und Folgerungen, Wien–Freiburg–Basel.
Ringeling, H. (1982), Die nichteheliche Lebensgemeinschaft: das Problem alternativer Wege zur Verbindlichkeit der Ehe, in: Handbuch der christlichen Ethik III, Freiburg–Gütersloh, 298–316.
Rohr, B. (1977), Schulische Sexualerziehung und soziale Benachteiligung, in: *Gamm-Koch* 1977, 131–156.
Rossiaud, J. (1982), Prostitution, Sexualität und Gesellschaft in den französischen Städten des 15. Jahrhunderts: *Ariès u.a.* 1984, 97–120.
Rousseau, J.-J. (1762), Emile oder Über die Erziehung, Stuttgart 1976.
Ruf, A.K. – Cooper, E.J. (1982), Grundkurs Sexualmoral I: Geschlechtlichkeit und Liebe, Freiburg.

Savramis, D. (1978), Ist die Ehe noch zu retten?, in: Publik-Forum (6.10.78) Nr. 20, 12–14.
Shorter, E. (1977), Die Geburt der modernen Familie, Reinbek bei Hamburg.
Sigusch, V. (1971), Medizin und Sexualität, in: *Fischer u.a.* (1971) 133–159.
Sigusch, V. – Schmidt, G. (1973), Jugendsexualität, Stuttgart.
Solé, J. (1976), Liebe in der westlichen Kultur, Frankfurt/M.–Berlin–Wien 1979.

Schellenbaum, P. (1984), Das Nein in der Liebe. Abgrenzung und Hingabe in der erotischen Beziehung, Stuttgart.
Schilgen, H. (1920), Junge Helden. Ein Aufruf an Jungmannen zu edlem Streben und reinem Leben, Kevelaer.
Schilgen, H. (1922), Im Dienst des Schöpfers. Ein Buch über die Ehe für katholische Braut- und Eheleute, Kevelaer.
Schilgen, H. (1924), Du und sie. Des Jungmanns Stellung zum Mädchen, Düsseldorf.
Schilgen, H. (1927), Um die Reinheit der Jugend. Ein Buch über die Erziehung zur Keuschheit für Eltern, Seelsorger und Erzieher, Düsseldorf.

Schilgen, H. (1928), Du und Er. Des Mädchens Stellung zum Jungmann, Düsseldorf 1930.
Schlaegel, J. u.a. (1975), Sexuelle Sozialisation in Vorpubertät, Pubertät und früher Adoleszenz. I–III: Sexualmedizin 4 (1975) 206–218, 306–325, 381–388.
Schmidt, G (1986), Das große Der Die Das. Über das Sexuelle, Herbstein.
Schmitt, A. (1929), Ethisch-moralische Grundlegung der Sexualpädagogik, in: *Schröteler* 1929, 60–76.
Schneider, D. (1978), Ich werden – Partner werden. Sexualerziehung im RU, Zürich.
Schofield, M. (1969), Das sexuelle Verhalten junger Leute, Reinbek bei Hamburg.
Schröteler, J. (1929), Die geschlechtliche Erziehung, Düsseldorf.
Schulz, K. (1983), Mittelalterliche Vorstellungen von der Körperlichkeit, in: *Imhof* 1983, 46–64.

Stolz, A. (1873), Erziehungskunst, Freiburg 1921.

Tissot, S.-A. (1760), L'onanisme ou dissertation physique sur les maladies produites par la Masturbation, Lausanne.
Thalhofer, F.X. (1907), Die sexuelle Pädagogik bei den Philanthropen, Kempten und München.
Trobisch, W. (1975), Liebe dich selbst. Selbstannahme und Schwermut, Wuppertal 1979.

Ussel, J. van (1970), Sexualunterdrückung, Gießen 1977.

Walter, F. (1907), Die sexuelle Aufklärung der Jugend, Donauwörth 1908.
Walter, F. (1910), Der Leib und sein Recht im Christentum. Eine Untersuchung des Verhältnisses moderner Körperkultur zur christlichen Ethik und Askese, Donauwörth.
Wiedemann, H. G. (1982), Homosexuelle Liebe, Stuttgart–Berlin.
Wilhelm, Th. (1906), Das sexuelle Leben und seine Bewertung in der Erziehung der Kinder, Donauwörth.
Wolff, H. (1978), Jesus als Psychotherapeut, Stuttgart.
Wulf, C. (1985), Lust und Liebe. Wandlungen der Sexualität, München–Zürich.

Zapperi, R. (1979), Der schwangere Mann, München 1984.